21 世纪高职高专教材·财经管理系列

中小企业运营管理

主　编　魏翠芬

副主编　杨学艳

清华大学出版社
北京交通大学出版社
·北京·

内 容 简 介

本书以初创型中小企业为研究对象，从企业创办、营销推广、物流管理、财务管理、人力资源管理、优惠政策获取等方面，全面介绍中小企业运营管理基本知识。本书适用于高职高专层次工商管理类、财经商贸类的专业使用。本书特点是：

（1）针对性。专门为初创型中小企业进行设计，具有很强的针对性。

（2）实用性。培养企业的运营管理基本技能，适合于中小企业基层管理者和创业者。

（3）时代性。解读促进中小企业发展的最新优惠政策，紧贴时代脉搏。

（4）校企合作开发。公司高管亲自参与本书的框架结构与内容设计。

图书在版编目（CIP）数据

中小企业运营管理 / 魏翠芬主编. —北京：北京交通大学出版社 ：清华大学出版社，2022.1

21 世纪高职高专教材. 财经管理系列

ISBN 978-7-5121-4654-9

Ⅰ. ① 中… Ⅱ. ① 魏… Ⅲ. ① 中小企业–运营管理–高等职业教育–教材

Ⅳ. ① F276.3

中国版本图书馆 CIP 数据核字（2022）第 001979 号

中小企业运营管理

ZHONG-XIAOQIYE YUNYING GUANLI

责任编辑：吴嫦娥

出版发行：清 华 大 学 出 版 社   邮编：100084   电话：010-62776969   http://www.tup.com.cn

北京交通大学出版社   邮编：100044   电话：010-51686414   http://www.bjtup.com.cn

印 刷 者：北京时代华都印刷有限公司

经　　销：全国新华书店

开　　本：185 mm×260 mm   印张：14.5   字数：371 千字

版　　次：2022 年 1 月第 1 版   2022 年 1 月第 1 次印刷

定　　价：43.00 元

本书如有质量问题，请向北京交通大学出版社质监组反映。对您的意见和批评，我们表示欢迎和感谢。

投诉电话：010-51686043，51686008；传真：010-62225406；E-mail：press@bjtu.edu.cn。

前言

　　"中小企业能办大事,在我们国内经济发展中,起着不可替代的重要作用。""创新创造创业离不开中小企业,我们要为民营企业、中小企业发展创造更好条件。"这是习近平总书记2018年10月到广东视察时,深入多家企业调研后的有感而发。

　　在改革开放的几十年里,中小企业迅速发展壮大,对我国经济发展贡献巨大,所发挥的作用也越来越重要。目前,我国中小企业具有"五六七八九"的典型特征,贡献了50%以上的税收、60%以上的GDP、70%以上的技术创新、80%以上的城镇劳动就业、90%以上的企业数量,是国民经济和社会发展的生力军,是建设现代化经济体系、推动经济实现高质量发展的重要基础,是扩大就业、改善民生的重要支撑,是企业家精神的重要发源地。但其在迅速发展中所暴露出来的问题也不容忽视,如管理水平低、营销成本高、资金不充裕、不重视企业文化建设、没有相对系统完善的人力资源管理制度等。

　　为了促进中小企业健康发展,发挥中小企业在国民经济中的巨大作用,国家不但进行了立法促进,而且不断出台优惠政策、措施,纳入国家发展规划,支持力度越来越大,促进中小企业发展的市场环境、政策环境和服务环境将更加优化。

　　本书以初创型中小企业为研究对象,从企业创办、营销推广、物流管理、财务管理、人力资源管理、优惠政策获取等方面,全面介绍中小企业运营管理基本知识。本书采用项目化课程设计,每个项目从企业家名言开始,穿插案例展示、阅读延伸、职场经验、应用举例等,以案例赏析(综合训练)结束。

　　本书特点是:

　　(1)针对性。专门为初创型中小企业进行设计,具有很强的针对性。

　　(2)实用性。培养企业的运营管理基本技能,适合于中小企业基层管理者和创业者。

　　(3)时代性。解读促进中小企业发展的最新优惠政策,紧贴时代脉搏。

　　(4)校企合作开发。本书为山东经贸职业学院与潍坊恒健集团有限公司、山东珠联天下企业管理有限公司合作开发。公司高管亲自参与,他们凭借多年的行业经历、丰富实战经验和独到的视角,从框架结构到内容设计,提出了宝贵的建议。

　　本书由山东经贸职业学院魏翠芬担任主编,山东经贸职业学院杨学艳担任副主编,山东经贸职业学院孙立军、姜利强、王文娟、于晓燕、董文华、林静参编。分工如下:项目一孙立军,项目二杨学艳,项目三王文娟、林静,项目四姜利强,项目五魏翠芬、董文华,项目六魏翠芬、于晓燕。潍坊恒健集团有限公司副总经理丛志敏,山东珠联天下企业管理有限公司的郭超、姚佳奕分别参与了项目一和项目六的编写。全书由魏翠芬统稿及审核。

本书适用于高职高专层次工商管理类、财经商贸类的专业使用，也可以作为初创型中小企业管理人员的业务参考和培训用书。

本书在编写过程中，参阅了大量专家学者、业界同人的著作、文献、网络资料及职场经验，在此一并表示感谢！

由于作者的水平局限，本书难免有不妥之处，恳请各位专家学者、业界同人及广大读者批评指正。

编　者

2021 年 8 月

目录

项目一

中小企业创办

李嘉诚曾说:"要永远相信:当所有人都冲进去的时候赶紧出来,所有人都不玩了再冲进去。"当你决定创办中小企业时,创业行业的认知、创业项目的选择、创业商机的把控都显得尤为重要。

学习 目标

(1)明确中小企业界定标准,提高对中小企业创办的认知;

(2)准确描述创业所属行业并进行分析,能够选择创业项目,验证创业构思;

(3)能够正确选择创办企业的法律形态,掌握不同创业模式下投资人的法律责任、企业设立协议、章程和公司制度等法律问题,熟悉创业团队组建程序及其主要工作;

(4)了解中小企业注册流程,熟练掌握个体工商户、有限责任公司、个人独资企业、合伙企业和农民专业合作社等不同类型市场主体的注册。

项目 介绍

麦可思研究院《2020年中国大学生就业报告》指出,2019届本科毕业生自主创业比例为1.6%,高职毕业生自主创业比例为3.4%。随着毕业时间的延长,毕业生自主创业比例持续上升,毕业三年内上升至8.1%,创业已成为大学毕业生一项重要的就业选择。为了让自己的事业有一个良好的开端,在创业之初,你需要对创业行业企业界定、法律形态选择、创办企业流程等有深刻的认识。

通过本项目的学习,我们将完成以下任务:

任务一 企业认知与中小企业界定;

任务二 行业分析与项目选择；

任务三 企业创办与团队组建，中小企业组织机构设计，中小企业管理存在的问题——技术、资金、企业主要负责人和管理团队的管理能力、管理经验问题；

任务四 中小企业注册。

任务一 企业认知与中小企业界定

任务描述

假定你是一名刚从大学毕业的学生，在大学学习的专业是工商管理。现在，怀抱创业激情和理想的你筹划着和几名同学创办一家企业，开创自己的一片事业天地。万事开头难，如何迈开自己的第一步呢？让我们从企业认知与中小企业界定开始吧。

任务分析

在当今世界各国或地区的经济活动中，中小企业已经成为活跃市场的重要力量，尤其在地方和区域层面上，中小企业为经济发展提供了广泛的多样性、灵活性和变革能力。对于创业者个人来说，拥有自己的企业，不仅能够带来丰厚的物质财富，也可以带来精神层面的满足。

本任务将引领你做好创办中小企业的理论准备：

● 企业认知；

● 中小企业界定。

子任务一 企业认知

一、企业的定义

企业是以营利为目的，从事生产、流通、服务等经济活动，自主经营、自负盈亏、依法独立享有民事权利并承担民事责任的商品生产和经营活动的经济组织。

二、企业的特征

企业的特征一般如下。

（1）企业是以市场为导向、以营利为主要目的、专门从事商品生产和经营活动的经济组织。企业不同于其他一些社会组织，企业专门从事商品生产和经营活动。

（2）企业是实行自主经营、自负盈亏、独立核算的经济组织。企业通过交换实现的商品价值，除补偿生产经营中的各种耗费、依法纳税外，剩余部分构成企业的盈利。

（3）企业是依法设立、依法经营的经济实体。

（4）一个企业既要从市场上采购商品（产品/服务），又要在市场上向顾客出售其生产加工后的商品（产品/服务），这些经营活动形成了商品流与现金流。

三、企业的类型

根据国家标准《国民经济行业分类》（GB/T 4754—2017），国民经济可划分为农、林、牧、渔业，制造业、建筑业、批发和零售业，交通运输、仓储和邮政业，住宿和餐饮业、金融业、租赁和商务服务业，文化、体育和娱乐业等行业类型。在我们的日常生活中，常见的企业形式如下。

（1）贸易企业。是指主要从事商品流通活动的企业，包括各种个体或私营商业企业、合伙制商业企业和公司制企业，是贸易或商业活动的主体。贸易企业可以分为批发企业和零售企业两种类型。其中，前者专门从事向生产单位购进商品，转手供应给零售贸易或生产单位，处于商品的起点或中间阶段，负责把商品从生产领域转入流通领域；后者直接为消费者提供商品服务，是商品流通过程中的最终环节。

（2）服务企业。是指不生产、不出售任何实物产品而提供服务或劳务的企业，如房屋装修、邮件快递、搬家公司、技术培训、法律咨询等行业企业。其工作重心是以产品为载体，为顾客提供完整的服务，并靠满足顾客的要求、提高顾客的满意度和忠诚度来增加服务企业的利润，增强服务企业的市场竞争。

（3）制造企业。是指从事实物产品生产经营活动的企业，包括加工企业和采掘企业等。制造业是国民经济的主体，是立国之本、兴国之器、强国之基，也是技术创新最活跃的领域。当前，新一轮科技革命和产业变革蓄势待发，云计算、大数据、物联网、移动互联网等新一代信息技术与制造业的深度融合，带来制造模式、生产方式、产业形态和产业分工格局不断的变革。"中国制造2025"提出，力争到2025年前后形成比较完善的、能够支撑制造强国建设的制造业创新体系。

（4）农业企业。是指利用土地或水域从事农、林、牧、副、渔业等生产经营活动，具有较高的商品率，实行自主经营、独立经济核算，具有法人资格的营利性的经济组织。

（5）运输企业。是指利用运输工具直接从事运输生产和运输服务的企业。运输企业应当以保证货物及时到达目的地，提供良好服务为准则，采取有效措施，提高运输服务质量。

（6）邮电企业。是指通过邮政和电信传递信息，办理通信业务的企业。

（7）建筑安装企业。是指主要从事土木工程、房屋建筑和设备安装工程施工的企业，又称施工企业。

（8）金融企业。是指取得金融监管部门授予的金融业务许可证，专门经营货币和信用业务的企业。金融企业包括：执业需取得银行业务许可证的政策性银行、邮政储蓄银行、国有商业银行、股份制商业银行、信托投资公司、金融资产管理公司、金融租赁公司和部分财务公司等；执业需取得证券业务许可证的证券公司、期货公司和基金管理公司等；执业需取得保险业务许可证的各类保险公司等。

（9）旅游企业。是指以旅游资源为依托，以有形的空间设备、资源和无形的服务效用为手段，通过组织游览活动向顾客出售劳务的服务性企业。旅游企业包括：直接旅游企业如旅行社、饭店、餐馆、旅游商店、交通公司、旅游景点、娱乐场所等；辅助旅游企业如管理公司、服务公司、影视公司、食品卫生等生活服务部门等。

需要说明的是，各行业之间的经营活动会有交互性，如旅游和加工生产融合形成旅游产品加工生产企业，农业产品的深加工形成农产品生产企业，等等。企业的类型仅仅是一个大概的划分，在品牌多元化发展的今天，随着行业融合越来越频繁，行业与行业之间的界限已不再明显，"跨界"成为现在企业创新的热门词汇，过去毫不相干的行业，其产品可能相互碰撞，产生火花。比如传统行业互联网化形成的众多 O2O 机遇等，很难用传统的行业划分标准来对企业的这种创新进行定义，更难以用过去的行业划分标准来简单地划分其所从事或投资的行业。这就要求传统行业必须主动跨界，比如传统零售企业与互联网和 IT 企业合作，积极开展线上和移动购物业务，零售产业链的上下游企业借助电商平台涉足终端销售等。

子任务二　中小企业界定

一、中小企业的界定标准

什么样的企业属于中小企业？国际上对中小企业没有统一的规模界定，不同的国家或地区根据各自的经济发展水平和特定的政策需要，使用不同的指标数值来界定各自的中小企业。

按照美国中小企业管理局的定义，雇员在 500 人以下的制造业企业和雇员人数在 100 人以下的服务业企业都属于中小企业。按照这一标准，美国现有中小企业占美国企业总数的99%。中小企业吸纳了美国一半以上的就业人口，创造的 GDP 占全国一半以上，中小企业的发展对美国经济的重要性不言而喻。

欧盟委员会曾建议对中小企业的定义是：雇员人数少于 250 人、年营业额不超过 5 000万欧元或年资产负债表总值不超过 4 300 万欧元的企业。在欧盟，只有满足上述条件的企业才有资格享受有关鼓励中小企业发展的各项优惠政策。

日本把从业人员在 300 人以下或资本金在 1 亿日元以下的工矿企业、从业人员在 100 人以下或资本金在 3 000 万日元以下的商业批发企业、从业人员在 50 人以下及资本金在 1 000万日元以下的零售和服务企业定义为中小企业。

根据 2011 年 6 月工业和信息化部、国家统计局、国家发改委和财政部四部门《关于印发中小企业划型标准规定的通知》（工信部联企业〔2011〕300 号），我国将中小企业划分为中型、小型、微型三种类型，具体标准根据企业从业人员、营业收入、资产总额等指标，结合行业特点制定。习惯上，我国将小型、微型企业统改为小微企业或中小企业。各行业中小微型企业标准的界定如表 1-1 所示。

表 1-1　各行业中小微型企业标准的界定

行业名称	界定指标			界定依据
	从业人员/人	营业收入/万元	资产总额/万元	
农、林、牧、渔业		<20 000		中型：≥500 万元； 小型：≥50 万元； 微型：<50 万元

行业名称	界定指标			界定依据
	从业人员/人	营业收入/万元	资产总额/万元	
工业	<1 000	<40 000		中型：≥300人且≥2 000万元； 小型：≥20人且≥300万元； 微型：<20人或<300万元
建筑业		<80 000	<80 000	中型：营业收入≥6 000万元且资产总额≥5 000万元； 小型：营业收入≥300万元且资产总额≥300万元； 微型：营业收入<300万元或资产总额<300万元
批发业	<200	<40 000		中型：≥20人且≥5 000万元； 小型：≥10人且≥1 000万元； 微型：<5人或<1 000万元
零售业	<300	<20 000		中型：≥50人且≥500万元； 小型：≥10人且≥100万元； 微型：<10人或<100万元
交通运输业	<1 000	<30 000		中型：≥300人且≥3 000万元； 小型：≥20人且≥200万元； 微型：<20人或<200万元
仓储业	<200	<30 000		中型：≥100人且≥1 000万元； 小型：≥20人且≥100万元； 微型：<20人或<100万元
邮政业	<1 000	<30 000		中型：≥300人且≥2 000万元； 小型：≥20人且≥100万元； 微型：<20人或<100万元
住宿业	<300	<10 000		中型：≥100人且≥2 000万元； 小型：≥10人且≥100万元； 微型：<10人或<100万元
餐饮业	<300	<10 000		中型：≥100人且≥2 000万元； 小型：≥10人且≥100万元； 微型：<10人或<100万元
信息传输业	<2 000	<100 000		中型：≥100人且≥1 000万元； 小型：≥10人且≥100万元； 微型：<10人或<100万元
软件和信息技术服务业	<300	<10 000		中型：≥100人且≥1 000万元； 小型：≥10人且≥50万元； 微型：<10人或<50万元
房地产开发经营业		<200 000	<10 000	中型：营业收入≥1 000万元且资产总额≥5 000万元； 小型：营业收入≥100万元且资产总额≥2 000万元； 微型：营业收入<100万元或资产总额<2 000万元
物业管理业	<1 000	<5 000		中型：≥300人且≥1 000万元； 小型：≥100人且≥500万元； 微型：<100人或<500万元
租赁和商务服务业	<300		<120 000	中型：≥100人且≥8 000万元； 小型：≥10人且≥100万元； 微型：<10人或<100万元
其他未列明行业	<300			中型：≥100人； 小型：≥10人； 微型：<10人

二、中小企业的特点

与大中型企业相比，中小企业有其独特之处，主要表现如下。

（1）企业数量众多，分布面广。根据有关资料表明，截至2018年年底，全国中小企业的数量已经超过3000万家，个体工商户数量超过7000万户，贡献了全国50%以上的税收、60%以上的GDP、70%以上的技术创新成果和80%以上的劳动力就业。

（2）体制灵活，组织精干。中小企业大都采取个人独资或合伙式组织形式，决策过程简单。同时，中小企业组织结构简单，管理层次少，经营手段灵活，应变能力强。

（3）管理水平相对较低。大部分中小企业缺乏有效、完整的内部管理制度，经营也不够规范。所有者或经理人素质的高低、能力的大小，在很大程度上决定着企业的兴衰与成败。

（4）产出规模小，竞争力较弱。从中小企业个体看，一般资本总量较小，生产设备相对落后，技术含量和附加值较小，产业规模小，劳动生产率比较低，缺乏竞争力。相对大型企业来讲，中小企业平均寿命较短，容易倒闭破产。

（5）"家族"色彩浓。目前，占中小企业主导地位的是民营企业，而民营企业大部分为"家族"企业，大多数企业投资者、所有者与经营者、管理者有一定的"亲缘"关系，父子、兄弟、姐妹、亲戚、朋友、同学等成员担任着企业关键部门的职位。

三、中小企业在国民经济中的作用和地位

（1）中小企业是促进市场竞争和市场经济的基本力量。现代经济发展存在集中化的趋势，同时也保持着不断分散化的制衡过程，主要表现为大量中小企业不断涌现。

（2）中小企业是经济增长的重要推动力量。中小企业量大面广，分布在国民经济的各个领域，日益成为经济增长的主要因素。工业和信息化部中小企业发展促进中心数据显示，我国中小企业在加速融入全球产业链的过程中实现了举世瞩目的快速发展，截至2018年，全国规模以上中小工业企业36.9万家，占规模以上工业企业的数量97.6%。

（3）中小企业是增加就业的主要渠道，是稳定社会的重要力量。创造就业机会是中小企业最重要的经济作用乃至政治作用之一。中小企业主要存在和发展于劳动密集型产业，而且企业投资少，经营方式灵活，对劳动力的技术要求低，是失业人员重新就业和新增劳动力就业的主要渠道，对社会发展起到了稳压器作用。

（4）中小企业是推动技术创新的重要源泉。中小企业经营机制灵活，对新兴市场反应敏锐，技术更新、产品调整便捷，不仅是技术创新的重要源泉，而且其创新的效率更高，把科学技术转化为现实的生产力所耗费的时间和所经历的环节也大为缩短，因而在创造新技术和开发新产品方面发挥着重要作用。中小企业创造了全国70%以上的技术成果，创新成果竞相涌现，一大批中小企业通过创业、创新、创造，快速成长为世界知名企业。

（5）中小企业是培育企业家的摇篮。中小企业经营者在生产经营活动中往往身兼数职，既是企业经营活动的决策者、指挥者，又是经营管理者，同时还是产品研制、开发生产的参与者，集多种职能于一身，经受市场竞争的锻炼。

中小企业管理存在的问题

任务二　行业分析与项目选择

任务描述

　　调查显示，准确地进行行业分析与项目选择对创业成功至关重要，是创业万里长征的第一步。本任务将引领你走上光辉灿烂的创业之路。

任务分析

　　行业是由相同或相似的企业组成的一个系统，如林业、汽车业、银行业、房地产业等。好的行业，是生产满足人们日常需求且不断被消耗的产品，提供快乐、便捷与安全服务的产业。决定一个企业盈利能力的首要和根本因素是行业的吸引力。在创办自己的企业之前，选对一个好的行业很重要。只有进行行业分析，我们才能更加明确地知道某个行业的发展状况及其所处的行业生命周期的位置，并据此做出正确的项目决策。

　　本任务将引导你解决如下问题：

- 全面分析创业行业；
- 慎重选择创业项目；
- 创业构思验证。

子任务一　全面分析创业行业

一、行业机会分析

　　行业的变化，必然影响其企业的发展，因此要特别注意企业归属行业的发展情况，找到适合企业发展的机会。行业分析的任务就在于了解行业本身所处的发展阶段及其在国民经济中的地位，分析影响行业发展的各种因素及其影响力度，预测行业的未来发展趋势，判断行业投资价值，揭示行业投资风险。具体而言，可以按照如下思路着手进行行业分析。

　　（1）从国家政策、战略布局分析行业的前景。分析一个行业，首先要看国家的政策大方向和这个行业所处的大环境。例如，目前党中央做了深化改革的重大决策，与改革密切相关的绿色能源、节能环保、环境治理、智能设备等一系列战略新兴产业将长期受益，前景广阔。

　　（2）学会判断行业的规模。关注一个行业，要思考行业的规模。行业越大（如服装、医药等），意味着这个行业可以无限深入扩张，选择机会就越大；行业越小，选择机会就小很多。判断一个行业的规模，可以看这个行业所服务的用户群，看这个行业是否有地域限制，看这个行业的产值规模。

（3）把握行业所处的生命周期的位置。大部分行业都会经历起步期、成长期、繁荣期、稳定期、衰落期等，很少有行业能够长久不衰。成长期和繁荣期是一个行业的黄金时期。

（4）关注行业上市公司股票走势及相关经济指标。股价是行业景气度的先行指标，上市公司的股价走势一定程度上反映了这个行业未来的景气度。相关数据和经济指标，可通过国家统计局及行业组织等进行了解。

（5）从行业龙头公司、权威人物言论来分析。了解一个行业，要了解这个行业的龙头公司有哪些，有哪些关键人物，多关注他们的发言、演讲及微博更新等。这些人物在行业具备一定的话语权，其看法往往代表了这个行业的发展方向。

休闲农业和乡村旅游行业市场现状及发展前景分析

休闲农业和乡村旅游的本质是农文旅融合，农文旅融合即"农业+文创+旅游"的发展模式。所谓农文旅融合，指的是乡村振兴需秉持"农业是根、文化是魂、旅游是路"的理念。

一、休闲农业和乡村旅游行业市场现状

1. 创意创新发展阶段

休闲农业和乡村旅游产业链主要包括上行企业、核心企业、下行企业、配套企业及相关机构。其中，上行企业主要包括与农、林、牧、副、渔相关的企业、农副产品加工企业、手工艺品加工企业、乡村旅游产品相关物资供应企业、旅游规划策划企业等；核心企业主要包括农家乐（家庭旅馆）、观光采摘园、高科技示范园区、生态农业园、市民农园、休闲度假农庄及民俗文化村等；下行企业主要包括旅行社、旅游网络公司、周边旅游景区、城市酒店、文化传媒公司等；配套企业及相关机构主要包括交通、环保、水电、医疗、金融、通信以及相关政府部门、乡村旅游协会及农家乐协会等。上行企业主要是为核心企业提供原材料供给及休闲农业和乡村旅游产品创意与设计；下行企业则主要是作为核心企业与游客的中介，为核心企业进行客源输送及营销宣传；配套企业及相关机构部门是乡村旅游产业链运作的保障。

中国休闲农业发展始于 20 世纪 80 年代的农业旅游，从欧美国家、日本等引入。经过近40 年的发展，休闲农业从单一的农业旅游形式发展成为集休闲、观光、度假、体验、科普等为一体的现代农业产业新形态和旅游消费新业态。中国休闲农业发展过程可分为萌芽阶段、起步阶段、快速发展阶段和创意阶段 4 个阶段，目前正处于创意创新发展阶段。

2. 经济效益显著提高

乡村旅游接待量将稳步增长。数据显示，2020 年 1—8 月中国休闲农业与乡村旅游人数减少 60.9%至 12.07 亿人。突如其来的新冠疫情，给休闲农业和乡村旅游按下了"暂停键"。2021 年 5 月份以来，各地有序重启乡村休闲旅游市场，目前不少地方乡村旅游基本恢复，但全面恢复还面临一些困难。随着生产生活秩序逐步恢复，城乡居民被抑制的需求将持续释放，山清水秀、生态优美的乡村比以往任何时候都更具吸引力。

2019 年，休闲农业接待游客 32 亿人次，营业收入超过 8 500 亿元。下一步，乡村休闲旅游业要优化升级，深度发掘农业多种功能和乡村多重价值，不断丰富业态类型，不断提升服务水平。到 2025 年，年接待客人数超过 40 亿人次，经营收入超过 1.2 万亿元。

3. 行业竞争激烈

根据农业农村部数据，截至 2019 年年底，休闲农业与乡村旅游经营单位超过 290 万家，全国休闲农庄、观光农园等各类休闲农业经营主体达到 30 多万家，7 300 多家农民合作社进军休闲农业和乡村旅游。

2010—2019 十年间，我国农家乐相关企业注册总量由原来的 2.6 万家增长至 21.6 万家，翻了三番。其中，2015 年相关企业注册增速高达 38%。

2010 年 7 月 5 日，农业部和国家旅游局签订战略合作框架协议，共同组建中国旅游协会休闲农业与乡村旅游分会，作为两部局开展工作的一个平台，并明确星级创建工作由分会承担。分会秘书处设在农业部农村社会事业发展中心，与休闲农业处合署办公。《农业部关于进一步促进休闲农业持续健康发展的通知》（农加发〔2014〕4 号），要求开展全国休闲农业星级评定等为核心的品牌培育工程。农业部等 11 部门《关于积极开发农业多种功能大力促进休闲农业发展的通知》（农加发〔2015〕5 号），要求开展全国休闲农业星级评定等品牌培育工程，打造一批有影响的休闲农业知名品牌。

农业部农村社会事业发展中心会同休闲农业分会坚持"农旅结合"，形成《全国休闲农业与乡村旅游星级示范企业（园区）创建标准》。创建标准评分内容分为带动"三农"发展及生产经营状况、基础硬件条件、管理和服务条件、生态环境条件、安全与公共卫生条件等 5 大项，其中带动"三农"的基本条件位居首位，分值占到总分值的 40%，使创建标准更加符合企业发展要求。按照得分情况，分为三星、四星、五星三个等级，由全国休闲农业与乡村旅游星级评定委员会颁牌。

截至 2020 年 11 月 20 日，中国旅游协会休闲农业与乡村旅游分会共认定全国休闲农业与乡村旅游星级企业（园区）3 396 家，其中五星级 676 家、四星级 1 717 家、三星级 1 003 家。从星级分布来看，全国休闲农业与乡村旅游星级企业（园区）主要集中在四星级和三星级。同时，从认定时间来看，近两年我国休闲农业与乡村旅游星级企业（园区）认定速度有所放缓，2019 年仅认定 129 家星级企业（园区），但是四星级和五星级的认定数量差距大幅减少，说明 2019 年我国休闲农业与乡村旅游星级企业（园区）已经进入提质阶段。

4. 区域分布明显

截至 2020 年 11 月，我国目前共有国家级休闲农业与乡村旅游示范县 389 个，国家级休闲旅游和乡村旅游示范点 641 个。浙江省在示范县数量中排名第一，拥有 24 个；福建省和山东省拥有 33 个示范点，并列第一。

2019 年，中国旅游协会休闲农业与乡村旅游分会共认定 129 家星级企业（园区），其中湖南、安徽、吉林为前三名，分别认定 19 家、15 家和 17 家。

2019 年 7 月 30 日，文化和旅游部开始公示全国第一批乡村旅游重点村名单，2020 年 8 月 26 日，文化和旅游部、国家发展改革委决定将北京市门头沟区斋堂镇爨底下村等 680 个乡村列入全国第二批乡村旅游重点村名录。截至 2020 年 11 月，我国共有乡村旅游重点村共 998 家，其中新疆地区共有重点村 56 个，排名第一。

二、休闲农业和乡村旅游行业发展前景分析

2019 年实现国内旅游总收入 5.73 万亿元，其中休闲农业和乡村旅游实现营业收入 8 500 亿元；整个旅游业接待人数 60.06 亿人次，其中休闲农业和乡村旅游接待人数 32 亿人次。2019

年休闲农业和乡村旅游占国内总旅游人数的 53.28%，而营业收入仅占比 14.83%。

根据《全国乡村产业发展规划（2020—2025 年）》，到 2025 年，乡村休闲旅游业优化升级。农业多种功能和乡村多重价值深度发掘，年接待游客人数超过 40 亿人次，2019—2025 年的平均复合增速将达到 3.8%。

根据《全国乡村产业发展规划（2020—2025 年）》，到 2025 年，休闲农业和乡村旅游的经营收入超过 1.2 万亿元，2019—2025 年的平均复合增速将达到 5.9%。行业的收入平均复合增速大于接待人数的增速，说明未来 5 年我国的休闲农业和乡村旅游要进入提质提量提价的阶段，具备万亿规模市场的休闲农业和乡村旅游行业发展潜力巨大。

资料来源：https://www.sohu.com/a/436678039_247689.

二、创业风险预估

创业风险是指企业对外部环境因素估计不足或无法适应，或对技术创新过程难以有效控制而造成技术创新活动失败的可能性。如今，"大众创业、万众创新"，正在随着国家不断简政放权、创业生态不断优化，变成中国经济最生动的实践，但是创办企业将面临各种严峻的风险。

（一）技术风险

技术风险是指因技术因素导致创新失败而带来损失的可能性。技术风险主要表现在以下五个方面。

（1）技术上成功的不确定性。一项新技术能否按预期的目标实现是不能确定的，因技术失败而中止创新的例子很多。

（2）技术前景的不确定性。新技术在诞生之初都是不完善的，创业者在现有技术知识条件下能否使之快速完善也没有完全把握。因此，新技术发展的前景是不确定的，创新企业往往面临着相当大的风险。

（3）产品生产和售后服务的不确定性。即使产品成功研发，但如果不能成功地生产出产品，仍不能算是完成了创新过程。

（4）技术效果的不确定性。一项新技术产品即使能够成功开发、生产，事先也难以确定其效果。

（5）技术寿命的不确定性。由于高技术产品变化迅速、产品周期短，因此极易被更新的技术所替代，但替代的时间难以确定。当更新的技术比预期提前出现时，原有技术将蒙受提前被淘汰的损失。

（二）市场风险

市场风险主要是由于产品市场的潜在性引起的。

（1）难以确定市场的接受能力。受众在新产品推出时不易了解其性能而往往持观望态度，从而使企业对市场能否接受及有多大容量难以做出准确估计。

（2）难以确定市场的接受时间。新产品的推出时间与诱导出需求的时间有一定的时滞性，时滞性将导致企业开发新产品的资金难以收回。

（3）难以预测创新的扩散程度。创新一般需要通过一段时间，经由特定渠道，在某一社会团体成员中传播，因此受到时间、沟通渠道和社会体系的影响，扩散的程度难以预测。

（4）难以确定竞争力。高技术产品常常面临着激烈的市场竞争，如果产品的成本过高将影响其竞争力；生产高技术产品的企业往往是中小企业，缺乏强大的销售系统，在竞争中能否占领市场、能占领多大的份额，事先难以确定。

（三）管理风险

管理风险是指创业过程中因管理不善而导致创新失败所带来的风险。

（1）意识风险。即企业领导者因为创新意识不强而带来的内险。众所周知，高技术创业企业具有高收益和高风险的特点，其产品开发成功的可能性比较小，即使发达国家其成功率也不到30%，因而导致许多企业家不能承受失败的压力而丧失创新意识。

（2）决策风险。即因企业决策失误而带来的风险。

（3）组织风险。即由于高技术企业组织结构不合理所带来的风险。

（四）资金风险

资金风险是指因资金不能及时供应而导致创新失败的可能性。当高技术企业发展到一定阶段时，对资金的要求迅速增加；同时，因高技术产品寿命短，市场变化快，获得资金支持的渠道少，从而容易出现某一阶段不能及时获得资金而失去时机、被竞争对手超过的可能性。

（五）其他风险

除上述风险以外，企业外部环境的社会、政治、法律、政策等条件的变化也给创业的中小企业带来了风险。

常见的创办中小企业失败的原因如表 1-2 所示。

表 1-2　常见的创办中小企业失败的原因

管理问题	管理不善，不能及时发现问题或发现问题纠正不力
	盗窃和欺诈，缺乏员工管理经验，企业财物被盗
	缺乏专门的企业管理知识和技能
	赊销和现金控制不当
	费用控制不当，支出过高，某些资产购置过多
	库存控制不当，库存商品管理不善
经验问题	缺乏企业管理经验，不懂管理也不会管理
营销问题	市场销售手段滞后，销售不畅
	营业地段差，人气不旺
自然灾害	遭受自然灾害和非可控事件

 **案例展示**

大学生创业失败的原因及启示

　　王永强是某高校的文艺尖子，毕业时曾一度受到用人单位的青睐，但他还是选择了自主创业这条路。毕业不久，他与朋友一起开了一家文化公司，可真正干起来后，却发现现实情况并不像他想得那么简单，场地、演员、宣传都需要钱。好歹搞了一次小型演出还赔了。王永强从被人羡慕的位置上一下子掉了下来，"摔得挺痛的"。王永强说，但他不死心，能坚持还得坚持，租不起办公场地，他就把公司开在了家里，搞不了活动就写稿子、写剧本，免费给人家策划节目、活动，目的只有一个：东山再起。

导致王永强创业失败的原因是什么？关于大学生创业，本案例给我们带来哪些启示？

国家已出台了减免税收等优惠政策，鼓励大学生创业。但创业非儿戏，需要具备相当的条件，如社会资源、行业经验、资金等等，缺少一样都不行，而大学生在这些方面一般都很欠缺。创业有风险，入市需谨慎。大学生创业需要细思量，认真衡量自身条件后再做决定，不可只图一时之快。

商机并不是随随便便就能变成财富的，只有当具备开发商机的条件时，才能够很好地予以挖掘和运用。现在很多人喜欢与比尔·盖茨比较，但是如果没有对软件开发经年累月的投入和敏锐的市场洞察力，他是不可能建成微软帝国的。学生创业者一般有"初生牛犊不怕虎"的特点，能够在艰难环境中顽强地求发展。但由于刚从学校走向社会，缺乏社会经验和经营管理经验，在创业的过程中，遇到的挫折可能会很多。对于市场风险没有足够的认识还只是学生创业的潜在风险之一，不少学生创业者对于创业本身的认识就有较大的偏差。

一个人由学习知识、积累经验到输出知识、创新创业往往需要长期艰苦的探索和磨炼，非一朝一夕之功所能成，绝不能急功近利，拔苗助长。管理问题许多学生创业企业在公司战略、市场营销、管理团队建设等方面还不同程度地存在一些问题。现在看，许多创业者虽然能够拿出一份商业计划出来，但是很多时候投资人对于其中的财务部分不是很满意。而在成立了公司之后对于如何建立财务制度、人事制度、行政制度等等，学生创业者并不很清楚。缺少资金，缺少商务活动经验，内部管理没有严格体系，没有自己的市场渠道，人员流动快，这是创业企业普遍面临的问题。鼓励大学生要勇于创业同时告诫学生创业是艰难的。

大学生创业的
五大风险

资料来源：https://jz.docin.com/p-1211653752.html.

三、创业模式选择

随着时代发展日新月异，创业方式也在不断发生变化，创业模式层出不穷，出现了网络创业、加盟创业、兼职创业、团队创业、概念创业和内部创业等多种创业模式。

（一）网络创业

网络创业主要有两种形式：一种是网上开店，在网上注册成立网络商店；另一种是网上加盟，以某个电子商务网站门店的形式经营，利用母体网站的货源和销售渠道。

对初次尝试网上创业的人来说，事先要进行多方调研，选择既适合自己产品特点又具较高访问量的电子商务平台。一般来说，网上加盟的方式更为适合，能在投入较少的情况下开业，边熟悉游戏规则，边依托成熟的电子商务平台发展壮大。

门槛低、成本少、风险小、方式灵活是网络创业的优势，特别适合初涉商海的创业者。如天猫、淘宝、京东等知名电子商务网站，它们有较完善的交易系统、交易规则、支付方式和成熟的客户群，每年还会投入大量的宣传费用。

（二）加盟创业

加盟创业是采用加盟的方式进行创业，一般的方式是加盟开店。根据契约，连锁总部向加盟商提供一种独特的商业经营特许权，并给予人员训练、组织结构、经营管理、商品采购等方面的指导和帮助，加盟商向连锁总部支付相应的费用。

加盟创业的最大特点是利益共享，风险共担。创业者只需支付一定的加盟费，就能借用加盟商的金字招牌，并利用现成的商品和市场资源，还能长期得到专业指导和配套服务，创业风险也有所降低。

随着连锁加盟市场规模的不断扩大，鱼龙混杂现象日趋严重，一些不法者利用加盟圈钱的事件屡有曝光。创业者在选择加盟项目时要有理性的心态，事先进行充足的准备，包括收集资料、实地考察、分析市场等，并结合自身实际情况再作决定。

（三）兼职创业

兼职创业是在已有的工作基础上进行的二次工作，主要适合四类人群：第一类是科技型，如年轻IT族，拥有技术，热衷做IT的零配件、卖软件、App等；第二类是创新型，如踏入中年的人，一般做的是小商店，选择项目关键在于创新；第三类是年轻型，如在校大学生，朝气蓬勃，空闲时间比较多，有创新精神；第四类是上班族，不必放弃本职工作，又能充分利用在工作中积累的商业资源和人脉资源创业，进退自如，大大减少了创业风险。

兼职创业，需要在主业和副业、工作和家庭等几条战线上同时作战，对创业者的精力、体力、能力、忍耐力都是极大的考验，要量力而行。此外，兼职创业最好选择自己熟悉的领域，但要注意不能侵犯受雇企业的权益。

（四）团队创业

团队创业成功的概率远高于个人独自创业。一个由研发、技术、市场、融资等各方面组成、优势互补的创业团队，是创业成功的法宝，对高科技创业企业来说，更是如此。

创建团队时，最重要的是考虑成员之间在知识、资源、能力或技术上的互补，充分发挥个人的知识和经验优势，这种互补将有助于强化团队成员间彼此的合作。一般来说，团队成员的知识、能力结构越合理，团队创业的成功率就越大。

（五）概念创业

概念创业，顾名思义就是凭借创意、点子、想法创业。1971年，美国人弗雷德·史密斯凭着一个想法——隔夜传递，被风险投资家看中，创办了"联邦快递"，现已是全球最大的快递运输公司之一，为美国各地和全球绝大多数国家及地区提供快捷、可靠的递送服务。

当然，这些创业概念必须标新立异，至少在打算进入的行业或领域是个创举。只有这样，才能抢占市场先机，才能吸引风险投资商的眼球。同时，这些超常规的想法还必须具有可操作性，而非天方夜谭。创意不等同于创业，创业还需要在创意的基础上，融合技术、资金、人才、市场经验、管理经验等各种因素，如果仅凭点子贸然行动，基本上是行不通的。

（六）内部创业

内部创业是指一些有创业意向的员工在企业的支持下，承担企业内部某些业务或项目，并与企业分享成果的创业模式。Google成立了一个名为Area 120的部门，专门用来让员工进行内部创业，人们熟知的微信也是腾讯内部创业而诞生的产品。

员工在企业内部创业，可获得企业多方面的支援。同时，企业内部所提供的创业环境较为宽松，即使创业失败，创业者所需承担的责任也较小。

内部创业的受众面有限，只有那些大型企业的优秀员工才有机会一试身手。此外，这是一种以创造"双赢"为目的的创业方式，员工要做好周密的前期准备，选择合理的创业项目，保证最大化地创造利润，这样才能引起企业高层的关注。

四、中小企业创办初期应注意的问题

（1）良好的心态。中小企业创业不容易，首先需要具备良好的心态，包括角色转变的心态、历经磨难的心态、艰苦创业的心态、快乐创业的心态、一定会成功的心态等。心态的转变和调整是创业的基本前提，因为投资的项目一旦运作起来，经常会遇到诸如资金、人际、市场等方面的困境，而且只要有一个问题没解决，有一个障碍没迈过去，就可能前功尽弃。

（2）重视并评估自己的财务能力。企业由人才、产品和资金所组成，自有资金不足，往往会导致创业者利息负担过重，无法成就事业。因此，创业者要有"有多少实力做多少事"的观念，不要过度举债经营；企业应"做大"而非"大做"，"做大"是有利润后再逐渐扩大，"大做"则是勉力举债而为，只有空壳没有实力，遇到风险必然失败。

（3）审慎选行业和创业方式。创业要选择自己熟悉又精通的事业，初期可以小本经营或找股东合作，按照创业计划逐步拓展。

（4）要有长期规划。企业的发展，稳健永远比成长重要，因此要有跑马拉松式的耐力及准备，按部就班，不可存有抢短线的投机做法。

（5）先求生存。企业应先求生存再求发展，扎好根基，勿好高骛远、贪图业绩、罔顾风险，必须重视经营体制，步步为营，再求创造利润，进而扩大经营。

（6）精兵出击。公司初期规模必须精简，有效率，重实质，不要一味追求表面的浮华，以免徒增费用。

（7）战略联盟。创业要讲求战略，中小企业更需要与同业联盟，也就是在自有产品之外，附带推销其他相关产品。用战略联盟的方式结合相关产业，不仅能提高产品的吸引力、满足顾客的需求，也能增加自己的竞争力与收益。

（8）有前瞻性规划。经营理念、经营方针与经营策略均需详加规划，结合智慧与力量，扎好企业根基。

子任务二　慎重选择创业项目

一、创业项目选择原则

要想提高创业的成功率，选择好的创业项目至关重要，它决定了创业的成败与创业者未来事业发展的规模。创业者在选择创业项目时，一定要事先进行详细、周全的市场分析，了解市场现状、潜在市场的规模、经营者的数量、销售规模、竞争程度、购买力情况、购买者偏好、产品的成本因素、分销渠道等。

（1）市场原则。没有满意的顾客就没有公司的存在，项目的选择必须以市场为导向，以满足市场需求为前提，重点发展需求量大、发展前景广阔的项目。对市场的预知，要结合市场实际情况，熟悉市场的发展趋势，对市场即将的变化做出正确判断。

（2）效益原则。讲求投资项目有较高的投入产出比，即投资要讲究一定的回报率。项目开始前应该分析并预测市场，对投资成本进行预算，评估未来收益与风险。

（3）符合国家产业政策原则。重点发展国家产业政策鼓励、支持的项目，回避国家产业投资明确限制和压产的项目。政府大力提供和鼓励发展的非公有中小企业类型主要有科技型中小

企业、为支柱产业（如钢铁、汽车、通信设备、石化）配套服务的中小企业、服务型中小企业等。

（4）充分利用当地资源优势和业主自身优势的原则。选择与自己的专业、经验、兴趣、特长挂钩并拥有资源优势的项目，不盲目追求社会经济热点，以避免决策失误，浪费劳动和投资。同时，要学会与政府主管部门、银行、风险投资公司沟通的理念和习惯。

（5）坚持创新原则。选项目要有特色，做到"人无我有，人有我优，人优我特"。例如：开发新产品或改造老产品，开辟一个新的市场，获得原料或半成品新的供给来源，实行一种新的企业组织形式，等等。

二、创业项目选择方法

创业项目的选择方法有很多，但无一例外地涉及 6W 问题，即：which trade（选行业）、what（选产品）、which company（选公司）、who（认清自己）、where（选地域）和 when（选时机）。

（1）which trade（选行业）。选对一个行业，可以让创业者事半功倍，从而提高创业成功率。首先需要确定所属行业，对于行业细则需要有一定的了解。智联招聘发布的《2019 应届生就业市场景气报告》显示，选择创业的大学生占比为 2.40%，近一半的 2019 应届毕业生明确表示会接受创业公司的 offer，明确拒绝的仅占 7.66%。对于大学生创业者来讲，选择投资小、见效快、技术难度系数低的行业项目更合适。

 **阅读延伸**

大学生创业选什么行业项目更容易成功

首先，高科技领域。但技术功底深厚、学科成绩出类拔萃的大学生才有成功的希望。

其次，智力服务领域。智力是大学生创业最先掌握的资本，且项目成本较低，一张桌子、一部电话就可开业，除家教及家教中介外，还可开办设计工作室、翻译事务所等。

再次，连锁加盟领域。一般来说，大学生创业者资金实力较弱，适合选择启动资金不多、人手配备要求不高的项目，从小本经营开始为宜；此外，最好选择运营时间 5 年以上、拥有 10 家以上加盟店的成熟品牌。适合此类创业方向的有快餐业、家政服务、校园小型超市、数码快印站等。

最后，传统开店模式。大学生开店，一般走"学生路线"，因此要靠价廉物美来吸引顾客。由于资金有限，不可能选择热闹地段的店面，因此推广工作尤为重要，需要经常在校园里张贴广告或与社团联办活动，才能广为人知。

资料来源：https://www.sohu.com/a/23137443_213405.

（2）what（选产品）。对初次创业者来说，选择产品非常重要。选择一个好的产品，可以从以下几个方面入手。

① 产品市场空间要大。如饮料，人人都需要喝。

② 产品能够标准化，可以批量复制。如麦当劳、肯德基，可以按照标准化流程批量制作，容易做大规模，降低成本。

③ 产品能够较快重复消费，持续产生利润。

④ 产品有特色，能够找到"红海"中的"蓝海"。如在某个红海领域找到垂直细分市场，在该细分市场能够做到前三名。

⑤ 产品要能够结合自己的优劣势和能力。

（3）which company（选公司）。在选择合作伙伴时，不要一味钟情大公司，与一些中小型企业特别是私营企业的合作也是很好的选择。具体选择合作伙伴时有以下几个方面需要考虑。

① 公司负责人的创业情结、领袖气质和格局。具备这三个素质的创业者值得追随。

② 创业团队的结构是否稳定。这是决定这个创业公司能否走得更远的重要因素。

③ 加入的时机。公司初创时加入，风险大，但发展空间大，个人能力提升也快，公司成功后收益也大；发展中的创业公司磨合期已过去，风险和空间都会小一些，但是如果能在关键点介入并起到关键作用，也是很好的时机。

④ 重视行业标准。创业者本人要熟悉行业规定、生产常识，做好约定双方责任和权益的合同，严格把关。

（4）who（认清自己）。在创业过程中，必须重视的一系列问题是：我是谁，我想做什么，我适合做什么，我擅长做什么，我有什么资源，我在压力来临时到底能有多大的承受能力，我想得到的究竟是什么，等等。

（5）where（选地域）。对一个创业者而言，"地利"很重要。大到开办工厂要考虑原料、市场、人工、地价，小到开办小吃店，选址都要考虑人流多少等。选择地域时，最好在自己人脉关系较好的地方作为根据地，以此作为根基，逐步向外发展。

（6）when（选时机）。选择时机是在确定大的行业环境如国家政策、文化环境、法律环境、交通运输等条件要素后，根据这个行业的五种竞争力来选择行业的进入或退出时机。五种竞争力包括：新竞争者的进入、替代品的威胁、买方的讨价还价能力、供方的讨价还价能力以及现有竞争者之间的竞争。如何发现创业项目的商机，通常可以有以下这些途径。

① 从变化中发现商机。产业结构的变动、消费结构的升级、城市化的加速、人口思想观念的变化、政府政策的变化、人口结构的变化、居民收入水平的提高及全球化趋势等诸多方面。

② 锁定目标客户群，从需求中发现商机。在寻找机会时，应习惯把顾客分类，如政府职员、大学讲师、网站编辑、小学生、单身女性、退休职工等，认真研究各类人员的需求特点。

③ 从市场空白点中发现商机。市场空白是一个可以创建自己事业的领域，创业者要把重点放在一个较小的、服务不足的市场上，并且把一种独特的、较好的产品或服务带入这个市场中。中国最大的经济型连锁酒店品牌如家创办者季琦曾如此比喻市场机会："一个堆满了大石块的玻璃瓶，看起来似乎已经没有空间，实际上大石块的空隙之间，还可以容纳一堆小石子；随后，在小石子的缝隙里，你还能继续填满细沙。"

子任务三　创业构思验证

在创办企业之前需要对准备创办的企业有一个明确的想法，并用精练的语言将这个想法描述出来，这就是创业构思。一个好的创业构思必须包含两个方面，即：必须有市场机会，必须具有利用这个机会的资源和技能。

一、创业构思的成功要素

（1）志向要大，计算要精，起步要小。创业之初，自有资金有限，银行一般不会给新的企业贷款，这个时候一定不要贪大，稳扎稳打，从小做起，量力而行。

（2）定位企业类型，分析企业特点和成功要素。虽然企业有很多种类型，但适合中小企业经营的企业主要可以分为四种类型：贸易企业、服务企业、制造企业及农、林、牧、渔业企业。定位明确后，将思路集中在这个领域里，认真分析行业特点，掌握成功经营中小企业的要素（如表 1-3 所示）。

表 1-3　成功经营中小企业的要素

贸易企业	服务企业	制造企业	农、林、牧、渔业企业
地段和外观好 销售方法好 商品范围宽 商品价格合理 库存可靠 尊重顾客	服务及时 服务质量好 地点合适 顾客满意 顾客忠实 收费合理 售后服务可靠	生产组织有效 工厂布局合理 原料供应有效 生产效率高 产品质量好 浪费现象少	有效利用土地和水源 不过度使用地力和水源 出售新鲜产品 降低种植、养殖成本 恢复草场、森林植被 向市场运输产品 保护土地和水资源

（3）挖掘企业构思的途径。挖掘出好的企业构思有两条基本途径：一是从生产专长出发，二是从顾客需要出发。在实际经营中，最好能将二者结合起来。

二、创业构思的验证方法

一个好的构思势必须经得住检验，需要知道它是否可行，是否具有竞争力和盈利能力。

（一）SWOT 分析法

测试创业构思的一种方式是进行 SWOT 分析——优势、劣势、机会、威胁分析，如表 1-4 所示。

表 1-4　SWOT 分析

SWOT	含　　义	举　　例
优势（S）	打算创办的企业较之竞争对手处于的优势地位	● 产品/服务比竞争者的都好 ● 商店地理位置非常好 ● 员工的技术水平很高
劣势（W）	打算创办的企业较之竞争对手处于的劣势地位	● 产品/服务的成本高，售价贵 ● 无力支付广告费用 ● 无力提供足够好的售后服务

续表

SWOT	含　义	举　例
机会（O）	准备创办的企业将能获得的种种可能的有利时机、地位、支持和商业交易对象	● 产品/服务可能占有越来越大的市场份额 ● 竞争对手因为某种原因丧失竞争力 ● 获得了新的物美价廉的代用原料
威胁（T）	准备创办的企业将遭遇到的可能的种种不利	● 产品/服务有强大的竞争对手 ● 原材料紧缺导致成本上涨 ● 新产品/服务正在涌现，顾客日见减少

优势和劣势是存在于企业内部的可以改变的因素，是相对于竞争对手而言的，一般反映在企业的资金、技术设备、职工素质、产品、市场、管理技能等方面。判断企业内部的优势和劣势一般有两项标准：一是单项的优势和劣势，如企业资金雄厚，则在资金上占优势，又如市场占有率低，则在市场上占劣势；二是综合的优势和劣势，应选定一些重要因素加以评价打分，然后根据其重要程度通过加权确定。

机会和威胁是存在于企业外部的无法施加影响的因素。机会是指环境中对企业有利的因素，如政府支持、高新技术的应用、良好的购买者和供应者的关系等；威胁是指环境中对企业不利的因素，如竞争对手的出现、市场增长率缓慢、购买者和供应者讨价还价的能力增强、技术老化等，这都是影响企业当前竞争地位或未来竞争地位的主要障碍。

SWOT 分析的指导思想就是在全面把握企业内部优势、劣势与外部环境的机会、威胁的基础上，制定符合企业未来发展的战略，发挥优势，克服劣势，利用机会，化解威胁。中小企业 SWOT 因素的排列组合可选择四种模式：SO（着重考虑发挥自身优势和利用外部机会），OW（充分利用外部机会，克服内部弱点），ST（重点考虑发挥优势的同时避免外部威胁），WT（克服内部弱点，避免外部威胁）。

（二）SWOT 分析的结果

SWOT 分析的结果如图 1-1 所示。根据其结果可以对创业构思进行评估，并做出决定，一般存在可能的三种取舍：

① 构思经得起推敲，可以做全面的可行性研究，准备以此为项目进行创业（SO）。

② 修改构思，使之完善（OW、ST）。

③ 放弃构思，另起炉灶（WT）。

图 1-1　SWOT 分析的结果

任务三 企业创办与团队组建

任务描述

任何企业在其创办之初都想能够长期稳定地发展下去，但是激烈的市场竞争、不善的经营管理，以及遭遇意外的风险等常常使企业中途夭折。假设你拥有创业的热情，具有企业家的特质，希望全心投入经营自己的事业，那么你将如何进行企业创办与团队组建呢？

任务分析

俗话讲，磨刀不误砍柴工。做好准备，对于成功创办中小企业至关重要。

本任务将引领你做好中小企业创办与团队组建的各种准备：

* 确定企业的法律形态；
* 确定企业的投融资方式；
* 组建创业团队；
* 中小企业组织管理。

子任务一 确定企业的法律形态

一、企业的法律形态

企业的法律形态，就是指一个国家法律规定的企业在市场环境中存在的合法身份。简单地说，即企业选择什么样的投资方式，组建什么形式的企业。创业阶段的企业由于处于初创和成长阶段，往往重市场、轻管理，重效益、轻制度，忽略法律风险的存在，为企业的做大做强埋下了隐患。不同企业的法律形态有其各自的特点，如表 1–5 所示。

表 1–5 不同企业的法律形态的特点

类型	业主数量	成立条件	经营特征	利润分配和债务责任
个体工商户	1 个人或家庭	有相应的经营资金和经营场所	资产属于私人所有，自己既是所有者，又是劳动者和管理者	利润归个人或家庭所有，由个人经营的，以其个人资产对企业的债务承担无限责任；由家庭经营的，以家庭财产承担无限责任
个人独资企业	1 个人	投资人是一个自然人；有合法的企业名称；有投资人申报的出资；有固定的经营场所和必要的生产经营条件；有必要的从业人员	财产为投资人个人所有，业主既是投资者，又是经营管理者	利润归个人所有，投资人以其个人资产对企业债务承担无限责任

右上角：续表

类型	业主数量	成立条件	经营特征	利润分配和债务责任
合伙企业	2个人以上	有两个以上的合伙人，并且都依法承担无限责任； 有书面合伙协议； 有合伙人的实际出资； 有合伙企业的名称； 有经营场所和从事合伙经营的必要条件	依照合伙协议，共同出资，合伙经营，共享收益，共担风险	合伙人按照协议分配利润，并共同对企业债务承担无限连带责任（有限合伙人以其认缴的出资额为限对合伙企业债务承担责任）
有限责任公司	1个以上50个以下股东	股东符合法定人数； 有符合公司章程规定的全体股东认缴的出资额； 股东共同制定公司章程； 有公司名称，建立符合有限责任公司要求的组织机构； 有公司住所	公司设立股东会、董事会和监事会，并由董事会聘请职业经理管理公司经营业务	股东按出资比例分配利润，并以出资额为限承担有限责任

二、中小企业法律形态的选择

我国民营企业的法律形态有多种，适合中小企业的主要有个体工商户、个人独资企业、合伙企业、有限责任公司等。不同法律形态的企业承担不同的法律责任，也受成立条件的限制。

（一）个体工商户

个体工商户简称个体户，是比较常见的一种商业经营模式。其特点是投资小、规模小、经营方式灵活，可以由单个的民事主体经营，也可以由夫妻、父母子女、兄弟姐妹共同经营，是企业的雏形，但不是真正意义上的企业。相对其他经营模式而言，个体工商户的资金压力比较小，在创业者资金不足的情况下，个体工商户是创业初期可以考虑的一种创业模式。

（二）个人独资企业

个人独资企业是指依法在中国境内设立，由一个自然人投资，财产为投资人个人所有，投资人以其个人财产对企业债务承担无限责任的经营实体。特点与个体工商户有很多共同之处，如投资小、规模较小、经营方式灵活等，法律上也没有出资额的限制，只要有自己的名称、经营场所、一定的资金就可以申请设立。整体而言，比个体工商户规模较大，实力较强，是个体经营发展到一定规模下可以考虑采取的经营模式。

（三）合伙企业

合伙企业是指依法在中国境内设立的由 2 个以上出资人订立合伙协议，共同出资、合伙经营、共享收益、共担风险，并对合伙企业债务承担无限连带责任的营利性组织。出资人称为合伙人，没有数额上的上限，理论上 100 人都可以（有限合伙企业有人数限制，2～50 人），特点是投资小、规模小、经营方式灵活。但与个体工商户和个人独资企业有所区别的是，合伙企业由合伙人共同经营，是合伙人全体意志的体现，是共同投资、合伙经营、共享收益、共担风险的一种经营模式。合伙企业涉及的法律问题也比较复杂，除了对外会发生各种交易以外，合伙人内部也会有内部分工、入伙、退伙等法律问题。《中华人民共和国合伙企业法》是合伙企业在设立和运营中必须遵照执行的一部非常重要的法律，合伙协议是合伙人之间共同拓展经营合伙企业的基本依据。合伙企业相对而言，实力更强，抗风险能力更强。

（四）有限责任公司

有限责任公司指根据《中华人民共和国公司登记管理条例》规定登记注册，由 50 个以下股东共同出资，每个股东以其所认缴的出资额对公司承担有限责任，公司以其全部资产对其债务承担责任的经济组织，现已成为比较普遍的现代企业模式，包括国有独资公司以及其他有限责任公司。需要说明的是，《中华人民共和国公司法》（2018 年修正）规定，一个自然人可以设立一人有限责任公司，并且一个自然人只能投资设立一个一人有限责任公司，该一人有限责任公司不能投资设立新的一人有限责任公司。

 阅读延伸

一人有限责任公司和个人独资企业的区别

个人创办企业，在申领营业执照类型时，既可以申请办理一人有限责任公司的企业法人营业执照，又可以申请个人独资企业营业执照，但并不是说一人有限责任公司和个人独资企业是等同的。一人有限责任公司，是指一个自然人股东或者一个法人股东的有限责任公司。个人独资企业是指依法在中国境内设立，由一个自然人投资，财产为投资人个人所有，投资人以其个人财产对企业承担无限责任的经营实体。从《中华人民共和国公司法》的角度来看，其主要区别如下。

（1）投资主体不同。一人有限责任公司的投资主体可以是自然人，也可以是法人。也就是说，一人有限责任公司不只限定为一个自然人，一个企业法人同样可以申请创办一人有限责任公司。而个人独资企业的投资主体只能限定于一个自然人。同时法律规定：一个自然人只能投资设立一个一人有限责任公司，该一人有限责任公司不能投资设立新的一人有限责任公司。

（2）法律形式不同。一人有限责任公司属于法定的民事主体，具有法人资格；而个人独资企业属于非法人组织，不具有法人资格。一人有限责任公司的名称应该带有"有限责任公司"字样，而个人独资企业的名称中则不得使用"有限""有限责任"或者"公司"字样。

（3）投资者责任承担不同。一人有限责任公司的股东以认缴的出资额为限承担"有限责任"，仅在股东不能证明公司财产独立于股东自己的财产的情况下对公司债务承担连带责任；个人独资企业的投资人以其个人财产对企业债务承担无限责任，投资人在申请企业设立登记时明确以其家庭共有财产作为个人出资的，应当依法以家庭共有财产对企业债务承担无限责任。

资料来源：http://www.360doc.com/content/16/0727/10/34663474_578694721.shtml.

此外，农民专业合作社也是一种比较好的创业模式。农民专业合作社是在农村家庭承包经营基础上，同类农产品的生产经营者或者同类农业生产经营服务的提供者、利用者，自愿

联合、民主管理的互助性经济组织。农民专业合作社以其成员为主要服务对象，提供农业生产资料的购买，农产品的销售、加工、运输、储存以及与农业生产经营有关的技术、信息等服务。

三、中小企业的设立

企业设立时，合伙人之间一定要签订合伙协议、投资协议或章程等文件。合伙协议和公司章程都是企业的"宪法"，是投资者之间权利、义务分配的依据，主要涉及利润分配和权力的行使等，一旦一方违反相关规定，守约方可以依据约定追究违约方责任。

在创业初期，创业者往往寻找与自己关系比较密切、感情比较亲近的同学、亲戚、朋友作为创业合伙人。如何分享利益、如何承担债务很少考虑，这往往埋下法律纠纷的祸根；如果不能妥善处理，很可能会导致创业中途失败。这就要求在创业伊始通过书面协议明确各创业者之间的权利、义务。在协议中，创业者可以就利益比例、债务比例、各自的工作内容及如何引入新的创业伙伴、退出机制等作出明确约定，一旦发生法律纠纷，此书面协议就是保护自己合法权益的凭证。

合伙人是否签订商业保密协议及竞业协议，需要具体分析。对于客户资源特殊的行业，合伙人约定合作期间和合作结束两年内不得从事同行业和高相关度的行业是有必要的，这样可以有效防止个人私心的膨胀而导致分裂。竞业协议可延伸到企业核心人员和中高管理层，在新员工入职前实施。

创业初期是否就要有规范的公司规章制度也是个普遍不受重视的现象，很多创业企业觉得没有必要或者没有时间制定。实际上，当一个公司运营超过半年，规章制度的必要性就体现出来。规章制度是用人单位的内部"法律"，规范高管与公司的关系、规范员工与公司的关系。成功的企业制度，可以使企业运作平稳、流畅、高效。

 **阅读延伸**

如何有效塑造中小企业文化

企业文化对企业的经营管理起着巨大的推动作用，尤其是中小企业。企业文化作为现代企业的管理理念和管理方法，被越来越多的企业所认可。一方面，世界知识经济的大潮把中小企业文化推向了一个新的阶段，中小企业不断运用新的知识进行管理创新；另一方面，在企业文化建设的过程中把中华民族博大精深的文化融入进去，同时更要把中小企业文化的建设放在企业具体的经营管理实践中，让企业文化有效融入管理，起到它最佳的效应。

第一，要让员工有归属感。老板必须将他对企业未来的发展思路和员工进行充分沟通，也就是我们通常说的构筑共同愿景且让他们感觉也是企业当中的一分子，这种激励是用金钱不能够替代的，而这个时候有效沟通比大型企业更重要。企业在中小时期往往有很多不确定因素左右企业发展，如果老板能够经常和员工交流，使员工知道企业的发展方向，并为之效力，员工也能够很快明白老板的思路，没有太多形式上的条条框框，从而更容易引起员工的共鸣。

第二，核心价值观的确定。企业文化分为三个层次，即物质层、制度层、核心层。其中核心层是最主要的，中小企业应该花大力气进行核心层的建设。有了核心层进一步就有了制度层，从而就会有物质层。一个只关心物质层和制度层的企业，其企业文化的建设必定要失败。

第三，将核心价值观无时无刻地体现在行动当中。作为老板要身体力行，不断跟员工沟通，形式不要太多，内容简单明了，最基本的核心内容要通过行动去体现，以后有必要可以增加一些形式上的内容，如公司的刊物、公司的歌曲等。

第四，制度管人。中小企业普遍不重视制度建设。一提到制度化问题，许多老板就搞不清楚本企业应该建立和完善什么制度，或者仅是涉及其中某一两项而已，而且还支离破碎。企业制度是企业文化的重要内容之一，甚至重于企业文化的"硬件"建设。因此，一般中小企业至少要建立"奖惩制度"和"考核制度"，精确的考核和公正的奖励是很必要的。

资料来源：http://blog.ceconlinebbs.com/BLOG_ARTICLE_243257.HTM.

子任务二　确定企业的投融资方式

一、不同法律形态下的投资

投资主体必须符合法律要求的年龄条件和心智条件。一般情况下，投资者必须是18周岁以上的成年人；特殊情况下，16周岁以上的未成年人也可以成为投资者。

（一）出资人数

不同法律形态的企业，其出资人数前已述及，此处不再讲述。

（二）出资方式

简单地说，出资方式就是用什么来投资。一般来讲，只要有财产价值，就可以用来出资，但基于创业模式不同，法律上也有不同的要求或限制。

（1）个体工商户、个人独资企业的出资方式没有法律上的限制。出资方式自主选择，可以用货币、实物（如房屋、车辆、办公设施、办公用品等）、土地使用权、专利权、商标权、著作权、企业字号、专有技术、商业秘密等出资，也可以用劳务出资。

（2）合伙企业的出资方式大致和个体工商户、个人独资企业相同，法律上没有做严格限制，但对于有限合伙人，法律规定不得以劳务出资。

（3）有限责任公司的出资方式，《中华人民共和国公司法》表述为可以用货币出资，也可以用实物、土地使用权、知识产权等非货币财产出资。需要注意的是，用来出资的非货币财产必须是可以用货币估价、可以依法转让，劳务显然不具备这样的要求，所以出资人不能用劳务出资。其他非货币财产如果不具备法律上的要求，也不能用来出资。

（三）出资额和出资限期

（1）个体工商户、个人独资企业的出资额，法律上没有做限制。但实际上，投资额是与经营规模相匹配的：规模小，投资额就小；规模越大，投资额越大。

（2）合伙企业的出资额法律上没有做限制，由合伙人协商确定。

（3）如果法律、行政法规以及国务院决定没有例外规定，普通有限责任公司和股份有限公司的设立就没有注册资本和首期出资比例的要求。这样的规定使得设立公司变得容易很多，降低了门槛，鼓励了创业，是一个符合国际惯例的大进步。

二、不同法律形态下投资人的法律责任

（1）个体工商户、个人独资企业投资人的法律责任。个体工商户、个人独资企业在经营过程中，对外必然会产生各种交易，由此也会衍生出债权、债务。当对外负债时，首先会用前期的投入和积累的资金来偿还，如果还不足以清偿债务时，就会波及投资人的其他财产，这在法律上称为无限责任。也就是说，承担债务不以投资人的出资为限，出现资不抵债的情况时，会用投资人的其他财产偿还债务。

（2）合伙企业投资人的法律责任。基于生产经营，合伙企业也会对外负债。合伙产生的债务，由合伙财产予以清偿；如果出现资不抵债时，合伙人之间就会承担无限连带责任，任一合伙人都有清偿全部或者部分债务的法定义务。对债权人来说，合伙企业的偿债能力更强，因为合伙人不仅要承担无限责任，还要承担连带责任。需要特别说明的是，《中华人民共和国合伙企业法》修订时，设立了有限合伙人的制度，所以无限连带责任只产生于普通合伙人之间，而有限合伙人只承担有限责任。

（3）公司企业投资人的法律责任。公司企业是典型的企业法人，能够独立承担民事责任。公司的投资人在公司成立后，即被称为股东，无论是有限责任公司还是股份有限公司，股东偿还债务是以投资额为限承担责任的。通俗地讲，就是出资5万元，如果公司经营亏损，顶多就是亏5万元，不会像个体工商户那样涉及投资人的其他财产，从这种意义上讲，投资公司是比较安全的。当公司财产资不抵债时，公司可以通过破产程序来解决债务问题。公司破产，债务豁免。在创业初期，建议采用有限责任公司形式以降低创业风险，公司以其资产对公司债务承担有限责任，股东以其出资额为限对公司承担责任。

三、不同法律形态下投资的转让与撤回

（1）个体工商户、个人独资企业投资的转让与撤回。个体工商户、个人独资企业要么是个人单独投资，要么是和家人共同投资。如果是个人单独投资，投资者自己可以自主决定是否转让或者解散经营实体以撤回投资；如果是和家人共同投资，基于血浓于水的家庭关系，投资的转让和撤回也不存在问题，所以个体工商户、个人独资企业投资的转让与撤回相对比较简单。

（2）合伙企业投资的转让与撤回。合伙企业是人合企业，合伙人之间有着良好关系和高度信任。合伙人投资的转让，也就意味着新的合伙人的加入，根据法律规定，一般应当由全体合伙人共同决定，所以合伙人投资的转让比较困难。在没有约定合伙期限的情况下，合伙人可以提前30天通知其他合伙人要求退伙，退伙结算即可撤回投资。

（3）有限责任公司投资的转让与撤回。公司是企业法人，公司对自己的财产享有法人财产权。出资人在公司成立后，丧失了对出资财产的所有权或者使用权，同时获得股权成为公司股东。有限责任公司股权转让，公司其他股东在同等条件下有优先购买权，其他股东既不同意转让又不购买的，视为同意转让，所以有限责任公司的股权转让相对容易。股份公司的股权转让，除了在一定期限内限制发起人和公司高管的股权转让外，几乎是自由转让。法律

禁止抽逃出资，擅自违法撤回出资就构成了抽逃出资，撤回出资可以通过减少出资或者转让股份的方式来解决，决不能抽逃出资。

四、中小企业投融资的注意事项

对初创企业而言，资金无疑是关键的问题之一。启动资金包括固定资产投资、流动资金投资和开办费。固定资产投资用于购置价值较高、使用寿命长的资产如企业用地和建筑用房及设备等；流动资金投资是企业日常运转时所需支付的资金，如购买原材料和商品存货、促销、工资、房租、保险和其他日常开支；开办费包括办证费、设计费、装潢费、技术（专利）转让费、加盟费等。创办企业前，要对企业规模有一个大概的预计，根据这个规模预测启动资金，如果自有资金不足，则需要进行融资。企业融资必须要注意以下几个法律问题。

（1）投资人的法律主体地位。根据法律规定，某些组织是不能进行商业活动的，如果给这些组织进行投资将可能导致协议无效，浪费成本，造成经营风险。

（2）投融资项目要符合中央政府和地方政府的产业政策。在中国现有政策环境下，许多投资领域是不允许外资企业甚至民营企业涉足的。

（3）融资方式的选择。融资的方式有很多选择，如债权融资、股权融资、优先股融资、租赁融资等，各种融资方式对双方权利和义务的分配也有很大不同，对企业经营影响重大。

（4）回报形式和方式的选择。债权融资中本金的还款计划、利息计算、担保形式等需要在借款合同中重点约定。如果投资人投入资金或者其他资产从而获得投资项目公司的股权，则需要重点安排股权的比例、分红的比例和时间等。相对来说，投资人更加关心投资回报方面的问题。

（5）可行性研究报告、商业计划书、投资建议书的撰写。三个文件名称不同，内容大同小异，包括融资项目各方面的情况介绍。文件的撰写要求真实、准确，这是投资人判断是否投资的基本依据之一。

（6）尽职调查中可能涉及的问题。律师进行的尽职调查是对融资人和投融资项目的有关法律状况进行全面了解，根据了解的情况向投资人出具的尽职调查报告。

（7）股权安排。股权安排是投资人和融资人就项目达成一致后，双方在即将成立企业中权利分配的博弈。由于法律没有十分有力的救济措施，现在公司治理中普遍存在大股东控制公司，侵害公司和小股东的利益情况。对股权进行周到详细的安排是融资人和投资人需要慎重考虑的事项。

中小企业在创业初期，由于市场需求小，生产能力有限，难以承担高额的负债成本，为了避免过度负债经营，主要依靠内部融资来满足其发展需要。如在美国，中小企业创业资金约 60%来自个人积累，9%来自亲戚朋友；在法国、意大利等，中小企业自筹资金比重都在50%左右。而在我国，随着企业发展，当内部融资不能满足需要时，企业会选择外部融资。难以获得银行贷款和难以获得间接融资是中小企业融资面临的主要困难。目前，国家已经制定了各种相关法规和政策，为中小企业家创业创造了宽松环境，建立了小额贷款信用担保基金和担保体系，解决了中小企业融资难的问题。

上海市中小企业融资的十种途径

一、创新融资租赁

创新融资租赁不同于传统的融资租赁，它具有企业在资金不足的情况下引进设备、扩大生产、快速投产、方式灵活的特点，还可使企业享受税前还款的优惠，企业对固定资产不求拥有，只求使用，用少量的保证金就能使用设备，使资金在流动中增值而不是沉淀到固定资产的投资中。如在上海，由上海中小企业服务中心牵线，企业与金海岸租赁公司建立设备租赁关系，中投保上海分公司为企业提供 85%～90%的履约担保，商业银行为租赁公司提供设备贷款。一般单笔租赁项目标的不超过 500 万元，期限不超过两年；同时租赁公司还有厂商回购和个人信用担保两个法宝来控制风险。因此，调动了财政资源和信用提供高额担保，这是上海在融资租赁上的一大创举。

二、无形资产抵质押

目前许多新创办的科技型中小企业，无形资产比较大，拥有专利权、著作权的中小企业可尝试以此财产权为抵押物，获得银行贷款。

浦东某科技型企业拥有十多项国家专利和近十项基因产品研发著作权，其中两个基因产品已完成相关药品的中试，可投入市场，但项目进入产业化过程中，需要大量流动资金。本市一家商业银行以基因产品开发权为贷款质押物，请专家对基因产品知识产权收益权的市场价值进行评估，并以此为依据，确定质押物的价值和贷款额度。通过出质人与质权人订立的书面合同，并办理相关质押登记，使这家科技型企业及时获得了急需的 2 000 万元流动资金。

三、动产托管

对于大量生产型和贸易型企业而言，由于没有合适的不动产作抵押物，有的企业厂房是租来的，土地是租来的，苦于无抵押物而难以融资。对于这类企业，可请社会资产评估，托管公司托管的办法获取银行贷款。

据悉，上海百业兴资产管理公司可接受企业委托，对企业的季节性库存原料、成品库进行评估与托管，然后以此物价值为基础，再为企业提供相应价值的担保，这样既解决了企业贷款担保难的矛盾，又使企业暂时的"死"资产盘货，加速了资金流动，提高了资产回报率。

四、互助担保联盟

中小企业互助担保联盟重点解决企业在融资过程中的担保和反担保问题。它的优点是一次评估信用，较长时间享用。质量和规模相近的企业互保，节约了担保费用，降低了融资成本。目前上海已形成雏形的有以下两种形式。

（1）民间信用互助协会。譬如以上海众大担保股份公司发起，通过企业互助以及扩大信用融资能力并向社会提供信用咨询服务，为互助协会成员企业提供融资担保。目前主要有中小企业流动资金贷款担保、开具承兑汇票担保、固定资产贷款担保、国企改制贷款担保、管理者收购贷款担保等。

（2）中小企业信用担保联盟。譬如以上海市中小企业服务中心和联合德升资信评估公司牵线，为同样有融资需求的两家企业在融资过程中互相担保和反担保，以中小企业信用担保联盟为形式，实现企业融资过程中的互保。为控制风险，通过互保形式融资的企业必须是信用优良的企业，并须经资信评估公司评定信用，A级以上企业才有资格加盟。

五、生产用设备按揭贷款

由大众保险公司为主开拓的此项品种，开辟了保险公司介入企业融资的新形式。其主要形式是生产用机械设备按揭，一方面促进了生产型设备销售的增长，解决了企业新置和更新设备资金不足的矛盾；另一方面为新置和更新设备的中小企业扩大生产规模、提升产品档次和竞争力提供了一条融资通道。

操作上一般以不超过500万元为限，时间6～24个月，按揭申请人向设备销售商提出购买设备申请，同时向银行提出贷款申请。银行审查合格后交保险公司审核，保险公司出具保险单给银行和申请人，申请人在银行办理设备抵押手续，再由银行加工贷款划交经销商，经销商将设备交给申请人。对借款企业的好处是：找到了贷款担保人——保险公司；买到了最低价设备——事先经销商的承诺。

六、国家创新基金

科技型中小企业技术创新基金是经国务院批准设立，用于支持科技型中小企业技术创新的专项基金。通过拨款资助、贷款贴息和资本金投入等方式扶持和引导科技型中小企业的技术创新活动。

根据中小企业和项目的不同特点，创新基金支持方式主要有以下几种。

（1）贷款贴息：对已具有一定规模和效益的创新项目，原则上采取贴息方式支持其使用银行贷款，以扩大生产规模。一般按贷款额年利息的50%～100%给予补贴，贴息总额一般不超过100万元，个别重大项目可不超过200万元。

（2）无偿资助：主要用于中小企业技术创新中产品的研究、开发及中试阶段的必要补助，科研人员携带科技成果创办企业进行成果转化的补助，资助额一般不超过100万元。

（3）资本金投入：对少数起点高，具有较广创新内涵、较高创新水平并有后续创新潜力，预计投产后有较大市场，有望形成新兴产业的项目，采取成本投入方式。

高新技术企业可申请获得这类直接融资，申报时可委托市科委指定中介服务机构代办申报手续，然后所在区县局科技主管部门推荐，由科委专门机构组织专家对申报材料进行论证、审核、筛选，再报市科技部基金管理中心审查、评估。

七、国际市场开拓资金

中小企业开拓国际市场，可申请国际市场开拓资金，它是由中央财政和地方财政共同安排的专门用于支持中小企业开拓国际市场的专项资金。上海市外经贸委和地方财政是国际市场开拓资金的主管部门。外经贸委负责市场开拓资金的业务管理，财政部门负责市场开拓资金的预算、拨付、监管等。

国际市场开拓资金优先支持的对象是：重点面向拉美、非洲、中东、东欧、东南亚等新兴国际市场的拓展活动；重点支持高新技术和机电产品出口企业拓展国际市场活动；支持外向型中小企业取得质量管理体系认证、环境管理体系认证和产品认证等国际认证；支持拥有自主知识产权的名优产品出口；支持已获质量管理体系认证、环境管理体系认证和产品认证的中小企业的国际市场拓展活动，如参加境外展览会、贸易洽谈会、境外投（议）标等。

该资金支持方式采取无偿支持和风险支持两种。凡上年出口总额在1 500万美元以下，具有企业法人资格和进出口经营权的企业可于每年七月向有关部门提出申请。

八、典当融资

典当是以实物为抵押，以实物所有权转移的形式取得临时性贷款的一种融资方式。其优势在于：对中小企业的信用要求几乎为零，只注重典当物品是否货真价实，而且可以动产与不动产质押二者兼为；典当物品的起点低，千元、百元的物品都可以当。典当融资手续简便，大多立等可取，即使是不动产抵押，也比银行要便捷许多；不问贷款用途，钱使用起来十分自由。周而复始，可大大提高资金使用率。归结起来，比较适合资金需求不很大，但要得又很急的企业融资。上海东方典当行开展融资典当已有多时。

九、银行创新品种

目前银行创新融资品种琳琅满目，如抵押贷款方面有国债外汇存单作为质押物的贷款，有标准仓库质押贷款；在贸易融资方面，有买方信贷、打包贷款、保函、保理等品种。此外，还有出口退税账户托管贷款、收购兼并贷款、自然人担保贷款、法人账户透支、应收账款融资等。这些品种犹如金融超市，企业可各持所需。企业也可到专为中小企业进行融资辅导的上海中小企业服务中心咨询，以选出最适合本企业的融资品种。

十、风险投资

目前风险投资公司、风险投资基金如雨后春笋般进入中国，为许多创业型中小企业提供了强大的资金支持。

资料来源：http://www.ceconlinebbs.com/FORUM_POST_900001_900084_990722_0.HTM.

子任务三　组建创业团队

创业者想要达到成功除了毅力和信念，还需要有自己的创业团队。创业团队，就是由少数具有技能互补的创业者组成的团队，共同创业有利于分散创业风险和整合资源。在共同创业的过程中，创业团队是关键，直接影响到创业是否成功。

一、创业团队组建的原则

（1）目标明确、合理原则。目标必须明确，以便团队成员清楚认识到共同的奋斗方向；同时，目标也必须是合理、切实可行的，这样才能真正达到激励的目的。

（2）互补原则。创业者之所以寻求团队合作，目的在于弥补创业目标与自身能力间的差距。只有当团队成员相互间在知识、技能、经验等方面实现互补时，才有可能通过相互协作发挥出"1+1>2"的协同效应。

（3）精简、高效原则。为了减少创业期的运作成本，最大比例地分享成果，创业团队人员构成应在保证企业能高效运作的前提下尽量精简。初创企业资金有限，人员数量不能太多，能满足基本需求即可，可以把基础工作外包，将财务、人力和法律事务外包出去，确保创业公司集中内部资源开发业务的同时，还有能力制定财务策略，并且运营得井井有条。

（4）动态、开放原则。创业过程是一个充满了不确定性的过程，团队中可能因为能力、观念等多种原因不断有人离开和要求加入。在组建创业团队时，应注意保持团队的动态性和开放性，使真正完美匹配的人员能被吸纳到创业团队中来。

 **阅读延伸**

创业团队组建的"415"原则

创业团队的组建有一个"415"原则。

"4"是指创业团队最初的人不要超过4个，最好是3个，因为超过4个以后一定会形成帮派。

"1"是指必须一股独大，一个人说了算。4个人平均分布话语权，公司就像一个汽车的4个引擎，分别朝4个方向走，车还能走动吗？这个"大"一定是超过50%，另外3个人不超过50%。

"5"代表的是凝聚力，团队彼此之间谁都离不开谁，离开了以后，自己的价值都会减少。比如5个人在一起，是一个乘数效应，是5乘5而不是5加5。创业团队不光要团结，还需要有足够的动力、专业技能和共同的愿景，每一个地方出现了短板都会成为项目的短板。

资料来源：http://www.jingshangbao.cn/news/5768.html.

二、创业团队组建的影响因素

创业团队的组建受多种因素的影响，这些因素相互作用，共同影响着组建过程并进一步影响团队建成后的运行效率。

（1）创业者。创业者只有意识到组建团队可以弥补自身能力与创业目标之间存在的差距，才有可能考虑是否需要组建创业团队，以及对什么时候需要引进什么样的人员形成互补做出准确判断。

（2）商机。不同类型的商机需要不同类型的创业团队。创业者应根据创业者与商机间的匹配程度，决定是否要组建团队以及何时、如何组建团队。

（3）团队目标与价值观。共同的价值观、统一的目标是组建创业团队的前提。团队成员若不认可团队目标，就不可能全心全意为此目标的实现而与其他团队成员相互合作、共同奋斗；而不同的价值观将直接导致团队成员在创业过程中脱离团队，进而削弱创业团队作用的发挥。没有一致的目标和共同的价值观，创业团队即使组建起来，也无法有效发挥协同作用，缺乏战斗力。

（4）团队成员。团队成员能力的总和决定了创业团队的整体能力和发展潜力，创业团队成员的才能互补是组建创业团队的必要条件，而团队成员间的互信是形成团队的基础。

（5）外部环境。创业团队的生存和发展受到制度性环境、基础设施服务、经济环境、社会环境、市场环境、资源环境等多种外部要素的影响，这些外部环境要素从宏观上间接影响着对创业团队组建类型的需求。

三、创业团队组建的程序及其主要工作

创业团队的组建是一个相当复杂的过程，不同类型的创业项目所需的团队不一样，创建步骤也不完全相同。创业团队组建的程序及其主要工作如下。

（1）明确创业目标。创业团队的总目标就是通过完成创业阶段的技术、市场、规划、组

织、管理等各项工作，实现企业从无到有、从起步到成熟。总目标确定之后，为推动团队最终实现创业目标，再将总目标加以分解，设定若干可行的、阶段性的子目标。

（2）制订创业计划。在确定了总目标以及各阶段性子目标之后，紧接着要研究如何实现这些目标，这就需要制定周密的创业计划。创业计划是在对创业目标进行具体分解的基础上，以团队为整体来考虑的计划，创业计划确定了在不同创业阶段需要完成的阶段性任务，通过逐步实现这些阶段性目标最终实现创业目标。

（3）招募合适的人员。这是创业团队组建最关键的一步。关于创业团队成员的招募，主要应考虑两个方面。一是互补性，即考虑其能否与其他成员在能力或技术上形成互补。一般而言，创业团队至少需要管理、技术和营销三个方面的人才，只有这三个方面的人才形成良好的沟通协作关系后，创业团队才可能实现稳定高效。二是适度规模，适度的团队规模是保证团队高效运转的重要条件。团队成员太少无法实现团队的功能和优势，而过多又可能会产生交流障碍，团队很可能会分裂成许多较小的团体，进而大大削弱团队的凝聚力。一般认为，创业团队的规模控制在 2～12 人最佳。

（4）职权划分。为保证团队成员执行创业计划、顺利开展各项工作，必须预先在团队内部进行职权划分，即根据执行创业计划的需要，确定每个团队成员具体担负的职责以及对应享有的权限。职权的划分必须明确，既要避免职权重叠和交叉，也要避免无人承担造成工作上的疏漏。创业过程中，面临的创业环境是动态复杂的，不断会出现新的问题，团队成员可能不断出现更换，因此创业团队成员的职权也应根据需要不断进行调整。

（5）构建创业团队制度体系。创业团队制度体系体现了创业团队对成员的控制和激励能力，主要包括团队的各种约束制度和激励制度。一方面，创业团队通过各种约束制度（如纪律条例、组织条例、财务条例、保密条例等）指导成员避免做出不利于团队发展的行为，实现对其行为进行有效约束，保证团队的稳定秩序；另一方面，创业团队依靠有效的激励机制（如利益分配方案、奖惩制度、考核标准、激励措施等），使团队成员看到随着创业目标的实现，自身利益将会得到怎样的改变，从而达到充分调动成员积极性、最大限度发挥成员作用的目的，这就要求必须把成员的收益模式界定清楚，尤其是关于股权、奖惩等与团队成员利益密切相关的事宜。需要注意的是，创业团队的制度体系应以规范化的书面形式确定下来，以免带来不必要的混乱。

（6）团队的调整融合。完美组合的创业团队并非创业一开始就能建立起来，很多时候是在企业创立一定时间以后随着企业发展逐步形成的，团队组建时在人员匹配、制度设计、职权划分等方面的不合理之处会逐渐暴露，这就需要对团队进行调整融合。由于问题的暴露需要一个过程，因此团队调整融合也是一个动态持续的过程。

 **阅读延伸**

中小企业如何激发团队精神

如何激发团队精神是所有中小企业都面临的挑战，良好的团队精神来源于正确的管理文化。对中小企业而言，其人员数量不是很多时，单纯依靠外部的规章制度并不能很好地解决企业的管理问题，团队精神的核心是合作协同，目的是最大限度地发挥团队的潜在能量。中小企业如何激发团队精神，是每个管理者都要深刻思考的问题。

一、组织氛围建设，关注员工情感

组织氛围是看不见摸不着的，却是真实存在的，而且是在员工不断沟通和互动之中逐步形成的。和谐友好的组织氛围可以让每个员工都保持愉悦的心情，顺畅的沟通，能够增强团队凝聚力。具有人格魅力的领导者也是和谐氛围不可或缺的因素：高管要依靠领导力，发挥领导魅力。

二、晋升通道完善，激发员工潜能

调查显示，仅有21%的人员离职是因为薪酬，而50%以上的人员则是对职业发展前途不满意。具体表现为企业没有进行有效的职业生涯发展规划，员工看不到职业发展方向，没有清晰的晋升目标。企业若通过建立科学、合理、规范的晋升通道，采取合理的评价资格标准和任职资格管理，让每个员工看到自己未来职业发展的方向与目标，沿着规划好的阶梯不断进步，这样一套完整的晋升通道，可以降低员工的离职率。作为中小企业的管理者应该关注员工的个人需求，找到个人努力方向与组织发展的交叉点，将其作为激励员工的要点，使员工发展需要和组织核心能力之间达成吻合，使个人发展与组织需求相一致。引导员工正确处理个人价值与团队价值之间的关系，团队价值的最大化是个人价值得以实现的基础。

三、分配机制合理，鼓励"多劳多得"

明确重要岗位"多劳多得"的标准，不同岗位可以是在能力、责任、业绩等3个方面"多劳多得"。在薪酬体系中，除公司奖金制度，还应该奖励那些乐于帮助同事的人。当然，企业提倡互帮互助的团队精神，并不是为了鼓励滥竽充数的南郭先生，而是帮助那些能力不够但有很强上进心的人。与其浪费时间去抱怨效率低的人，不如把时间花在帮助他们上，使团队共同进步。

中小企业的管理不能像国营企业那样单纯依靠制度约束人，要在制度的基础上，形成更高层次的管理理念，同时建立起一个运作顺畅的管理架构。这个架构是全方位的，要让团队中每个成员都能够找到自己的位置，要让每个成员都明白自己是团队的一员，要让每个成员都具有团队精神，最佳的团队精神才能促进企业的加速发展。

资料来源：http://blog.ceconlinebbs.com/BLOG_ARTICLE_243463.HTM.

大学生创业如何组建自己的团队

子任务四　中小企业组织管理

一、企业组织结构的类型

每个企业都有自己的组织结构，简单来说，企业的组织结构就是企业经营运转、部门设置及职能规划的具体结构。企业组织结构类型有很多种，具体有以下6种。

（1）直线制。直线制是一种最早也是最简单的组织形式。其特点是企业各级行政单位从上到下实行垂直领导，下属部门只接受一个上级的指令，各级主管负责人对所属单位的一切问题负责。直线制组织结构的优点是：结构比较简单，责任分明，命令统一。

（2）职能制。职能制组织结构，是各级行政单位除主管负责人外，还相应地设立一些职能机构。如在厂长下面设立职能机构和人员，协助厂长从事职能管理工作。这种结构要求行政主管把相应的管理职责和权力交给相关的职能机构，各职能机构就有权在自己业务范围内向下级行政单位发号施令。因此，下级行政负责人除了接受上级行政主管人指挥外，还必须接受上级各职能机构的领导。

（3）直线职能制。直线职能制，也叫生产区域制，或直线参谋制。它是在直线制和职能制的基础上取长补短，吸取这两种形式的优点而建立起来的。

（4）事业部制。事业部制最早是由美国通用汽车公司总裁斯隆于1924年提出的，故有"斯隆模型"之称，也叫"联邦分权化"，是一种高度集权下的分权管理体制。它适用于规模庞大，品种繁多、技术复杂的大型企业。

（5）模拟分权制。这是一种介于直线职能制和事业部制之间的结构形式。许多大型企业，如连续生产的钢铁、化工企业由于产品品种或生产工艺过程所限，难以分解成几个独立的事业部。又由于企业的规模庞大，以致高层管理者感到采用其他组织形态都不容易管理，这时就出现了模拟分权制的组织结构形式。

（6）矩阵制。在组织结构上，把既有按职能划分的垂直领导系统，又有按产品（项目）划分的横向领导关系的结构，称为矩阵组织结构。

二、中小企业组织组织结构

中小企业一般采取直线职能制的组织结构。直线职能制是把企业管理机构和人员分为两类：一类是直线领导机构和人员，按命令统一原则对各级组织行使指挥权；另一类是职能机构和人员，按专业化原则从事组织的各项职能管理工作。

直线职能制是现实中运用得最为广泛的一种组织形态，它把直线制结构与职能制结构结合起来，以直线为基础，在各级行政负责人之下设置相应的职能部门，分别从事专业管理，作为该领导的参谋，实行主管统一指挥与职能部门参谋、指导相结合的组织结构形式。

直线职能制是直线制与职能制的结合。它是在组织内部既有保证组织目标实现的直线部门，也有按专业分工设置的职能部门；但职能部门在这里的作用是作为该级直线领导者的参谋和助手，它不能对下级部门发布命令。

这种组织结构形式吸取了直线制和职能制的优点：一方面，各级行政负责人有相应的参谋机构作为助手，以充分发挥其专业管理的作用；另一方面，每一级管理机构又保持了集中统一的指挥。但在实际工作中，直线职能制有过多强调直线指挥，而对参谋职权注意不够的倾向。

直线职能制组织结构示意如图1-2所示。

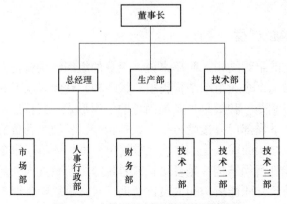

图1-2 直线职能制组织结构示意图

中小企业组织架构存在哪些问题

一、有组织架构图，但组织架构图与实际运作不相符。如有的企业实际有这个部门，但在组织架构图中却看不到这个部门。有些企业成立了独立的计划物控部，但实际计划员却归属在生产部。

二、部门有名无实。很多企业虽然建立了完善的职能部门，但由于老板的强势和事必躬亲，直接插手或代理着许多部门的工作，导致部门功能无法发挥。有些企业虽然也有部门负责人，但实际的运作却由老板直接指挥。多头管理、交叉管理直接导致分工不明、责任不清。最终，管理效果依赖于老板个人。

三、不懂得分权。很多企业只懂得在部门内分权，如品管部有品质管理权与品质监控权，却没有在部门间、岗位间分权，导致一个部门集决策权、执行权、监督权于一身，其实质还是集权管理，只是从老板的集权转变到部门集权，而在部门间、岗位间却没有形成相互监控、相互分权的关系。如有的企业，生产管理方式就是由车间自主制订计划，自行安排生产及跟进，由于缺乏外部的监控与约束，导致车间生产随意性大，生产效率低下。

四、部门归属不合理。由于对分权本质不了解，导致部门归属不合理。如有的企业将品管部归属生产部管理，将仓库划归采购部管理。监控部门划归作业部门管理，无法形成相互制约的关系，必然造成很多的问题得不到暴露，管理改善更是举步维艰。如仓库划归采购部管理，如采购部乱购物料时，仓库肯定不会说。

企业在机制建设上必须解决的一个问题就是"结构"问题。什么样的"结构"将产生什么样的运作，什么样的运作将产生什么样的效果。"结构"的重要性不言而喻。然而，"结构"的合理性却是很多企业老板包括管理者所不明白的。

资料来源：https://zhidao.baidu.com/question/267843833583868525.html.

任务四　中小企业注册

任务描述

2015年第十三届最佳雇主榜单揭晓，本届最佳雇主调查基于七百多所高校的十几万名学生的投票结果。调查报告显示：超过50%的大学生未来五年内有创业计划，已毕业大学生中有自主创业倾向的人占到了18.9%，接近两成。新一代的毕业生把就业不再看作是找饭碗，而是造饭碗，真正成为自主创业、勇创大业的先行军。面对严峻的求职环境，毕业生的心理趋于更加务实、理智，更多的学子将积累经验及快速适应社会作为选择工作的前提。而在社会上迅速得到人们认可的途径之一就是创业；加之无数创业精英的榜样作用，使得越来越追求个性化的大学生瞄准了创业这个能施展自己个性的舞台。

毕业生创业的主要企业形式是公司。此次任务中，将学习如何创立公司和如何构建公司的组织机构。

任务分析

以移动互联网为代表的新技术催生了大量的市场机会，客观上为自主创业提供了更多的可能性；与此同时，已就业人群在积累了一定工作经验和社会资本之后，更期望通过自己能够掌控的方式实现自身价值；此外，目前国家的一系列相关政策，体现了对市场经济活力进行释放的坚定决心，也是形成创业热潮的重要因素。

通过本任务，我们将完成如下工作：

- 准备注册资料；
- 按程序注册；
- 不同类型中小企业的注册流程。

子任务一　准备注册资料

2013 年 12 月修正的《中华人民共和国公司法》降低了公司注册门槛，简化了公司注册流程。2015 年 8 月 7 日国家工商总局等五部门联合发布《关于贯彻落实〈国务院办公厅关于加快推进"三证合一"登记制度改革的意见〉的通知》（工商企注字〔2015〕121 号），提出将企业登记时依次申请，分别由工商行政管理部门核发工商营业执照、质量技术监督部门核发组织机构代码证、税务部门核发税务登记证，改为一次申请、由工商行政管理部门核发一个加载法人和其他组织统一社会信用代码的营业执照，进一步便利了企业注册，持续推动了形成大众创业、万众创新热潮。2018 年 10 月 26 日，新修正的《中华人民共和国公司法》正式实施，进一步降低了公司注册门槛，简化了公司注册流程。为保证顺利快速拿到营业执照，注册公司前必须做好准备，注册资金、类型、经营范围、地址、名称等都要事先考虑好。

一、注册资金

2014 年前，公司注册资本认缴 100 万元，必须先实缴 20 万元，剩余的在两年内缴清。2014 年 3 月 1 日以后，根据《中华人民共和国公司登记管理条例》规定取消公司注册资金要求，实行认缴注册。公司注册资金新规定概括如下。

（1）注册资本不需要验资报告。

（2）注册资本多少无限制。

（3）注册资本注入公司时间无限制。

（4）出资方式无限制。

（5）营业执照不再体现实收资本额，公司股东（发起人）对缴纳出资情况真实性、合法性负责。

（6）法律、行政法规、国务院决定，对直销企业、商业银行、保险公司、基金管理公司、融资性担保公司等特定行业市场主体注册资本（金）实缴登记作出具体规定的，要依照相关规定予以核准。

二、注册类型

公司注册类型分为有限责任公司、股份有限公司、个体工商户、个人独资企业、私营合伙企业、普通合伙企业等。其中，设立股份有限公司，应当有 2 人以上 200 以下为发起人，须有半数以上发起人在中国境内有住所；以募集设立方式设立股份有限公司的，发起人认购股份不得少于公司股份总数的 35%，法律、行政法规另有规定的，从其规定。其他公司注册类型前面均已介绍，这里不再赘述，在注册公司前，必须确定其类型。

三、经营范围

公司经营范围分为许可经营项目和一般经营项目，许可经营项目是指企业在申请登记前依据法律、行政法规，国务院决定应当报有关部门批准的项目，即需要办理前、后置许可证的项目；一般经营项目是不需批准，企业可自主申请的项目。

公司在确定经营范围时，有以下五点需要注意。

（1）不仅要考虑目前的业务和经营活动，也要考虑近期有计划开展或从事的业务和经营活动。

（2）不仅要考虑公司实际从事的业务和经营活动，还要考虑与该实际业务和经营活动相关或周边的业务和经营活动。

（3）公司经营范围不宜太细化，应对业务进行分类概括。

（4）关于业务经营范围的具体描述，工商登记部门有专门的规范用语，不能由公司自己随意写，建议在注册公司或变更公司经营范围时寻求专业机构的意见。

（5）公司经营范围影响将来开发票的内容，开出的发票内容中不允许出现经营范围中没有的项目。

四、注册地址

注册地址，即公司的住所，是公司开展业务活动和处理公司事务的所在地，对于公司而言具有重要的法律意义。对于公司地址的选择，应注意以下几点。

（1）作为注册地址的房屋必须是商场、商铺、办公室等商用性质，住宅通常不能作为公司地址。如果创业者打算使用住宅作为注册地址，首先应确认该住宅是否取得过变更经营性用房的证明文件。

（2）公司注册或者地址变更登记时，必须向工商登记部门出示使用证明。若房屋是自有的，应当提供房屋产权证明文件；如果房屋是租赁使用的，需要提供房屋出租合同以及房产证明复印件，租赁期限一般应 1 年以上，若出租人并非产权人，还应提供其有权办理转租事宜的相关证明文件。

（3）当公司经营地址发生变更时，应及时进行工商变更登记备案，防止因公司经营地址与注册地址不一致而被工商登记主管部门给予行政处罚。

（4）注册地址的类型主要有以下三种。

① 商务中心。一般费用较高，适用于规模大、资金充裕的企业。

② 招待所、宾馆或一些公寓性质的注册地址。优点是价格便宜，但对于安装税控系统及

工商部门上门核查无任何保障，一旦出现问题，公司将面临限期迁址或罚款，后果较为严重。

③ 集中办公区。大家集中起来在一个地方进行办公。不同公司之间合租一个办公室，互不影响彼此的业务开展，实现资源共享，大大降低前期租用办公室的费用，适用于业务刚起步、资金相对比较紧张的小型公司。

在北京、上海、广州等地，大型企业通常选择商务写字楼作为公司注册地址。但许多创业公司前期资金比较紧张，公司注册时会选择注册一个集中办公区地址，即一个可供注册的地址，只用来工商注册，不去注册地办公，费用相对真实租赁一个办公场所便宜很多，这个称为虚拟地址。

五、注册名称

公司名称是公司人格特定化的标志，公司以自身的名称区别于其他经济主体。公司的名称一般由四部分构成：公司注册机关的行政级别和行政管理范围；公司的行业经营特点；商号，它是公司名称的核心内容；公司的法律性质。

（一）企业名称申请登记的原则

（1）企业名称不得含有下列内容的文字：有损于国家、社会公共利益的；可能对公众造成欺骗或者误解的；外国国家（地区）名称、国际组织名称；政党名称、党政军机关名称、群众组织名称、社会团体名称及部队番号；外国文字、汉语拼音字母、阿拉伯数字；其他法律、行政法规规定禁止的。

（2）企业名称应当使用符合国家规范的汉字。

（3）企业法人名称中不得含有其他法人的名称，国家市场监督管理总局另有规定的除外。

（4）企业名称中不得含有另一个企业名称。企业分支机构名称应当冠以其所从属企业的名称。

（5）企业营业执照上只准标明一个企业名称。

（6）企业名称有下列情形之一的，不予核准：与同一工商行政管理机关核准或者登记注册的同行业企业名称字号相同，有投资关系的除外；与其他企业变更名称未满1年的原名称相同；与注销登记或者被吊销营业执照未满三年的企业名称相同；其他违反法律、行政法规的。

（7）企业名称需译成外文使用的，由企业依据文字翻译原则自行翻译使用，不需报工商行政管理机关核准登记。

思考练习

以下五个企业名称是否符合法律规定：

① 南京市商贸有限公司；

② 美姿服装有限公司；

③ 上海路通有限公司；

④ 无锡小天鹅洗衣机公司；

⑤ 上海大众汽车股份有限公司。

（二）工商行政管理机关对企业名称实行分级登记管理

（1）国家市场监督管理总局主管全国企业名称登记管理工作，并负责核准下列企业名称：冠以"中国""中华""全国""国家""国际"等字样的；在名称中间使用"中国""中华""全国""国家""国际"等字样的；不含行政区划的。

（2）地方工商行政管理局负责核准前款规定以外的下列企业名称：冠以同级行政区划的；同级行政区划放在企业名称字号之后、组织形式之前的。

需要特别说明的是，除国务院决定设立的企业外，企业不得冠以"中国""中华""全国""国家""国际"等字样；在企业名称中间使用"中国""中华""全国""国家""国际"等字样的，该字样应是行业的限定语；使用外国（地区）出资企业字号的外商独资企业，可以在名称中间使用"（中国）"字样。

（三）申请企业名称结构

企业名称应当由行政区划、字号、行业、组织形式依次组成，法律法规另有规定的除外。例如：北京汉唐信通科技有限公司，"北京"为行政区划，"汉唐信通"为字号，"科技"为行业，"有限公司"为组织形式。

（1）行政区划。行政区划是企业所在地县级以上行政区划的名称或地名，具备下列条件的企业法人，可以将名称中的行政区划放在字号之后、组织形式之前：使用控股企业名称中的字号；该控股企业的名称不含行政区划；使用外国（地区）出资企业字号的外商独资企业，可以在名称中间使用"（中国）"字样。

（2）字号。字号应当由两个以上汉字组成，行政区划不得用作字号，但县以上行政区划地名具有其他含义的除外；企业名称可以使用自然人投资人的姓名作字号。

（3）行业。行业表述反映企业经济活动性质所属国民经济行业或者企业经营特点的用语，应当与企业经营范围一致，不应或者暗示有超越其经营范围的业务；企业经济活动性质分别属于国民经济行业不同大类的，应当选择主要经济活动性质所属国民经济行业类别用语表述企业名称中的行业。企业名称中不使用国民经济行业类别用语表述企业所从事行业的，应当符合以下条件：企业经济活动性质分别属于国民经济行业五个以上大类；企业注册资本（或注册资金）1亿元人民币以上或者是企业集团的母公司；与同一工商行政管理机关核准或者登记注册的企业名称中字号不相同。

企业为反映其经营特点，可以在字号之后使用国家（地区）名称或者县级以上行政区划的地名，上述地名不视为行政区划。如：北京××四川火锅有限公司、北京××韩国烧烤有限公司，"四川火锅""韩国烧烤"字词均视为企业的经营特点。

（4）组织形式。依据《中华人民共和国公司法》《中华人民共和国中外合资经营企业法》《中华人民共和国中外合作经营企业法》《中华人民共和国外资企业法》申请登记的企业名称，其组织形式为有限公司（有限责任公司）或者股份有限公司；依据其他法律、法规申请登记的企业名称，组织形式不得申请为有限公司（有限责任公司）或股份有限公司，非公司制企业可以申请用"厂""店""部""中心"等作为企业名称的组织形式如"北京××食品厂""北京××商店""北京××技术开发中心"。

子任务二　按程序注册

前期准备做好后，就可以进入注册公司阶段了。在注册公司的过程中，需要重点掌握注册流程及每个流程需要做什么。

一、工商局核名

核名一般需要 3 个工作日左右，公司注册申请人事先最好想好 5～8 个公司名称，避免因审核时重名而浪费时间。

（1）名称预查。咨询后领取并填写"企业名称预先核准申请书"同时准备相关材料，股东、法人提供身份证。名称预查是在公司注册所在地区的工商局办理。

（2）名称审核。递交"企业名称预先核准申请书"、投资人身份证、备用名称若干及相关材料。区工商局预查通过后，报市工商局审核，一般需要 5 个工作日左右。

（3）领取"企业名称预先核准通知书"。市工商局名称审核通过后，由区工商局打印"企业名称预先核准通知书"，凭受理通知书领取"企业名称预先核准通知书"。"企业名称预先核准通知书"有效期为半年，若半年内还未办理工商登记，可以延期。

二、办理工商登记

首先提交网审材料，网审通过后打印纸质材料提交到工商局，审核通过后企业领取营业执照。然后提交公司注册纸质申请材料，一般情况下工商局会在 7～10 个工作日受理完成。

（一）需要提交的材料

（1）公司法定代表人签署的公司登记（备案）申请书。

（2）指定代表或者共同委托代理人授权委托书及指定代表或委托代理人的身份证件复印件。

（3）由发起人签署或由会议主持人和出席会议的董事签字的股东大会或者创立大会会议记录、股东会决议。

（4）全体发起人签署或者全体董事签字的公司章程。

（5）自然人身份证件复印件。

（6）董事、监事和经理的任职文件及身份证件复印件。

（7）法定代表人任职文件及身份证件复印件。

（8）住所使用证明。

（9）"企业名称预先核准通知书"。

（二）公司章程

公司章程是关于公司组织结构、内部关系和开展公司业务活动的基本规则和依据，设立公司必须依法制定公司章程。《中华人民共和国公司法》第二十五条列举了有限责任公司章程应当载明事项：① 公司名称和住所；② 公司经营范围；③ 公司注册资本；④ 股东的姓名或者名称；⑤ 股东的出资方式、出资额和出资时间；⑥ 公司的机构及其产生办法、职权、议事规则；⑦ 公司法定代表人；⑧ 股东会会议认为需要规定的其他事项。

股东应当在公司章程上签名、盖章。

三、篆刻公司印章

实行三证合一后，公司注册号、组织机构代码、税务登记号统一到一张营业执照上，营业执照到手当天即可篆刻印章。

（1）篆刻公司印章需要准备的材料：① 营业执照副本原件及复印件；② 法人身份证原件及复印件；③ 委托人身份证原件及复印件。

（2）注册公司需要篆刻的印章：① 公章，用于公司对外事务处理，工商、税务、银行等外部事务处理时需要加盖；② 财务专用章，用于公司票据的出具，支票等在出具时需要加盖，通常称为银行大印鉴；③ 合同专用章，通常在公司签订合同时需要加盖；④ 法定代表人个人印鉴，用于特定的用途，公司出具票据时也要加盖此印章，通常称为银行小印鉴；⑤ 发票专用章，在公司开具发票时需要加盖。

公司印章
相关规范

四、银行开户

注册公司完成后，进入银行开户环节。银行开户一般会经过以下流程：受理开户材料—报送该银行所属分行—分行报送人民银行账户管理部—人民银行账户管理部对报送材料进行审核—审核通过后分行派人领取开户许可证—开户银行派人到分行领取开户许可证—通知客户领取开户许可证。

（一）开户银行的选择

（1）取现和办理其他业务的方便性。虽然使用网银可将大多业务在办公室办理，但办理批量转账和取回单之类还是需要在银行柜台完成，因此要考虑办理业务的方便性，采取就近原则。

（2）费用问题。各银行扣款标准不一样，一般当地商业银行费用比较低，且政策上可能会有优惠。

（二）银行开基本户流程

基本户是办理转账结算和现金收付的主办账户，存款人只能在银行开立一个基本账户（基本户），开立基本户是开立其他银行结算账户的前提。银行开基本户流程如下。

（1）银行交验证件。

（2）客户如实填写"开立单位银行结算账户申请书"，并加盖公章。

（3）开户行与存款人签订的"人民币单位银行结算账户管理协议"，开户行与存款人各执一份。

（4）填写"关联企业登记表"。

（5）开户行送报人民银行批准核准，人民银行核准并核发"开户许可证"后，开户行将"开户许可证"正本及密码、"开户申请书"客户留存联交与客户签收。

（三）银行开户所需材料

新办企业银行开户需要证件如下。

（1）企业法人应出具企业法人营业执照正本；非法人企业应出具企业营业执照正本；民办非企业组织银行开户应出具民办非企业登记证书；异地常设机构应出具其驻在地政府主管部门的批文；外资企业驻华代表处、办事处应出具国家登记机关颁发的登记证；个体工商户银行开户应出具个体工商户营业执照正本；居民委员会、村民委员会、社区委员会应出具其主管部门的批文或证明；其他组织应出具政府主管部门的批文或证明。单位开立账户时，应同时出具上述文件原件及复印件一式两份。

（2）法人或单位负责人应凭本人身份证件及复印件办理，授权他人办理的应同时出具法人或单位负责人的加盖单位公章的授权书，以及法人或单位负责人和银行开户经办人的身份证件及复印件，开户行留存授权书和身份证复印件，放入开户档案中保管。

（3）如果不是基本户开户，需要出具基本结算账户"开户许可证"正本及复印件一份。

五、税务报到

需要明确的是，"三证合一"并非将税务登记取消了，税务登记的法律地位仍然存在，只是政府简政放权将此环节改为由工商行政管理部门一口受理，核发一个加载法人和其他组织统一社会信用代码营业执照，这个营业执照在税务机关完成信息补录后具备税务登记证的法律地位和作用。

（一）税务报到的定义

新设立的企业或是变更迁入的企业取得企业法人营业执照 30 日内需到税务局办理信息补录，税务局将核定企业缴纳税金的种类、税率、申报税金的时间，以及企业的税务专管员，企业日后将根据税务部门核定的税金进行申报与缴纳税金。换言之，报到就是执照办完之后要到税务部门建档，这样日后才能报税。

（二）税务报到的流程

（1）开户行（带上相关文件）签订扣税协议。

（2）国税报到，填写公司基本信息。

（3）税务专管员办理网上扣税（带扣税协议），核定缴纳何种税种（一般是营业税和附加税），给公司分配用户名、密码。

（4）地税报到，填写"财务会计制度及核算软件备案报告"，写明报表种类、折旧方法、摊销方法等。

（5）购买发票（有国税，在国税、地税都要购买发票；无国税，只在地税购买发票）。

（三）税务报到所需材料

（1）营业执照正副本。

（2）开户许可证。

（3）法人身份证原件及复印件。

（4）租房协议。

（5）租房发票。

（6）公章。

（7）公司章程。

子任务三　不同类型中小企业的注册流程

一、个体工商户

（一）需要准备的材料

（1）经营者签署的个体工商户注册登记申请书。

（2）委托代理人办理的，还应当提交经营者签署的委托代理人证明及委托代理人身份证明。

（3）经营者身份证明。

（4）经营场所证明。

（5）"个体工商户名称预先核准通知书"（设立申请前已经办理名称预先核准的须提交）。

（6）申请登记的经营范围中有法律、行政法规和国务院决定规定必须在登记前报经批准的项目，应当提交有关许可证书或者批准文件。

（7）申请登记为家庭经营的，以主持经营者作为经营者登记，由全体参加经营家庭成员在"个体工商户开业登记申请书"经营者签名栏中签字予以确认。提交居民户口簿或者结婚证复印件作为家庭成员亲属关系证明，同时提交其他参加经营家庭成员的身份证复印件。

（8）国家市场监督管理总局规定提交的其他文件。

（二）办理流程

1. 申请

（1）申请人或者委托的代理人可以直接到经营场所所在地登记机关登记。

（2）登记机关委托其下属工商所办理个体工商户登记的，到经营场所所在地工商行政管理所登记。

（3）申请人或者其委托的代理人可以通过邮寄、传真、电子数据交换、电子邮件等方式向经营场所所在地登记机关提交申请。通过传真、电子数据交换、电子邮件等方式提交申请的，应当提供申请人或者其代理人的联络方式及通信地址。对登记机关予以受理的申请，申请人应当自收到受理通知书之日起 5 日内，提交与传真、电子数据交换、电子邮件内容一致的申请材料原件。

2. 受理

（1）对于申请材料齐全、符合法定形式的，登记机关应当受理。

申请材料不齐全或者不符合法定形式的，登记机关应当当场告知申请人需要补正的全部内容，申请人按照要求提交全部补正申请材料的，登记机关应当受理。

申请材料存在可以当场更正的错误的，登记机关应当允许申请人当场更正。

（2）登记机关受理登记申请，除当场予以登记的外，应当发给申请人受理通知书。

对于不符合受理条件的登记申请，登记机关不予受理，并发给申请人不予受理通知书。

申请事项依法不属于个体工商户登记范畴的，登记机关应当即时决定不予受理，并向申请人说明理由。

3. 审查和决定

登记机关对决定予以受理的登记申请，根据下列情况分别做出是否准予登记的决定：

（1）申请人提交的申请材料齐全、符合法定形式的，登记机关应当当场予以登记，并发给申请人准予登记通知书。

根据法定条件和程序，需要对申请材料的实质性内容进行核实的，登记机关应当指派两名以上工作人员进行核查，并填写申请材料核查情况报告书。登记机关应当自受理登记申请之日起 15 日内做出是否准予登记的决定。

（2）对于以邮寄、传真、电子数据交换、电子邮件等方式提出申请并经登记机关受理的，登记机关应当自受理登记申请之日起 15 日内做出是否准予登记的决定。

（3）登记机关做出准予登记决定的，应当发给申请人准予个体工商户登记通知书，并在 10 日内发给申请人营业执照。

不予登记的，应当发给申请人个体工商户登记驳回通知书。

二、有限责任公司

（一）需准备的材料

（1）公司法定代表人签署的设立登记申请书。

（2）全体股东指定代表或者共同委托代理人的证明。

（3）公司章程。

（4）股东的主体资格证明或者自然人身份证明。

（5）载明公司董事、监事、经理的姓名、住所的文件以及有关委派、选举或者聘用的证明。

（6）公司法定代表人任职文件和身份证明。

（7）企业名称预先核准通知书。

（8）公司住所证明。

（9）国家市场监督管理总局规定要求提交的其他文件。

法律、行政法规或者国务院决定规定设立有限责任公司必须报经批准的，还应当提交批准文件。

（二）办理流程

1. 申请

由全体股东指定的代表或者共同委托的代理人向公司登记机关申请设立登记。

2. 受理

公司登记机关根据下列情况分别做出是否受理的决定。

（1）申请文件、材料齐全，符合法定形式的，或者申请人按照公司登记机关的要求提交全部补正申请文件、材料的，决定予以受理。

（2）申请文件、材料齐全，符合法定形式，但公司登记机关认为申请文件、材料需要核实的，决定予以受理，同时书面告知申请人需要核实的事项、理由以及时间。

（3）申请文件、材料存在可以当场更正的错误的，允许申请人当场予以更正，由申请人在更正处签名或者盖章，注明更正日期；经确认申请文件、材料齐全，符合法定形式的，决定予以受理。

（4）申请文件、材料不齐全或者不符合法定形式的，当场或者在 5 日内一次告知申请人需要补正的全部内容；当场告知时，将申请文件、材料退回申请人；属于 5 日内告知的，收取申请文件、材料并出具收到申请文件、材料的凭据，逾期不告知的，自收到申请文件、材料之日起即为受理。

（5）不属于公司登记范畴或者不属于本机关登记管辖范围的事项，即时决定不予受理，并告知申请人向有关行政机关申请。

公司登记机关对通过信函、电报、电传、传真、电子数据交换和电子邮件等方式提出申请的，自收到申请文件、材料之日起 5 日内做出是否受理的决定。

3. 审查和决定

公司登记机关对决定予以受理的登记申请，分情况在规定的期限内做出是否准予登记的决定。

（1）对申请人到公司登记机关提出的申请予以受理的，当场做出准予登记的决定。

（2）对申请人通过信函方式提交的申请予以受理的，自受理之日起 15 日内做出准予登记的决定。

（3）通过电报、电传、传真、电子数据交换和电子邮件等方式提交申请的，申请人应当自收到"受理通知书"之日起 15 日内，提交与电报、电传、传真、电子数据交换和电子邮件等内容一致并符合法定形式的申请文件、材料原件；申请人到公司登记机关提交申请文件、材料原件的，当场做出准予登记的决定；申请人通过信函方式提交申请文件、材料原件的，自受理之日起 15 日内做出准予登记的决定。

（4）公司登记机关自发出"受理通知书"之日起 60 日内，未收到申请文件、材料原件，或者申请文件、材料原件与公司登记机关所受理的申请文件、材料不一致的，做出不予登记的决定。

公司登记机关需要对申请文件、材料核实的，自受理之日起 15 日内做出是否准予登记的决定。

4. 发照

公司登记机关做出准予公司设立登记决定的，出具"准予设立登记通知书"，告知申请人自决定之日起 10 日内，领取营业执照。

公司登记机关做出不予登记决定的，出具"登记驳回通知书"，说明不予登记的理由，并告知申请人享有依法申请行政复议或者提起行政诉讼的权利。

三、个人独资企业

（一）需准备的材料

（1）投资人签署的"个人独资企业登记（备案）申请书"。

（2）投资人身份证明。

（3）投资人委托代理人的，应当提交投资人的委托书原件和代理人的身份证明或资格证明复印件（核对原件）。

（4）企业住所证明。

（5）"名称预先核准通知书"（设立申请前已经办理名称预先核准的须提交）。

（6）从事法律、行政法规规定须报经有关部门审批的业务的，应当提交有关部门的批准文件。

（7）国家市场监督管理总局规定提交的其他文件。

（二）办理流程

1. 申请

由投资人或者其委托的代理人向个人独资企业所在地登记机关申请设立登记。

2. 受理、审查和决定

登记机关应当在收到全部文件之日起 15 日内，做出核准登记或者不予登记的决定。予以核准的发给营业执照；不予核准的，发给企业登记驳回通知书。

四、合伙企业

（一）需准备的材料

（1）全体合伙人签署的"合伙企业登记（备案）申请书"。

（2）全体合伙人的主体资格证明或者自然人的身份证明。

（3）全体合伙人指定代表或者共同委托代理人的委托书。

（4）全体合伙人签署的合伙协议。

（5）全体合伙人签署的对各合伙人缴付出资的确认书。

（6）主要经营场所证明。

（7）"企业名称预先核准通知书"（设立申请前已经办理名称预先核准的须提交）。

（8）全体合伙人签署的委托执行事务合伙人的委托书；执行事务合伙人是法人或其他组织的，还应当提交其委派代表的委托书和身份证明复印件（核对原件）。

（9）以非货币形式出资的，提交全体合伙人签署的协商作价确认书或者经全体合伙人委托的法定评估机构出具的评估作价证明。

（10）法律、行政法规或者国务院规定设立合伙企业须经批准的，或者从事法律、行政法规或者国务院决定规定在登记前须经批准的经营项目，须提交有关批准文件；法律、行政法规规定设立特殊的普通合伙企业需要提交合伙人的职业资格证明的，提交相应证明；国家工商行政管理总局规定提交的其他文件。

（二）办理流程

1. 申请

由全体合伙人指定的代表或者共同委托的代理人向企业登记机关申请设立登记。

2. 受理、审查和决定

申请人提交的登记申请材料齐全、符合法定形式，企业登记机关能够当场登记的，应予当场登记，发给合伙企业营业执照。

除前款规定情形外，企业登记机关应当自受理申请之日起 20 日内，做出是否登记的决定。予以登记的，发给合伙企业营业执照；不予登记的，应当给予书面答复，并说明理由。

 案例赏析　巧医中小企业的四种病态[①]

【背景导读】大多数中小企业的发展之路都不容易，常常一路坎坷，在其前进的道路上充满了血汗、心酸，而这些企业从想把一个好的思想转变成一个事实，相比大型企业要更加艰难。很多中小企业多年一直奋斗，但依然还处在中小企业的行列，而能够鱼跃龙门的屈指可数。这些企业为何不能够崛起，综合起来有四种病态。

---

① http://www.ceconlinebbs.com/FORUM_POST_900001_900003_1069050_0.HTM.

第一种病态：老板身兼多职，一身疲惫

（一）病态表现

中小企业能够在快速的经济发展体中拥有自己的一席之地，与企业老板对成功的渴望与辛苦的拼搏精神分不开。但正是在企业的初创阶段，所有事情都是老板亲力亲为，对工作的每一个流程以及能达到的结果有自己的经验与思维，在企业逐渐壮大后，老板依然对所有的工作不放心，总感到这些工作只有自己能做好，对公司员工的能力与经验都不放心。在公司内部，老板像个消防员：产品有问题马上研究产品，人事有问题马上参与管理，财务有问题马上审核财务。在外面市场，老板像个警察：客户有投诉，马上陪客户；市场有空白，马上带人搞开发；产品卖不动，马上研究方案。到后来发现，自己很忙，可结果却总是不如人意。中小企业老板以两类人居多：一是业务员出身的，二是搞技术出身的，这两类人的综合管理能力较差，当企业越来越大时，再身兼数职，顾此失彼也就理所当然了。

（二）药方

1. 做自己的长项。中小企业的老板大多数都有自己的技能，而这项技能恰恰也是企业的灵魂，是企业能够快速发展的基因，老板可以把自己的技能不断精益求精，为企业的发展奠定扎实的基础。如果你是技术类，那就发挥技术；如果你是营销行家，那你就把营销做好，其他工作交给专业人士去做，互相配合，让企业良性运转。格力空调的成功就是一个典型的专业人做专业事的案例：朱江洪负责技术与协调，董明珠负责营销，两个人都运用了自己的长处，互相配合，让格力空调基本垄断了国内的空调市场。

2. 引进职业经理人。经过了十几年发展的中小企业纷纷进入了一个新的跨越发展期，对企业管理的制度化、专业化、规范化、流程化的职业化要求越来越高。尽管中国的职业经理人队伍存在良莠不齐的现状，职业经理人市场尚不规范，但经历了近二十年的市场锤炼，加上跨国公司的浸染，各类企业也培养了一批相对成熟的职业经理人队伍。多数中小型企业都是老板及其家族或朋友一手打拼出来的企业，应该说原始积累的完成的确不易，企业自始至终是由"自己人"掌权，属于极端集权制经营管理，即使放权也是对于非常信赖和"听话"的个别自己人，也是有限度的放权、授权，并且是在自己不断过问的基础上。中小企业应该根据实际情况充分授权，给职业经理人一个充分施展的舞台，真刀真枪地干，不仅要带来良好的业绩，还要给企业带来变革，更要让企业得以良性持续发展。

3. 让老板自己成为一个好的CEO。中小企业的老板都很重视管理，但往往不知道怎么管理，学管理出身做老板的少之又少。当你不能让别人来管理时，那就自己学会如何做管理。自己的企业自己最熟悉，自己企业的目标自己最清楚，用心学习其他企业好的管理方法，结合企业实践状况，为自己的企业定一个远景，制一套标准流程，完善识人用人模式，提高自己的综合管理素质，将企业拉上发展的快车道。

第二种病态：品牌总想覆盖所有消费人群

（一）病态表现

中小企业能够在市场上占有一席之地，大多是靠产品的高性价比优势捕获了属于自己的目标人群，但高性价比必然损失的是利润。随着市场竞争越来越激烈，为占领市场而不断损失现有利润。为了让市场扩大，利润增加，中小企业大多会开发许多新产品或附加品牌，从而去占领高、中、低档市场，但因为中小企业大多品牌力不强，纵使品牌或产品再多，而消费者并不会主动购买；且由于品牌或产品增加而消耗本就不充实的资源，造成资源分配无主次，最终无法形成自己的核心竞争力。

（二）药方

中小企业要想在市场上有自己声音，企业就必须要有自己的核心竞争力和优势产品。要让企业有持续的竞争力，就必须要有持续性的资源投入。中小企业要想逐渐地向大企业迈进，就必须聚焦品牌或者品类，细分属于自己的消费人群，从而形成品牌和口碑效应，再扩大市场的影响力。中小企业在发展的过程中，不能以短视的目光来制定自己的战略，而应该让自己的产品更有卖点，不说产品能做到独一无二，但也要做到更具特色，一个产品消费者喜欢了，渠道就必定会卖，营销模式更贴近渠道，渠道必然就会主推，当市场活了，企业难道还不能发展吗？

第三种病态：企业内部亲属和朋友多，派系林立

（一）病态表现

为什么用亲属和朋友，这是由中国的国情决定的。由血缘关系、亲情关系所背书的"信任"，有着很高的实用价值。很多中小企业在创业时期，亲属与朋友跟老板一起打天下，立下汗马功劳，他们曾经不计名利、不计付出、默默无闻地做了很多外人不愿意做的事情，吃了很多外人不知道的苦，当初的投入产出比相当不高；随着企业的壮大，外聘人才的加入，一些先进的理念与思想进入公司，与旧的体制进行着激烈的碰撞，随之而来的就会是旧人与新人之间的战争，而这些战争会直接影响到公司的运营，对企业的发展就更不利了。

（二）药方

1. 以身作则，身先士卒。大企业看文化，中小企业看老板。在企业不断前进的过程中，公司的元老自恃有功，加上自身素质过低，而公司的变革创新肯定会对这些元老有利益和权力上的冲撞，如果这些阻力不能解除，变革大多会无疾而终，此时，中小企业的老板应该肩负革命的重任，在创新的道路上不断走在前面，言传身教，用制度、用沟通、用未来的前景来引领这些亲朋元老融入公司变革的步伐，让大家与公司共同进步，收获胜利的果实。

2. 大家参股，制度管理。亲属与朋友大多在企业的初创阶段立下了心血之劳，而当然也希望有朝一日公司壮大后大家能得到可观效益，公司的变革肯定让这些元老感到了危机，自己的希望可能会落空，抵制也就成了必然。中小企业老板就应该与这些元老分享红利，让他们参股企业，担任一定的职务，但必须遵守公司的管理制度，达不到公司的标准就按制度执行，这样既能保证制度的执行，也能让元老享受企业的红利。

3. 规划目标，共创远景。中小企业要健康的运行，肯为企业全心付出人才是不可缺的，而亲属与朋友肯定是公司的中坚力量，要让这些人才既能发挥作用，又跟上公司变革的脚步，那就需要为他们规划一个终极的目标，要让他们感受到付出了就会有收获，比如可以让他们以后为公司做配套加工，或企业出资让他们做自己想做的事业，当他们有了预定的收入，那一定会竭尽全力为公司的发展贡献自己的力量。

第四种病态：企业缺乏活力，员工参与感不强

（一）病态表现

活力是企业的核心，而具有创造力的员工，是企业保持持久活力的源泉。在中小企业工作的日常运营环境中，我们总是发现员工在机械地等待命令，且在执行每件事情时总是漏洞百出，任何一个执行方案总会大打折扣，出现这种状况时，很多老板都束手无策。

（二）药方

1. 老板适度授权。中小企业的初创与成长基本都是由老板来作决策的，久而久之，老板自己决策就成了习惯，而员工即使有自己的观点与方法，老板也总是以自己的经验来否定员工的思想，员工在自己的思想长期得不到尊重的情况下，就会放弃自己的观点，而员工在不能很好地理解老板的观点的情况下，执行就会大打折扣，甚至南辕北辙。要让这小状况得到遏止，老板应该适度放权，每一个方案让员工充分参与。一个经过多人的建议，才是一个能够有效的方案，员工参与了执行起来也就更有成就感，最后的结果也一定能为企业带来效益。

2. 构建富有认同感的企业文化。中小企业一路奋斗的历史大多数就是老板个人的奋斗史，一个企业个人的强大往往让员工很难融入，要让中小企业从一人带头转化为团队集体前行，企业老板就得培养组织认同感，让员工对企业各种目标的信任、赞同以及愿意为之奋斗的程度，这种员工对企业文化的认同感可以看作是员工将自己和企业视为同质的主体性感觉，它是指员工在工作、学习或者娱乐的活动中产生的对企业文化的理解、接受、同化、内化的具体过程。而员工对公司的目标、理念甚至制度是否理解、认同，是否努力去实践，直接影响着企业的生产力。因此，从企业发展的长远目标出发，积极推进企业精神、团队价值观、经营目标、规章制度等建设，培育员工对企业文化的认知认可、理解赞同、接受笃行，把员工与企业结成利益共同体、事业共同体和命运共同体，塑造员工的主人翁意识，最终让企业做强做大。

中小企业要发展，要让企业成为前进顺畅，就得低头拉车，抬头看路，将已知与未知的病态及早治疗与预防，只有在前行的过程中不断突破发展的瓶颈，就可以从中小企业到中企业，再到大企业，一步步走下去。

 **同步测试**

一、单项选择题

1. 根据《关于印发中小企业划型标准规定的通知》，我国将中小企业划分为（   ）种类型。

A. 1　　　　　　　B. 2　　　　　　　C. 3　　　　　　　D. 4

2. 讲求投资项目有较高的投入产出比，即投资要讲究一定的回报率，这属于（   ）。

A. 市场原则　　　　　　　　　　B. 效益原则

C. 符合国家产业政策原则　　　　D. 坚持创新原则

3. 凭借创意、点子、想法创业属于（   ）。

A. 概念创业　　　B. 内部创业　　　C. 兼职创业　　　D. 团队创业

4. （   ）是分析存在于企业内部的可以改变的因素。

A. 优势和劣势　　B. 机会和威胁　　C. 优势和机会　　D. 劣势和威胁

5. 资源共享又互不影响，适用于业务刚起步、资金相对比较紧张的小型公司的注册地址是（   ）。

A. 商务中心　　　　　　　　　　B. 招待所、宾馆

C. 公寓性质注册地址　　　　　　D. 集中办公区

二、多项选择题

1. 适合中小企业经营有（   ）。

A. 贸易类   B. 制造业   C. 服务业   D. 农、林、牧、渔业

2. 管理风险是指创业过程中因管理不善而导致创新失败所带来的风险，包括（   ）。

A. 意识风险   B. 决策风险   C. 组织风险   D. 资金风险

3. 我国民营企业的法律形态有多种，适合中小企业的有（   ）。

A. 申请登记从事个体工商户   B. 设立个人独资企业

C. 设立合伙企业   D. 设立有限责任公司

4. 创业团队需要制定有效的激励机制，包括（   ）。

A. 利益分配方案   B. 奖惩制度   C. 考核标准   D. 激励措施

5. 除国务院决定设立的企业外，企业不得冠以（   ）等字样。

A. 中国   B. 中华   C. 全国   D. 国际

三、简答题

1. 与大型企业相比，中小企业的其独特之处表现在哪些方面？

2. 简述中小企业在国民经济中的作用和地位。

3. 中小企业 SWOT 分析有哪四种模式？

4. 中小企业创业团队组建应遵循哪些原则？

5. 公司在确定经营范围时需要注意些什么？

项目一同步测试参考答案

项目二

中小企业营销与推广

学习 目标

　　（1）了解环境因素对企业的营销活动的影响，明确市场细分的依据，能根据企业的具体情况选择合适的目标市场，并根据目标市场的竞争状况和自身条件进行合理的市场定位。

　　（2）明确市场营销组合策略的内容，树立产品整体概念，掌握产品组合策略；了解常见定价方法，掌握定价策略；正确认识分销渠道及其类型，掌握分销渠道设计与管理技巧；掌握促销策略及多种促销方式的组合运用。

项目 介绍

　　在我国，中小企业是国民经济结构中的重要组成部分，中小企业在推动国民经济发展，保持市场繁荣，增加财政收入，促进劳动就业和维护社会稳定等方面发挥着非常重要的作用，而中小企业营销策略制定对于中小企业的发展至关重要。

　　但是，中小企业资金少、规模小、组织结构简单，这些特点决定了在开拓市场的过程中，中小企业不可能像大型企业那样花费大量的人力、财力进行市场营销，中小企业必须要针对自身特点采取切实可行的营销策略才有可能在开拓市场的过程中取得成功。

　　通过本项目的学习，我们将完成以下任务：

任务一　中小企业市场定位；

任务二　中小企业营销推广。

任务一　中小企业市场定位

任务描述

　　假定你已创办了自己的企业，选定了某一行业，但顾客是一个庞大、复杂的群体，消费心理、收入水平、所处的地理环境和文化环境等都存在很大的差别，因而不同顾客对同一类产品的需求和购买行为具有一定的差异性。作为一个企业的管理者，你将如何选择目标市场，并进行市场定位？

任务分析

　　任何一个企业都无法满足市场的全部需求，市场细分和确定目标市场营销战略就显得至关重要。中小企业需要根据某一类产品的不同需求，将顾客细分为若干群体；然后结合特定的市场环境和自身的资源条件，选择某些特定群体作为目标市场；并根据企业现有产品的市场地位和客户对产品属性的重视程度，对产品进行市场定位。市场细分、目标市场选择及市场定位，构成了目标市场营销的全过程。

　　本任务将引导你解决如下问题：

- 分析营销环境；
- 进行市场细分；
- 选择目标市场；
- 进行市场定位。

子任务一　分析营销环境

　　企业的营销活动是在一定的营销环境中进行的，企业一方面要适应营销环境，另一方面又可以通过自身的营销活动为企业选择和创造一个良好的营销环境。因此，企业开展营销活动时，必须密切关注营销环境的变化。营销环境分为宏观环境和微观环境两大类。

一、宏观环境分析

　　宏观环境是指对企业开展市场营销活动产生影响的各种社会因素，这些因素可归纳为政治法律环境、经济环境、人口环境、社会文化、科技环境教育水平、自然环境等六大部分。虽然企业可试图影响这些外部因素，但却无法控制这些因素。

　　（1）政治法律环境。政治环境主要是指国家的政体、政局、政策等方面，法律环境是指与市场营销有关的法律法规、条例、标准、惯例和法令。

（2）经济环境。经济环境是指企业开展市场营销活动所处的外部经济条件，经济环境也是内部分类最多、具体因素最多、对市场具有广泛和直接影响的环境内容。

（3）人口环境。人是企业营销活动的直接和最终对象。人口环境包括人口数量、性别结构、年龄结构、地理分布、人口密度、人口流动性、文化教育及职业等特性。在其他条件既定或相同的情况下，人口规模决定市场容量和潜力；人口结构影响消费结构和产品构成；人口组成的家庭、家庭类型及其变化，会对市场格局产生深刻影响，并直接影响企业的市场营销活动和企业的经营管理，尤其对消费品市场有明显影响。

（4）社会文化环境。一个国家、地区或民族的传统文化及受其影响而长期形成的消费观念、风俗习惯、伦理道德、家庭关系，以及对外开放和全球化带来的现代文化，构成营销活动的人文与社会环境。不同的社会与文化，代表着不同的生活模式，对同一产品可能持有不同的态度，这直接或间接地影响产品的设计、包装、信息的传递方法、产品被接受的程度、分销和推广措施等。因此，企业在从事市场营销活动时，应重视对社会文化的调查研究，并做出适宜的营销决策。

（5）科技环境与教育水平。科技环境是指影响新技术开发、新产品和营销机会创造的因素，如技术变革的加速、创新机会的增加、研究开发预算的加大、注重小的改良、技术革新管制法规的增多等。教育水平的高低和社会科学技术的普及状况，对消费观念、生活方式和购买选择的影响日益显著。在信息和高新技术产业，教育水平的差异是影响消费需求和用户规模的重要因素，已经提上企业营销分析的议事日程。

（6）自然环境。自然环境是指影响企业生产和经营的物质因素，如企业生产需要的物质资料、生产过程中对自然环境的要求和影响等。自然环境涉及地理（如地理位置、地形地貌）、自然条件（如自然资源、气候条件、生态环境等）、能源供应、交通设施、交通状况、公共设施等诸多方面的因素。

二、微观环境分析

微观环境是指与企业紧密相连并直接影响企业营销活动的各种参与者。微观环境所涉及的主体除本企业内部环境外，还包括营销渠道企业、竞争对手、顾客及社会公众等角色。微观环境既受制于宏观环境，又与企业形成协作、竞争、服务和监督的关系，它们直接影响与制约着企业的营销能力。

（1）企业内部环境分析。企业营销是一个系统的管理过程，营销职能在企业中占主导地位，发挥综合协调作用。企业营销活动由企业内部各部门分工合作、密切配合，共同承担，绝不是营销管理部门的孤立行为。企业内部环境因素包括计划、财务、采购、生产、研究和开发、营销管理部门及最高管理层，企业的营销主管部门与其他部门既有多方面的合作，也同样存在争取资源方面的矛盾。

（2）营销渠道分析。包括对供应商和中间商的分析。供应商是指为企业及其竞争者提供所需经营要素、资源的有关企业、组织和个人。供应商对企业营销业务的实质性影响主要表现在三个方面：一是供应原材料的数量和质量直接影响产品的数量和质量；二是供应原材料的价格直接影响产品的成本、利润和价格；三是供货是否及时、稳定是企业营销活动能否顺利进行的前提。中间商是指协助企业促销、销售和经销其产品给最终购买者的机构，如中间商、实体分销公司、营销服务机构和财务中介机构等。大多数企业的营销活动，都必须通过它们的协助才能顺利进行。例如生产集中与消费分散的矛盾，就必须通过中间商的分销来解决。资金周转不灵，则须求助于银行或信托机构等。

（3）竞争对手。竞争对手是指与企业存在利益争夺关系的其他经济组织。任何企业都不可能独占某一顾客市场，即使是垄断程度高的市场，一旦存在替代品或服务的可能，就会出现竞争对手。首先，企业必须识别各种不同的竞争对手，针对不同竞争对手采取不同的竞争对策。其次，要了解竞争对手的竞争力，竞争对手的竞争能力体现在三个方面：一是企业的规模、资金和技术水平，二是企业的产品情况，三是企业的市场占有率。最后，要了解竞争对手的发展动向。

（4）顾客。企业的一切营销活动都是以满足顾客的需要为中心的。顾客是否喜欢企业的产品，顾客对企业是否忠诚，以及顾客对企业是否满意等，都会影响企业的成败。按照购买动机和类别分类，顾客可以分为五种：一是最终消费者，指为满足个人或家庭生活需要而购买商品和劳务的个人；二是生产者，指为赚取利润而购买商品和服务来生产其他产品和服务的企业；三是中间商，指为利润而购买商品和服务以再出售的企业；四是政府，指购买商品和服务以维持组织正常运转的政府机构；五是国外买家，包括国外的消费者、生产者、中间商和政府等。

（5）社会公众。社会公众是指对企业实现其市场营销目标具有实际或潜在利害关系或影响的所有群体或个人。社会公众可分为内部公众和外部公众。内部公众，是指公司的员工，包括各层次的管理者和一般员工，企业管理层应与内部公众进行充分的互动沟通，奉行整合营销的理念，使得各职能部门协同起来，发挥整体效果。外部公众与内部公众相对应，是指除内部公众外的与社会组织的生存发展有着利益关系的全部公众，如顾客公众、媒介公众、政府公众、社区公众、融资公众、社团公众等。

子任务二　进行市场细分

所谓市场细分，是企业按照细分变数，把整体市场划分为若干个子市场的营销活动。顾客是一个庞大而复杂的群体，其消费心理、购买习惯、收入水平和所处的地理文化环境等都存在很大差别，不同消费群体对同一产品的消费需求和购买行为也存在很大差异。任何一个企业，无论其产品组合多么宽广都无法满足市场的全部需求。因此，企业营销管理人员在发现了有吸引力的市场机会之后，还要进一步进行市场细分和目标市场的选择，这是市场营销管理过程的重要步骤。影响需求倾向的因素归纳起来主要有地理因素、人口因素、心理因素、行为因素，以这些因素为依据进行市场划分，就形成了不同的细分市场。

一、地理细分

根据消费者所处的地理位置、自然环境等地理变量来细分消费者市场称为"地理环境细分"。由于不同地区在自然条件、气候、文化传统和消费水平等方面存在差异，致使不同地区消费者的需求、习惯和偏好也存在较大差异，他们对企业所采取的市场营销组合策略可能会有不同的反应。以食品市场为例，我国就有"南甜、北咸、东辣、西酸"之说，企业可依据反映消费者地理特征的有关变量（如地形气候、城市农村、人口密度、交通运输等），把消费者市场划分为若干个不同的子市场。例如：绿茶主要畅销于江南各省，花茶畅销于华北、东北地区,砖茶畅销于某些少数民族居住地区。藏族、蒙古族等少数民族,由于以肉、奶为主食,蔬菜较少,而喝茶既可消食去腻,又可补充人体所需的多种维生素和微量元素,因此"宁可一日无食,不可一日无茶",砖茶成为他们生活中的必需品便是理所当然的事了。

二、人口细分

人口变量是反映消费者个人基本特点的变量。它包括消费者的年龄、家庭规模、家庭生命周期、性别、收入、职业、受教育程度、宗教信仰、民族、种族、国籍等。人口细分就是依据某一个人口变量来细分市场。例如:服装、饮料、食品、玩具、化妆品、理发等行业的企业长期以来一直按照性别来细分市场;汽车、旅游等行业的企业长期以来一直按照收入来细分市场。而许多企业通常采用多个人口变量相结合的方法来细分某消费品市场。

 案例展示

资生堂:体贴不同岁月的脸

20 世纪 80 年代以前,日本资生堂实行的是一种不对顾客进行细分的大众营销策略,即希望自己的每种化妆品对所有的顾客都适用。80 年代中期,资生堂因此遭到重大挫折,市场占有率下降。1987 年,公司经过认真反省以后,决定由原来的无差异的大众营销转向个别营销,即对不同顾客采取不同营销策略,资生堂提出的口号便是"体贴不同岁月的脸"。他们对不同年龄阶段的顾客提供不同品牌的化妆品。

妙龄少女:RECIENTE 系列

20 岁左右:ettusais 系列

40～50 岁:长生不老 ELIXIR 系列

50 以上:防肌肤老化、返老还童 RIVITAL 系列

资料来源:陈国利. 体贴不同岁月的脸 [J]. 政工学刊,2000(11).

三、心理细分

心理细分就是按照消费者的生活方式、个性等心理变量来细分消费者市场。从许多事例看出,消费者的欲望、需要和购买行为不仅受人口变量的影响,而且还受心理变量的影响。

(1)生活方式细分。消费者的消费行为与其生活方式有着非常密切的关系。来自不同文化、社会阶层、职业的人有着不同的生活方式。生活方式影响着人们对各种产品的兴趣和态度。以生活方式来细分市场的企业已越来越多。例如:德国大众汽车公司针对不同生活方式的各种消费者设计出不同的车型:对"循规蹈矩者"突出经济、安全和生态学特点设计了桑塔纳、捷达;对"玩车者"突出易驾驶、灵敏和运动娱乐性等特点设计了甲壳虫。

(2)个性细分。消费者的个性对其消费需求和购买动机有较大的影响。虽然人们的个性千差万别,多种多样,但也可以找出共性,将其归类。有的企业使用个性因素来细分市

场，设计出个性化的产品，以满足追求个性的消费者的需求。表 2-1 列出了不同性格的消费者类型。

表 2-1　不同性格的消费者类型

性格	消费需求特点
习惯型	偏爱、信任某些熟悉的品牌，购买时注意力集中，定向性强，反复购买
理智型	不易受广告等外来因素影响，购物时头脑冷静，注重对商品的了解和比较
冲动型	容易受商品外形、包装或促销的刺激，对商品评价以直观为主，购买前并没有明确目标
想象型	感情丰富，善于联想，重视商品造型、包装及命名，以自己丰富想象去联想产品的意义
时髦型	易受相关群体、流行时尚的影响，以标新立异、赶时髦为荣，喜欢引人注意或显示身份和个性
节俭型	对商品价格敏感，力求以较少的钱买较多的商品，购物时精打细算、讨价还价

四、行为细分

所谓行为细分，就是指企业按照消费者购买或使用某种产品的时机、所追求的利益、使用频率、品牌的忠诚度、购买阶段以及对产品的态度来细分消费者市场。

（1）时机细分。在现代市场营销实践中，许多企业往往通过消费者购买商品的时机与使用商品的时机细分市场，试图扩大消费者使用本企业产品的范围。例如：我国不少企业在春节、元宵节、中秋节等传统节日大做广告，借以促进产品销售。

（2）利益细分。消费者往往因为各有不同的购买动机，追求不同的利益而购买不同的产品或品牌。以购买牙膏为例，有些消费者购买高露洁牙膏，主要是为了防治龋齿；有些消费者购买芳草牙膏，是为了防治牙周炎、口腔溃疡。正因为如此，企业还要按照不同消费者购买商品时所追求的不同利益来细分市场。

（3）使用者细分。许多市场可根据消费者对产品的使用情况进行细分。如将某种产品的整体市场细分为非使用者、以前曾经使用者、经常使用者、初次使用者、潜在使用者。市场占有率高的企业，常常对潜在使用者特别关注，而中小企业则只能尽力吸引经常使用者。

（4）使用率细分。许多商品还可以按照消费者对其使用频率来进行细分。如少量使用者、中量使用者、大量使用者。企业可对不同的产品用户采用不同的营销策略。例如：一个德国人分析了这个现象：商店出售的工具基本都是右手使用的，德国人 11%是左撇子，左撇子希望买到合适的工具。于是他开了间左撇子工具公司，生意兴隆。

（5）忠诚度细分。企业也可以根据消费者对品牌的忠实程度来细分市场。根据消费者对品牌的忠实程度，可将某种产品的消费者分为坚定的忠诚者、中度的忠诚者、转移型的忠诚者、经常转换者。例如许多航空公司都有常旅客计划。常旅客计划是大部分航空公司推出的给经常乘坐飞机的旅客的一种会员待遇，乘客乘坐该公司飞机的里程可以记录在卡上，当里程积攒到一定程度，可以享受升舱、免费兑换机票、免费托运行李等待遇，而且在协议单位（诸如酒店、餐饮、租车）消费时有优惠。

（6）购买阶段细分。对于每一种产品来说，都可能同时存在对产品不了解、对产品有所了解、对产品感兴趣、想要购买、打算购买的各种各样的消费者。这些消费者处在购买过程中的不同阶段。企业对处于不同阶段的消费者酌情运用适当的营销策略，才能促进销售。

（7）态度细分。消费者对企业产品的态度有五种：热爱、肯定、不感兴趣、否定和敌对。企业必须针对不同态度的消费者，酌情制订不同的营销策略，以巩固持热爱和喜欢态度的消费者，争取持无所谓态度的消费者。例如对牙膏的态度，青少年喜欢口气清新、留香持久的牙膏；老年人由于牙病、口臭等原因，更愿意选择功能性的、香气浓郁的牙膏；儿童注重刷牙的乐趣和清新的香味，包装新奇鲜艳、膏体中加入彩条或彩粒以及单一水果香气的牙膏会受到他们的欢迎。

子任务三　选择目标市场

所谓目标市场，就是企业营销活动所要满足的市场，也是企业为实现预期目标而要进入的市场。选择和确定目标市场，明确企业的具体服务对象，关系到企业任务和目标的落实，也是企业制订营销策略的首要内容和基本出发点。

一、目标市场选择标准

企业在市场细分之后，可以进入既定市场中的一个或多个细分市场。目标市场选择是指估计每个细分市场的吸引力程度，并选择进入一个或多个细分市场。目标市场的选择标准如下。

（1）有一定的规模和发展潜力。企业进入某一市场是期望能够有利可图，如果市场规模狭小或者趋于萎缩状态，企业进入后难以获得发展，此时，应审慎考虑，不宜轻易进入。

（2）细分市场结构的吸引力。细分市场可能具备理想的规模和发展特征，然而从赢利的观点来看，它未必有吸引力。波特认为有五种力量决定整个市场或其中任何一个细分市场的长期的内在吸引力。这五个群体是：同行业竞争对手、潜在的新参加的竞争对手、替代产品、购买者和供应商。他们具有如下五种威胁性：细分市场内激烈竞争的威胁、新竞争对手的威胁、替代产品的威胁、购买者和供应商讨价还价能力加强的威胁。

（3）符合企业目标和能力。某些细分市场虽然有较大吸引力，但不能推动企业实现其发展目标，甚至分散企业的精力，使之无法完成其主要目标，这样的市场应考虑放弃。另外，还应考虑企业的资源条件是否适合在某一细分市场经营。只有选择那些企业有条件进入、能充分发挥其资源优势的市场作为目标市场，企业才会立于不败之地。

案例展示

一家小油漆厂如何选择自己的目标市场

英国有一家小油漆厂，访问了许多潜在消费者，调查他们的需要，并对市场作了以下细分：本地市场的 60%，是一个较大的普及市场，对各种油漆产品都有潜在需求，但是本厂无力参与竞争。另有四个分市场，各占 10% 的份额。第一个是家庭主妇群体，特点是不懂室内装饰需要什么油漆，但是要求质量好，希望油漆商提供设计，油漆效果美观。第二个是油漆工助手群体，他们需要购买质量较好的油漆替住户进行室内装饰，他们过去一向从老式金属器具店或木材厂购买油漆。第三个是老油漆技工群体，他们的特点是一向不买调好的油漆，只买颜料和油料自己调配。第四个是对价格敏感的青年夫妇群体，收入低，租公寓居住，按照英国的习惯，公寓住户在一定时间内必须油漆住房，以保护房屋。因此，他们购买油漆不求质量，只要比白粉刷浆稍好就行，但要价格便宜。

经过研究，该厂决定选择青年夫妇作为目标市场，并制定了相应的市场营销组合策略。

（1）产品。经营少数不同颜色、大小不同包装的油漆，并根据目标顾客的喜爱，随时增加、改变或取消颜色品种和装罐大小。

（2）分销。产品送抵目标顾客住处附近的每一家零售商店。目标市场范围内一旦出现新的商店，立即招徕经销本厂产品。

（3）价格。保持单一低廉价格，不提供任何特价优惠，也不跟随其他厂家调整价格。

（4）促销。以"低价""满意的质量"为号召，以适应目标顾客的需求特点。定期变换商店布置和广告版本，创造新颖的形象，并变换使用广告媒体。

由于市场选择恰当，市场营销战略较好适应了目标顾客，虽然经营的是低档产品，该企业仍然获得了很大成功。

资料来源：吴健安. 市场营销学［M］. 5 版. 北京：高等教育出版社，2015.

二、目标市场营销策略

企业在确定的目标市场上，可采用三种不同的市场营销策略。

（1）无差异性营销策略。这种策略就是把整体市场当作一个大的目标市场，只向市场推出单一的标准化产品，并以统一的营销方式进行销售。一般来说，这种策略适用于那些具有广泛需求，从而能够大量生产和大量销售的产品。采用这种策略的企业可以建立单一的大规模生产线，采用广泛的销售渠道，进行大量、统一的广告宣传和促销活动。

策略优点：一是企业可以依靠大量的生产、储运和销售来降低单位产品的成本；二是可以利用无差异的广告宣传以及其他促销手段，从而节约大量的营销费用；三是不作市场细分，减少了市场调研、产品开发等方面的费用。因此，如果面对的整体市场中消费者需求无差异，或者差异很小可以忽略，而且产品能够大量生产和销售，那么采用这种策略就是合理的。

（2）差异性营销策略。这种策略需要先对整体市场做市场细分，然后根据每个细分市场的特点，分别为它们提供不同的产品，制定不同的营销计划，并开展有针对性的营销活动。例如：自行车厂为了满足不同消费者的需求和偏好，分别提供男车、女车、赛车、山地车、变速车、载重车、童车等多种产品，就是在自行车市场上实行差异性市场营销策略。

策略优点：一是企业可以采用小批量、多品种的生产方式，并在各个细分市场上采用不同的市场营销组合，以满足不同消费者的需求，实现企业销售量的扩大；二是企业具有较大的经营灵活性，不依赖于一个市场一种产品，从而有利于降低经营风险。但缺点也是显而易见的：一是增加了生产成本、管理费用和销售费用；二是要求企业必须拥有高素质的营销人员、雄厚的财力和技术力量。为了减少这些因素的影响，企业在实施差异性策略时要注意：一是不可将市场划得过细，二是不宜卷入过多的细分市场。

（3）集中性营销策略。这种策略是把力量集中在一个或少数几个细分市场上，实行有针对性的专业化生产和销售。其意义在于：与其在大市场上占有很小的份额，不如集中企业的营销优势在少数细分市场上占有较大的，甚至是支配地位的份额，以向纵深发展。如服装厂专为中老年妇女生产服装，汽车制造厂专门生产大客车等，均属于集中性策略。

策略优点：有利于准确地把握顾客需求，有针对性地开展营销活动；有利于降低生产成本和营销费用，提高投资收益率。这种策略特别适用于中小企业。缺点是经营风险较大。因为这一策略使得企业对一个较为狭窄的目标市场过于依赖，一旦这个目标市场上的情况突然发生变化，就有可能陷入困境。因此必须密切注意目标市场的动向，随时做好应变的准备。

三、营销策略选择因素

（1）企业资源。如果企业资源充裕、实力雄厚、经营管理水平高，就可以根据产品的不同特性考虑采用差异性或无差异性营销策略；如果实力有限，无力顾及整体市场或多个细分市场的需要，则应采用集中性营销策略。

（2）产品特点。如果企业的产品差异性小，不同厂家或地区生产的产品之间差别不大，而且消费者对这些产品的差别也不太重视，产品竞争的焦点主要集中在价格和服务上，对这些产品应该采用无差异性营销策略。而有些产品不仅本身的性能、款式、花色等具有较大的差异性，而且顾客对这些产品需求的差异也较大，对这类产品应采用差异性营销策略或集中性营销策略。

（3）市场特性。如果消费者对某种产品的需求、购买行为基本相同，对营销刺激的反应也基本一致，企业就应该采用无差异性营销策略；反之，如果消费者的需求和偏好有较大的差异，对营销刺激的反应也不一致，则企业就应采取差异性营销策略或集中性营销策略。

（4）产品所处的市场生命周期阶段。处于投入期的新产品，一般品种较为单一，竞争者也较少，吸引顾客的主要是产品的新颖性，这时企业宜采用无差异性营销策略；当产品进入成长期或成熟期时，市场上产品的花色、品种在增多，竞争也在加剧，这时就应采用差异性营销策略，以刺激新需求，尽量扩大销售；对于处于衰退期的产品，则应采用集中性营销策略，以维持企业的市场份额并延长产品的寿命周期。

（5）竞争对手的状况及策略。主要涉及两个方面的问题：一是竞争对手的数量。当同一类产品的竞争对手很多时，消费者对不同企业提供的产品所形成的信念和态度很重要。为了使消费者对本企业产品产生偏好，增强本企业产品的竞争能力，就应采用差异性营销策略。反之，就可采用无差异性营销策略。二是竞争对手的策略。一般而言，企业所采取的目标市场策略应该与竞争对手有所区别。当竞争对手采用无差异性营销策略时，本企业就可采用差异性营销策略；如果竞争对手已经采用差异性营销策略，则企业可建立更深层次的差别优势或以竞争性策略与之竞争。

子任务四　进行市场定位

市场定位是企业根据所选定的目标市场的竞争状况和自身条件，确定企业和产品在目标市场上特色、形象和位置的过程。也就是勾画企业产品在目标市场即目标顾客心目中的形象，使企业所提供的产品具有一定特色，适应一定顾客的需要和偏好，并与竞争者的产品有所区别。市场定位实际上是在已有市场细分和目标市场选择的基础上深一层次的细分和选择，即从产品特征出发对目标市场进行进一步细分，进而在按消费者需求确定的目标市场内再选择企业的目标市场。

一、市场定位步骤

企业的市场定位工作一般应包括三个步骤。

（1）调查研究影响定位的因素。

① 竞争对手的定位状况。要了解竞争对手正在提供何种产品，在顾客心目中的形象如何，并估测其产品成本和经营情况。

② 目标顾客对产品的评价标准。即要了解购买者对其所要购买产品的最大偏好和愿望以及他们对产品优劣的评价标准是什么，以此作为定位决策的依据。

③ 目标市场潜在的竞争优势。企业要确认目标市场的潜在竞争优势是什么，然后才能准确地选择竞争优势。

（2）选择竞争优势和定位战略。企业通过与竞争对手在产品、促销、成本、服务等方面的对比分析，了解自己的长处和短处，从而认定自己的竞争优势，进行恰当的市场定位。

（3）准确地传播企业的定位观念。企业在做出市场定位决策后，还必须大力开展广告宣传，把企业的定位观念准确地传播给潜在购买者。

二、市场定位战略

（一）针锋相对式定位

针锋相对式定位又称迎头定位，即把产品定在与竞争者相似的位置上，同竞争者争夺同一细分市场，是一种"对着干"的定位方式。实行这种定位战略的企业，必须具备以下条件：一是能比竞争者生产出更好的产品；二是该市场容量足够吸纳这两个竞争者的产品；三是比竞争者有更多的资源和实力。例如：精工表与西铁成、可口可乐与百事可乐、麦当劳与肯德基的竞争等。

（二）另辟蹊径式定位

另辟蹊径式定位又称避强定位，即避开强有力的竞争对象，根据自己条件取得相对优势，宣传自己与众不同的特色，在某些有价值的产品属性上取得领先地位。当企业意识到自己无力与同行业强大的竞争者相抗衡从而获得绝对优势地位时，可根据自己的条件取得相对优势，即突出宣传自己与众不同的特色，在某些有价值的产品属性上取得领先地位。例如：七喜汽水宣传自己不含咖啡因的特点，取得非可乐型饮料的领先地位；娃哈哈宣传自己不含激素等；伊利公司面对强有力的竞争对手和路雪、雀巢、新大陆等，以优质低价取胜。

（三）填空补缺式定位

填空补缺式定位即寻找新的尚未被占领但为许多消费者所重视的位置，填补市场上的空位。这种定位战略有两种情况：一是这部分潜在市场即营销机会没有被发现，企业容易取得成功，如亚都加湿器；二是许多企业发现了这部分潜在市场，但无力去占领，这就需要有足够的实力才能取得成功。

案例展示

王老吉的市场定位

从 2005 年开始，王老吉以大热之势成为中国营销界最具黑马本色和盘点价值的名字。在此之前，没有人想到，作为岭南养生文化的一种独特符号的"凉茶"，在两广的大街小巷里沉淀一百多年后，2005 年突然飘红全国，一年销售额达 30 亿元。

作为"清热解毒去暑湿"的中草药饮料，"凉茶"这一概念是典型的地域概念，除了两广，其他地区的消费者对于"凉茶"这一概念几乎一无所知，在上火的时候也从没有想到喝凉茶，都是通过牛黄解毒片之类的清热解毒类药品来解决问题，这成了王老吉打入全国市场难以逾越的障碍。显然，如果以"凉茶"的概念切入全国市场，不但市场培育过程缓慢，而且教育"凉茶"概念的费用也是一个无底洞。

王老吉在市场洞察和消费者研究方面可谓下了苦功，在定位上摆脱了"凉茶"概念的纠缠，跳入海量的"饮料"市场中竞争，并在海量的"饮料"市场中区隔出一个新品类——"预防上火的饮料""怕上火，喝王老吉"成为核心诉求，把凉茶的功能删繁就简归纳为"怕上火"，使其通俗化和时尚化。同样的产品，同样的功能，同样的包装，仅仅因为"概念"不同，不仅破解了"凉茶"概念的地域困局，更开创了一个"凉茶"的蓝海。

当王老吉定位于凉茶的时候，它只是一个区域品牌，当王老吉定位于不上火饮料的时候，它却得到了全国市场。其成功的关键是站在消费者的角度去解读产品，并把这种解读转换成消费者容易明白、乐于接受的定位，这样的定位一经转换，巨大的市场机会就凸显了出来。

资料来源：马琳莎. 浅谈王老吉的市场定位战略［J］. 商情，2013（40）.

（四）重新定位

企业产品在市场上的定位即使很恰当，但在出现下列情况时也需考虑重新定位：一是竞争对手推出的产品市场定位于本企业产品的附近，侵占了本企业品牌的部分市场，使市场占有率下降；二是消费者偏好发生变化，从喜爱本企业某品牌转移到喜爱竞争对手的某品牌。重新定位的常见情况有以下几种。

（1）因产品变化而重新定位。这是因产品进行了改良或发现了新用途，为改变顾客心目中的原有产品形象而采取的再次定位。第一种情况是因产品改良而重新定位。当改良产品出现后，其形象、特色等定位也随之改变。第二种情况是因产品发现新功能而重新定位。许多产品在投入使用过程中会超出发明者当初的设想而发现一些新用途，为了完善产品的形象，扩大市场，产品需要重新定位。

（2）因市场需求变化而重新定位。由于时代及社会条件的变化以及顾客需求的变化，产品定位也需要重新考虑。如人们生活富裕了，要养生、保健减肥，因而希望食品中糖分尽量少些。某品牌奶粉在 20 世纪五六十年代针对消费者的喜爱，产品中强调含糖分；进入 80 年代则强调不含糖分，正好迎合人们"只要健康不要胖"的心理。

（3）因扩展市场而重新定位。市场定位常因竞争双方状态变化、市场扩展等而变化。如美国约翰逊公司生产的一种洗发剂，由于不含碱性，不会刺激皮肤和眼睛，市场定位于"婴幼儿的洗发剂"。后来，随着美国人口出生率的降低，婴幼儿市场日趋缩小，该公司改变定位，强调这种洗发剂能使头发柔软，富有色泽，没有刺激性。

重新定位是重要的，但是变中要求稳，否则频繁改变定位会造成人们对品牌形象认知的混乱，也会加大成本开支。企业在重新定位前，尚需考虑两个主要因素：一是企业将品牌转移时的全部费用；二是定位在新位置上的收入，而收入又取决于该子市场上的购买者和竞争者情况，取决于在该子市场上销售价格能定多高等。

 **案例展示**

<h2 style="text-align:center">万宝路的重新定位</h2>

万宝路香烟最早是一种女性香烟，其包装采用细腻的图案和柔和的字体，广告中出现的也是女性形象。后来该公司为了扩展市场，将其定位改变为男性香烟，将包装改为红白两色对比鲜明、字体刚劲有力的男性化设计，广告片则聘用外表刚毅的男性明星，其画面大多为荒野、骏马和西部牛仔，并大力赞助赛车、足球等对抗激烈的体育比赛，从此使该产品成为男性喜爱的名牌香烟，销路也随之剧增。

资料来源：王维. 市场营销学［M］. 北京：清华大学出版社，2012.

（五）差异性定位策略

企业一旦选定了目标市场，就要在目标市场上为其产品确定一个适当的市场位置和特殊印象。但在营销实际中，我们经常会发现这样一种情况，即在同一市场上出现许多相同的产品，这些产品往往很难给顾客留下深刻的印象。因此，企业要使产品获得稳定的销路，就应该在产品实体、产品服务和产品形象等方面做到与众不同、创出特色，从而获得一种竞争优势。在实施差异性定位过程中，应掌握如下要点。

（1）从顾客价值提升角度来定位。消费需求是产品差异化的前提，没有前者也就没有后者。企业不能为了差异性而差异性，每一个差异性定位首先要考虑消费者是否认可，是否使用本企业产品所获得的价值高于其他产品。

（2）从同类企业特点的差异性来定位。同行企业中每个企业都有它的特殊性，当一个企业的特点是其他企业所不具备时，这一差异性即可成为定位的依据。如我国轿车很多，但为什么市场占有率有这样大的反差？上汽为什么能独占鳌头？关键是上汽有一个全国性的销售网络和服务网络。因而，"便利"就成为上汽公司产品定位的要点之一。

（3）差异性应该是可以沟通的，是顾客能够感受到的，是有能力购买的；否则，任何差异性都是没有意义的。

（4）差异性不能太多，当某一产品强调特色过多，反而失去特色，也不易引起顾客认同。

"STP+SWOT"模型下全友家私有限
公司营销策略分析

"心智时代"下中小服装企业
目标市场定位分析

任务二　中小企业营销推广

任务描述

　　企业在选定目标市场、进行市场定位之后，要综合考虑各种因素，制定企业的市场营销组合策略，并以最佳的策略组合进行营销推广，完成企业的目标与任务。作为一个中小企业的管理者，你将如何根据企业自身特点制定合适的营销策略并进行营销推广？

任务分析

　　市场营销组合策略，是指企业在选定的目标市场上综合运用各种市场营销策略和手段，以销售产品并取得最佳经济效益的策略组合。市场营销有多种组合方式，运用最广泛的是"4P"组合，即产品（product）、价格（price）、渠道（place）、促销（promotion）四大营销因素的组合。成功的市场营销活动需要向市场提供满意的产品，制定适当的价格，选择合适的分销渠道，还需要采取适当的方式进行促销。

　　本任务将引导你解决如下问题：

● 产品策略的选择和运用；
● 价格策略的选择和运用；
● 渠道策略的选择和运用；
● 促销策略的选择和运用；
● 中小企业如何进行营销推广。

子任务一　产品策略的选择和运用

　　在市场营销组合策略中，产品策略是核心，它对营销组合的其他策略，如价格策略、渠道策略、促销策略等起着统驭作用，在很大程度上决定或影响着这些策略的制定与实施。因此，产品策略的成功与否，在一定程度上决定了企业的兴衰成败。

一、树立产品整体概念

　　产品是指能够通过交换满足消费者或用户某一需求和欲望的任何有形物品和无形的服务。有形物品包括产品实体及其品质、款式、特色、品牌和包装等，无形服务包括可以使顾客的心理产生满足感、信任感及各种售后支持和服务保证等。营销管理者要树立产品的整体概念，整体的产品包括三个方面的内容：核心产品、形式产品和延伸产品。

　　（1）核心产品。核心产品是指向顾客提供的基本效用或利益，从根本上说，每一种产品实质上都是为解决问题而提供的服务。例如：人们购买电冰箱不是为了获取装有各种电器零部件的物体，而是为了满足家庭冷藏、冷冻食品的需要。

（2）形式产品。形式产品是指产品的基本形式，或核心产品借以实现的形式，或目标市场对某一需求的特定满足形式。形式产品由五个特征所构成，即品质、式样、特征、品牌及包装。即使是纯粹的劳务产品，也具有类似的形式上的特点。市场营销者应首先着眼于顾客购买产品时所追求的利益，以求更完美地满足顾客需求，从这一点出发再去寻求利益得以实现的形式，进行产品设计，比如同样是满足人们留住生活记忆的需求，产品形式却可以是书画、照片、摄像机等。

（3）延伸产品。延伸产品是指顾客购买核心产品和形式产品时，附带获得的各种利益的总和，包括产品说明书、保证、安装、维修、送货、技术培训等。国内许多企业的成功，在一定程度上应该归功于他们更好地认识了服务在产品整体概念中所占的重要地位。例如：对于旅馆来说，它的核心产品是休息与睡眠；形式产品是床/衣柜/毛巾/洗手间等；延伸产品是宽带接口/鲜花/结账快捷/免费早餐/优质的服务。

二、产品组合策略的选择和运用

（一）产品组合

产品组合也称为产品品种搭配，是指企业提供给市场的全部产品线和产品项目的组合或结构，即企业的业务经营范围。企业为了实现营销目标，充分有效地满足目标市场需求，必须设计一个优化的产品组合。其中：

产品线是指产品组合中的某一产品大类，是一组密切相关的产品。例如：以类似的方式发挥功能、售给相同的顾客群、通过同样的渠道出售、属于同样的价格范畴等。

产品项目是指产品线中不同品牌和细类的特定产品。例如：某自选采购中心经营家电、百货、鞋帽、文教用品等，这就是产品组合；而其中"家电"或"鞋帽"等大类就是产品线；每一大类包括的具体品种、品牌为产品项目。

 阅读延伸

产品组合的宽度、长度、深度与关联性

所谓产品组合的宽度，是指一个企业有多少产品大类。例如：美国宝洁公司有六个产品大类，即：洗涤剂、牙膏、肥皂、除臭剂、尿布、咖啡。

所谓产品组合的长度，是指产品组合中所有产品线的产品项目总数。每一条产品线内的产品项目数量，称为该产品线的长度。如果具有多条产品线，可将所有产品线的长度加起来，得到产品组合的总长度。仍以宝洁为例，宝洁公司的产品组合中共有产品项目31个。用企业产品组合的总长度除以产品组合的宽度，则得到平均产品线的长度。宝洁公司的一个产品大类的平均长度为 5.2（=31/6）。

所谓产品组合的深度，是指产品大类中每种产品有多少花色品种规格。例如：宝洁公司的浪峰牌牙膏，假设有三种规格和两种配方，由浪峰牌牙膏的深度为6。

所谓产品组合的关联性，是指一个企业的各个产品大类在最终使用、生产条件、分销渠道等方面的密切相关程度。宝洁所生产经营的产品都是消费品，而且都是通过相同的渠道分

销。就产品的最终使用和分销渠道而言，这家公司的产品组合的关联性大；但是，宝洁公司的产品给购买者有不同的功能，就这点而言，宝洁公司的产品组合的关联性小。

产品组合的宽度、广度、深度和关联性在市场营销战略上具有重要意义。首先，企业增加产品组合的宽度（即增加产品大类，扩大经营范围，甚至跨行业经营，实行多角化经营），可以充分发挥企业的特长，使企业尤其是大企业的资源、技术得到充分利用，提高经营效益；此外，实行多角化经营还可以减少风险。其次，企业增加产品组合的长度和深度（即增加产品项目，增加产品的花色式样规格等），可以迎合广大消费者的不同需要和爱好，以招揽、吸引更多顾客。最后，企业增加产品组合的关联性（即使各个产品大类在最终使用、生产条件、分销渠道等各方面密切关联），则可以提高企业在某一地区、行业的声誉。

资料来源：

https://baike.baidu.com/item/%E4%BA%A7%E5%93%81%E7%BB%84%E5%90%88/485931？fr=aladdin.

（二）产品组合策略的选择

企业在进行产品组合决策时，应根据市场需求、企业资源、技术条件、竞争状况等因素，经过科学分析和综合权衡，确定合理的产品结构。

（1）扩大组合策略。包括开拓产品组合的宽度和加强产品组合的深度。前者指在原产品组合中增加产品线，扩大经营范围；后者指在原有产品线内增加新的产品项目。企业首先要进行生产线分析，确定其销售额和利润；其次要确定其市场轮廓，对市场行情和竞争者状况进行分析，在此基础上，如企业预测现有产品线的销售额和盈利率在未来可能下降时，就需要考虑在现有产品组合中增加新的产品线或加强其中有发展潜力的产品项目。

（2）缩减组合策略。在市场繁荣时期，较长或较宽的产品组合会为企业带来更多的盈利机会。但是，在市场不景气或原材料供应紧张时期，缩减产品线反而能使总利润上升。因为剔除那些获利小甚至亏损的产品线或产品项目，可集中力量发展获利多的产品线和产品项目。

（3）产品线延伸策略。每一个企业的产品线只是所处行业整个范围的一部分。如宝马汽车公司的汽车在整个汽车市场上的定价属于中高档范围，而"斑马"则定位于低档车市场。如果公司超出现有范围来增加它的产品线长度，这就是产品线延伸策略，具体有向下延伸、向上延伸和双向延伸三种实现方式。

子任务二 价格策略的选择和运用

产品的定价决策是每个企业都十分关注的问题，好的定价决策既能增加企业的产品利润，更能全面提高企业的竞争实力。价格决策和产品决策一样，是构成营销组合策略的重要内容，是企业营销管理的一项重要工作。

沃尔玛的"折价销售"

沃尔玛能够迅速发展，除了正确的战略定位以外，还得益于其首创的"折价销售"策略。每家沃尔玛商店都贴有"天天廉价"的大标语。同一种商品在沃尔玛比其他商店要便宜。沃尔玛提倡的是低成本、低费用结构、低价格的经营思想，主张把更多的利益让给消费者，"为顾客节省每一美元"是他们的目标。沃尔玛的利润率通常在30%左右，而其他零售商如凯马特的利润率都在45%左右。公司每星期六早上举行经理人员会议，如果有分店报告某商品在其他商店比沃尔玛低，可立即决定降价。低廉的价格、可靠的质量是沃尔玛的一大竞争优势，吸引了一批又一批的顾客。

资料来源：https://wenku.baidu.com/view/d1dfe9fa910ef12d2af9e767.html.

一、定价因素分析

（一）内部因素

（1）企业的营销目标。当企业以维持生存为目标时，可以制定较低的价格以增加需求；当以现期利润最大化为目标时，企业会选择能够产生最大现期利润、现金流动和投资回报的价格；当以市场份额为目标时，企业会把价格尽可能地定得低一点，以最大的市场份额获得最高的长期利润；当以产品质量为目标时，企业一般制定较高的价格来补偿较高的性能质量。

（2）产品成本。成本指标主要包括固定成本、变动成本和总成本。固定成本指那些不随生产或销售水平变化的成本，如企业必须支付每月的租金、利息、管理人员的薪金等；变动成本是指直接随生产水平发生变化的成本，如计算机的芯片、电线、包装及其他投入成本，会随着计算机产量而变化；总成本是指在任何生产水平下的固定成本和变动成本之和。

（3）企业的营销组合策略。价格只是企业用来实现营销目标的营销组合工具中的一种。价格决策必须与产品设计、促销及渠道决策相配合，才能形成一个连续有效的营销方案。对其他营销组合变量所进行的决策同样会影响定价决策。

（二）外部因素

（1）市场因素。不同类型的市场对产品定价提出了不同的要求。在完全竞争的市场中，没有哪个购买者或销售者有能力来影响现行市场价格，只能随行就市；在垄断竞争的市场中，除了价格竞争外，销售者还广泛地采用品牌、广告和直销来使他们的市场供应相互区分；在寡头竞争的市场中，新的销售者很难进入，产品价格非常稳定；在完全垄断的市场中，产品价格可能只用来抵补成本，也可能用来创造良好的收益，甚至还可以抬高价格来减少消费。

（2）价格弹性因素。需求的价格弹性是指需求量对价格反应的灵敏程度。具有充分弹性的商品，需求量对价格的反应比较灵敏，实施降价、能薄利多销可以增加总收入；缺乏弹性的商品，需求量对价格反应不灵敏，对此类产品要想增加总收入可实施涨价，例如稀缺药品、生活必需品等；单一弹性的商品需求量与价格同比例变化。

（3）消费心理因素。企业的定价决策是否正确最终由消费者决定。如果顾客认为价格高于产品价值，他们就不会买该产品。企业可在了解消费者心理价位的基础上，制定符合消费者心理预期的价格。

（4）竞争因素。竞争对手价格策略会对企业的定价决策产生直接影响。企业要充分估计竞争对手的成本、价格以及竞争对手对该企业定价可能会做出的反应。

（5）国家有关政策法规因素。企业对产品定价要考虑到国家有关政策及法律法规，一旦违反政策法规，一切的定价策略都将受到限制甚至惩罚。

 **阅读延伸**

影响价格敏感度的主要因素

影响价格敏感度的因素主要有以下 9 个方面。

（1）独特价值效应：产品越是独特，顾客对价格越不敏感。

（2）替代品知名效应：顾客对替代品知之越少，他们对价格的敏感性越低。

（3）难以比较效应：顾客越难以对替代品的质量进行比较，他们对价格就越不敏感。

（4）总开支效应：开支在顾客收入中所占比重越小，他们对价格的敏感性越低。

（5）最终利益效应：开支在最终产品的全部成本费用中所占比重越低，顾客的价格敏感性越低。

（6）分摊成本效应：如果一部分成本由另一方分摊，顾客的价格敏感性就会越低。

（7）积累投资效应：如果产品与以前购买的产品合在一起使用，顾客对价格不敏感。

（8）价格质量效应：假设顾客认为某种产品质量更优、声望更高或是更高档，顾客对价格的敏感性就越低。

（9）存货效应：顾客如无法储存商品，他们对价格的敏感性就越低。

二、定价方法选择

按照定价导向，定价方法可分为成本导向定价法、需求导向定价法和竞争导向定价法。

（一）成本导向定价法

这是指以产品的成本为中心，制定对企业最有利的价格的定价方法。

（1）成本加成定价法。这是指按产品单位成本加上一定比例的利润制定产品价格的方法。这是企业较常用的定价方法，将价格盯住单位成本，可以大大简化企业定价程序。

（2）增量分析定价法。这是指以增量成本（或变动成本）为定价基础的方法。主要是分析企业接受新任务之后有没有增量利润（贡献），如果增量利润为正值，说明新任务的价格是可以接受的，增量利润等于接受新任务引起的增量收入减增量成本。

（3）目标收益定价法。这是指在成本的基础上，按照目标收益率的高低计算的方法。其优点是可以保证企业既定目标利润的实现。这种方法一般是用于在市场上具有一定影响力、市场占有率较高或具有垄断性质的企业。美国通用汽车公司最先采用这一定价法。

（二）需求导向定价法

这是指一种以市场需求强度及消费者感受为主要依据的定价方法。

（1）认知价值定价法。这是指根据购买者对产品的认知价值制定价格。认知价值定价的关键在于准确计算产品提供的全部市场认知价值。如果价格大大高出认知价格，消费者会感到难以接受；如果价格大大低于认知价值，也会影响产品在消费者心目中的形象。

（2）反向定价法。这是指企业依据消费者能够接受的最终价格，在计算自己经营的成本和利润后，逆向推算产品的价格。这种方法不以实际成本为主要依据，而是以市场需求为定价出发点，力求价格为消费者所接受。在分销渠道，批发商和零售商多采取这种定价方法。

（3）差别定价法。这是指同一产品对不同的细分市场采取不同的价格，是差异性营销策略在价格制定中的体现，是一种较为灵活的定价方法。差别定价有以下四种形式。

① 因需求对象而异。如因职业、年龄等原因，在定价时给予相应的优惠等。

② 因需求强度而异。如航空公司可以针对公务顾客和假期旅行者制定不同的价格。

③ 因需求时间而异。如电视广告不同时段的价位不同。

④ 因需求地点而异。如国内机场的商店向乘客提供的商品价格普遍要远高于市内的商店。

（三）竞争导向定价法

这是指以市场上相互竞争的同类商品价格为定价基本依据的定价方法。

（1）随行就市定价法。它又称流行水准定价法，是指在市场竞争激烈的情况下，企业为保存实力采取按同行竞争者的产品价格定价的方法。这种定价方法特别适合于完全竞争市场和寡头垄断市场，主要适用于需求弹性比较小或供求基本平衡的商品，如大米、面粉、食油以及某些日常用品。

（2）限制进入定价法。这是指为了阻止其他竞争者进入而采取的一种定价，是垄断和寡头垄断企业经常采用的一种定价方法。在垄断市场上，垄断者为阻止其他竞争者进入市场，会牺牲一些短期利润，适当地降低价格，使市场对潜在的进入者不具有那么大的吸引力。

（3）投标定价法。招标机构刊登广告或发函说明拟购品种、规格、数量等的具体要求，邀请供应商在规定的期限内投标。采购机构在规定日期开标，一般选择报价最低、最有利的供应商成交，签订采购合同。投标价格根据对竞争者报价的估计制定，而不是按供货企业自己的成本费用，目的在于赢得合同，所以一般低于对手报价。

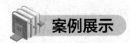 案例展示

宜家的定价分析

在国外，宜家是一个平民家居品牌；而在中国，宜家是一个"小资"品牌。

宜家的定价，一方面根据自身的成本，另一方面根据竞争对手的同等产品的价格，以及对产品的销售情况作出相应的定价策略。

宜家的家居产品主要分为高、中、低三个价位，样式有北欧式、现代、乡村和新瑞典四种。在宜家，产品价格由产品发展人员制定。宜家专门设立了一个产品策略委员会，由他们负责观察消费者生活趋势的变化，然后根据变化，为宜家的产品结构列出优先顺序，确定价

格后才正式生产产品。宜家通常把竞争对手的定价降低 30%～50%作为自己产品的价格，因此在市场上很有竞争力。

宜家经实验发现，产品经组装后运送，将需要六倍于扁平包装所需的空间。为此，宜家在家具业率先提出了"扁平"概念，也就是将家具拆散运输，目的是大幅降低运输成本。另外，为了降低成本，宜家店内不设销售人员，并要求顾客自行组装产品，省掉很多人员成本。除此之外，为了不增加额外的运费，宜家还不提供免费送货服务。

2002 年起，宜家调整了其部分产品在中国的售价，如利帕经典沙发从 2000 年的 2 695元下调到 1 345 元。宜家平均每年以 10%的速度下调价格，2003 年新产品平均降价幅度在 30%以上。降价的直接目的是将其消费群体指向月收入在 3 350 元以上的顾客，不再让宜家产品仅仅局限于为数不多的"小资"群体。当宜家把其中一款椅子的价格降到 18 元人民币后，结果仅上海、北京两家店的销量就比法国 12 家店的销售总和还多。

"先设计价签，再定产品"，按"价格矩阵"设计产品，并且保证这个产品的价格是最有利于销售的，比如低于市价 20%。其次，在产品研发阶段，宜家以独特的"模块"设计为导向，能够把低成本与高效率结为一体。其设计理念是"同样价格的产品看谁的设计成本最低"。于是，宜家公司里世界一流的设计师们常常会为了"是否少用了一颗螺钉或能更经济地利用一根铁棍"而大动干戈。这样操作不仅能降低成本，而且往往会激发一些杰出的创意。随后，在生产阶段，设计师们与生产商们努力找出利用现有工艺制造家具的巧妙办法。一旦定稿，宜家的采购员会在全世界范围内寻找最合适的原材料的供应商。最后，产品生产完毕后，宜家的"平板包装"大大地降低了运输的成本和难度，并提高了运输的效率。而且在后续的卖场展示中，也节省了大量的空间，同时通过顾客的自助购买和运输以及自行安装，宜家价值流程各环节的水分也降低到了极致。

在中国宜家走的是小资路线。之所以走小资路线是根据宜家在中国城市的实际情况而定的。例如在南京，宜家考虑的是在南京逛宜家的大多都是年轻人，年轻人喜欢时尚。在时尚上面花钱，年轻人比较舍得。而且在南京最多的就是大学生和白领上班族。所以这是取决于宜家所在城市的情况而定的。如果宜家在中国走平民路线。那么宜家前期可能会火爆，但是随着时间的推移，必然最后去宜家的还是年轻人。毕竟宜家的产品主要还是面对年轻人的。所以它的定价看中的是消费者的购买能力和消费的热衷度。如果定价高，那么去的人大多都是那些有钱的喜欢欧美，瑞士风的人，如果价格过低，那么它的替代品和互补品的竞争就相对比较大而且盈利度不够。所以定小资品牌才是比较合适的。

资料来源：https://www.doc88.com/p-6771711194992.html.

三、定价策略制定

在实践中，企业需考虑和利用灵活多变的定价策略，修正或调整产品价格。

（一）折扣定价策略

企业为了鼓励顾客及早付清货款、大量购买、淡季购买等，可酌情降低基本价格，这种价格调整叫作价格折扣。折扣定价策略常见类型。

（1）现金折扣。现金折扣是指企业给及时付清货款顾客的一种减价。例如：顾客在 30天内必须付清货款；如果 10 天内付清货款，则给 2%的折扣（2/10，n/30）。

（2）数量折扣。数量折扣是指企业给大量购买某种产品顾客的一种减价，以鼓励大量购买。大量购买能使企业降低生产、销售、储运、记账等环节的成本费用。

（3）功能折扣。功能折扣又叫贸易折扣，是制造商给批发商或零售商的一种额外折扣，促使他们执行某种营销功能（如推销、储存、服务）。

（4）季节折扣。季节折扣是企业给购买过季商品或者服务顾客的减价。

（5）价格折扣。价格折扣也叫折让。例如：一台冰箱标价 4 000 元，顾客以旧冰箱折扣 500 元，购买时只需支付 3 500 元；经销商同意参加制造商的促销活动，制造商卖给经销商的物品可以打折，叫作促销折让。

（二）地区定价策略

对于不同地区的顾客，企业要决定是否制定地区差价。

（1）产地交货价格。即按产地某种运输工具上交货定价。这种定价对企业有不利之处，远地顾客可能不愿购买这个企业的产品，转而购买其他企业的产品。

（2）统一交货定价。是指企业卖给不同地区顾客，按照相同的厂价加相同的运费（按平均运费计算）定价。不同地区的顾客不论远近，实行一个价格。

（3）分区定价。企业把整个市场分为若干价格区，不同价格区的产品分别制定不同的地区价格。距离较远的价格区定价较高，较近的价格区定得较低，同一价格区范围实行统一价格。

（4）基点定价。企业选定某些城市作为定价基点，然后按一定的厂价加从基点城市到顾客所在地的运费定价。顾客可在任何基点购买，企业也可将产品推向较远市场，有利于市场扩展。基点定价方式比较适合下列情况：产品运费所占比重较大、产品市场范围大、许多地区有生产点、产品的价格弹性较小。

（5）运费免收定价。即企业负担全部或部分运费。企业认为生意扩大，平均成本就会降低，足以抵偿运费开支。运费免收定价可使企业加深市场渗透，并在竞争日益激烈的市场上立足。

（三）心理定价策略

这是针对顾客心理而采用的一类定价策略，主要应用于零售商业。

（1）声望定价。声望定价是指企业利用消费者仰慕名牌商品或名店的声望所产生的心理，把价格定成整数或高价。在现代社会，消费高价位商品是财富、身份和地位的象征。质量不易鉴别的商品定价适宜此法，因为消费者崇尚名牌，往往以价格判定质量，认为高价格代表高质量。

（2）尾数定价。尾数定价是利用消费者数字认知的某种心理，尽可能在价格数字上不进位、保留零头，使消费者产生价格低廉和卖主认真核算成本的感觉，使消费者对企业产品及价格产生信任感。该策略一般适用于非名牌或中低档商品。

（3）招徕定价。招徕定价是零售商利用顾客求廉心理，将某些品牌的商品作为牺牲品，以接近成本甚至低于成本的价格来销售，以便吸引顾客前来购买，并寄希望于他们还会买商店里的其他商品，以获得额外的销售。

（4）中间价格定价法。一般来讲，多数消费者倾向于选择中间价格商品，他们认为中间价格商品质量过得去且价格也合理。企业可在高价与低价间取一个中间价格，以适应多数消费者的心理倾向。

（5）便利定价法。利用消费者求方便的心理，对某些价值较小、消费者经常购买的日用品，制定不带尾数的价格。例如：定价 0.50 元较之 0.48 元，消费者购买时会显得更方便。另一种便利定价的方法，是把不同品牌、规格及型号的同一类商品分为若干等级，对每个等级制定一种价格，而不是一物一价，这样简化了购买过程，便于消费者挑选。

（6）习惯定价法。习惯定价法是指按消费者的习惯制定价格。消费者在长期的购买实践中，对一些经常购买的商品，心目中已形成习惯性的价格标准，不符合其标准的价格易引起疑虑，影响购买。

 **应用举例**

尾数定价的特殊效果

尾数定价会产生如下的特殊效果。

（1）便宜。标价 99.96 元的商品和 100 元的商品，虽然仅差不足 0.1 元，但前者给消费者的感觉是还不到"100 元"，而后者却使人产生"100 多元"的想法，因此前者可以使消费者认为商品价格低，更令人易于接受。

（2）精确。带有尾数的价格会使消费者认为价格制定非常认真、精确，连零头都算得清清楚楚，进而会对商家或企业的产品产生一种信任感。

（3）中意。由于民族习惯、社会风俗等影响，某些特殊数字常常会被赋予一些独特的含义，企业在定价时如能加以巧用，其产品就会因之而得到消费者的偏爱。如"8"字常作为价格尾数，人们认为"8"即"发"，因此企业经常采用。

（四）差别定价策略

这是指对同一产品针对不同顾客、不同市场制定不同的价格的策略。

（1）顾客差别定价。即企业按不同的价格把同一产品或服务卖给不同顾客。

（2）形式差别定价。即企业对不同型号或形式的同类产品，分别制定不同价格，但是不同型号或形式产品的价格差额和成本费用之间的差额并不成比例。

（3）地点差别定价。企业对处在不同位置的产品或服务，分别制定不同的价格，即使这些产品或服务的成本费用没有任何差异。例如体育场里的不同座位票价有所不同。

（4）时间差别定价。即对不同季节、不同时期甚至不同钟点的产品或服务制定不同价格。

（五）新产品定价策略

为了实现价格目标，企业在给新产品定价时，常常使用不同的定价策略。

（1）撇脂定价策略。这是一种高价格策略，是指在新产品上市初期，价格定得高，以便在较短的时间内获得最大利润。这种定价策略因类似于从牛奶中撇脂奶油而得名。

（2）渗透定价策略。这是一种低价格策略，即在新产品投入市场时，价格定得较低，消费者容易接受，以便很快打开和占领市场。

（3）温和定价策略。这是一种介于撇脂和渗透之间的价格策略。所定的价格比撇脂低，而比渗透价格高，是一种中间价格。这种定价策略由于能使生产者和消费者都比较满意而得名。有时又称"君子价格"或"满意价格"。

（六）产品组合定价策略

企业要研究出一系列价格，使整个产品组合的利润最大化。

（1）产品大类定价。具体做法是：首先，确定某种产品的最低价格，让它在产品大类中充当领袖价格，以吸引消费者购买产品大类中的其他产品；其次，确定产品大类中某种商品的最高价格，它在产品大类中充当品牌质量和收回投资的角色；最后，其他产品将分别依据其在产品大类中的角色不同而制定不同的价格。例如：男士服装店可能经营三种价格档次的男士服装——1 500 元、2 500 元和 3 500 元。顾客会从三个价格点上，联系到高、中、低三种质量水平。

（2）选择品定价。许多企业提供产品的同时，会附带一些可供选择的产品或服务，如汽车用户可订购电子开窗控制器、扫雾器等。但是对于选择品的定价，公司必须确定价格中应当包括哪些，又有哪些可作为选择对象。例如：饭店定价，顾客除了饭菜，也会购买酒水，许多饭店酒水价格高，食品价格相对低。食品收入可弥补成本，酒水收入可带来利润。

（3）补充产品定价。有些产品需要附属或补充品配合才能使用。例如：剃须刀架与刀片、打印机与墨盒或色带。许多制造商喜欢为主产品制定较低价格，给附属品制定较高价格。

（4）分部定价。服务性企业经常收取一笔固定费用，再加上可变的使用费。例如：游乐园一般先收门票费，如果游玩的地方超过规定，就要再交费。

（5）副产品定价。在生产加工肉类、石油产品和其他化工产品的过程中，经常产生副产品，如果副产品价值低、处置费用昂贵，就会影响主产品定价——其价格必须能弥补副产品处置费用。副产品如果能带来收入，则有助于企业在应对竞争时制定较低价格。

（6）产品系列定价。企业经常以一种价格出售一组产品或服务，如化妆品、计算机、假期旅游公司提供的系列活动方案等，这就是产品系列定价，也称价格捆绑，目标是刺激产品线的需求，充分利用整体运用的成本经济性，同时努力提高利润贡献率。

（七）基于互联网的定价策略

互联网以其独特技术优势提供了从事商业的新渠道。它创造出了电子市场，购买者和销售商在网上会见、收集信息、提交标书、商议订单和跟踪订单处理，以电子手段完成交易。企业基于互联网的定价策略有以下几种。

（1）低价定价策略。包括两种：一是直接低价定价策略，采用较低利润，有的甚至是零利润。这种定价方式一般是在网上直销时采用，前提是通过互联网可以节省大量销售费用。二是折扣策略，在原价基础上进行折扣定价。这种方式可以让买方直接了解产品降价幅度，主要用在一些网上商店。

（2）定制定价策略。买方通过互联网完成产品的定制，使企业以较低成本提供定制服务，满足买方个性化需求。企业通过定制服务，根据买方选择的产品功能与配置实行不同的价格。

（3）使用定价策略。指买方通过互联网注册后可直接使用企业的产品，根据使用次数付费，不需要将产品完全购买。采用按使用次数定价的产品应能通过互联网传输，目前比较适合的产品有软件、电影等。

（4）拍卖竞价策略。网上拍卖是发展较快的领域。英式拍卖是目前网上拍卖最流行的一种方式，一旦竞买人发现感兴趣的物品，就能浏览当前最高出价，并决定是否竞价。当竞买人提交竞价后，可继续观察拍卖状况。当目前竞价高于竞买人的竞价时，拍卖站点会自动通过 E-mail 通知竞买人。

数字化产品的定价策略

（1）数字化产品的免费定价策略。目前电子市场上，数字化产品主要指信息产品，如计算机软件、股票行情等。这些数字化产品具有非毁坏性、可改变性和可复制性等特点，所以生产的边际成本几乎为零。数字化产品除了前面的使用定价策略，许多网络公司更热衷于采用免费价格策略进行网络销售。

（2）数字化产品限制免费策略。指数字化产品被免费下载后，顾客可以使用其全部功能，但要受到一定限制。限制主要表现为两种：一种是使用期限，只能让顾客下载后免费使用一段时间，超过这个时间继续使用就需要付费；另一种是使用次数，规定顾客免费使用几次，超过几次就要付费。

（3）数字产品部分免费策略。可以让消费者免费试用其中一种或几种功能，想要获得全部功能则必须付费购买正式产品。数字产品提供的付费功能可以归为两类。一类是必要的，就是顾客要得到产品的全部功能，产品才能发挥实质性功效，如免费的杀毒软件只能处理一些简单的病毒，对真正影响计算机的较为关键的病毒往往起不到作用，这时就要购买正版杀毒软件。企业提供这类产品的免费功能，主要是为了扩大产品的知名度，利用免费功能为产品做广告。另一类是个性化的，产品的免费功能能够很好地满足顾客某一方面需求，但其他方面的需求则要购买付费功能。如腾讯公司的即时聊天软件，所有注册用户都可享受免费服务以满足即时通信的需求；为了享受更为个性化的服务（如 QQ 秀等），用户就必须付出相应费用。企业正是通过增加产品附加服务来使产品差别化从而使核心产品更具个性化。

（4）数字产品捆绑式免费策略。指购买某产品或服务时，赠送其他产品和服务。数字产品的捆绑策略有两种。一种是"软硬捆绑"，即把软件安装在指定设备上出售。如 3721 网站为推广其免费中文域名系统软件，与 PC 制造商合作，提供捆绑预装中文域名软件。第二种是"软软捆绑"，即不同的软件产品打包出售。

（5）数字产品完全免费的策略。指数字产品从购买、使用和售后服务所有环节实行免费。完全免费的是无差异的产品，也就是各个网站提供的产品及其功能基本相同。如果某个网站收费，消费者就会转向别的网站。

资料来源：高中玖，毕思勇. 市场营销［M］. 北京：北京理工大学出版社，2015.

子任务三　渠道策略的选择和运用

分销渠道是指产品从生产者向消费者的转移过程中经过的通道，这些通道由一系列的市场分销机构或个人组成。分销渠道的起点是生产者，终点是消费者，中间环节为各类中间商，包括经销商、代理商和经纪商。分销渠道是市场营销组合中第三个可控制的营销要素，企业所拥有的渠道资源已经成为参与市场竞争、获取竞争地位的优势资源。

一、渠道类型与策略选择

（一）渠道流程分析

分销渠道表现为各种流程，包括实物流程、所有权流程、付款流程、信息流程及促销流程等。这些流程将组成分销渠道的各类组织机构贯穿起来。

（1）实物流程。实物流程也称物流，是指产品实体从制造商开始，经过储存商、运输商送达顾客的过程。

（2）所有权流程。所有权流程也称商流，是指产品所有权从制造商开始，经过各中间商转移给顾客的过程。

（3）付款流程。付款流程也称资金流，是指销售收入由顾客经银行到达制造商手中的过程。

（4）信息流程。信息流程是指产品信息在分销渠道各环节相互传递的过程。

（5）促销流程。促销流程是指促销活动由制造商发起，经广告代理商、推销代理商传递给顾客的流程。

（二）渠道类型分析

了解不同的渠道类型可以使企业做出正确的渠道选择。

（1）直接渠道和间接渠道。按是否有中间商参加，可将分销渠道分为直接渠道和间接渠道。

直接渠道是指没有中间商参与，产品由制造商直接销售给消费者和用户的渠道类型。直接渠道是工业品销售的主要方式，特别是一些大型、专用、技术复杂、需要提供专门服务的产品。消费品中有部分也采用直接分销类型，诸如鲜活商品等。

间接渠道是指产品经由一个或多个商业环节销售给消费者和用户的渠道类型。间接分销是消费品分销的主要类型，许多工业品也采用。

（2）长渠道和短渠道。分销渠道的长短按通过流通环节的多少来划分，分为以下四层。

零阶渠道：制造商—消费者。

一阶渠道：制造商—零售商—消费者。

二阶渠道：制造商—代理商/批发商—零售商—消费者，多见于消费品分销。

三阶渠道：制造商—代理商—批发商—零售商—消费者。

（3）宽渠道与窄渠道。渠道宽窄取决于渠道的每个环节中使用同类型中间商数目的多少。

企业使用的同类中间商多、产品分销面广，称为宽渠道，适用于一般的日用消费品。

企业使用的同类中间商少，称为窄渠道，适用于专业性强的产品或贵重耐用的消费品。

（三）渠道策略选择

根据分销渠道宽窄的不同选择，可以形成以下三个策略。

（1）密集分销策略。这种策略是指尽可能通过较多的中间商来分销商品，以扩大市场覆盖面或快速进入一个新市场，使更多的消费者可以买到这些产品。这一策略会导致生产者付出的销售成本较高，中间商积极性较低。

（2）独家分销策略。这种策略是指企业在一定时间、一定地区只选择一家中间商分销商品。生产者采取这一策略可以得到中间商最大限度的支持，如价格控制、广告宣传、信息反馈、库存等。其不足之处是市场覆盖面有限，而且当生产者过分信赖中间商时，会加大中间商的议价能力。

（3）选择分销策略。这种策略是指在一个目标市场上，依据一定的标准选择少数中间商销售其产品。选择分销策略可以兼有密集分销策略和独家分销策略的优点，避开两个策略的缺点。

二、渠道因素分析

分销渠道类型和策略的选择，受多种因素的制约。

（一）产品因素

产品因素包括产品的理化性质、技术性质、价格及产销特点等。

（1）产品的理化性质。主要考虑产品的体积重量和产品的易毁程度。产品体大量重，一般宜采用较短的分销渠道，以减少运输和储存成本，如重型机械、家具的销售等。产品体小量轻，一般宜采用间接性广泛分销的渠道，以扩大市场覆盖面，如日用商品的销售等。凡易腐产品、易毁产品，客观上都要求快速、短距离、少装卸次数的流通，渠道越短越好，如肉、禽、蛋、奶、菜、花卉、玻璃器皿等；反之，则可以选择较长的分销渠道。

（2）产品的技术性质。对于设备、家电等技术性较强的产品，需要提供安装、操作、维修等售后服务，应采用短而窄的分销渠道。对这类产品，许多制造商都自设门市部销售或在大商场租赁一块场地销售；反之，技术性不强的日用品、易耗品，则更多地选用长而宽的渠道。

（3）产品的价格。产品单价高低，对分销渠道的选择也有影响。人员推销，从沟通信息上看是最好的销售方式，但费用较高。单价高的产品，其毛利扣除推销费用仍有利可图，可以采取直接性销售渠道销售。而单价低的产品，制造商必须大量推销方能获利，零售商又往往进货批量较小，因此，就需要借助包含较多批发商的较长的分销渠道推销了。

（4）产品的产销特点。从产销时间看，季节性生产常年消费（如粮食）和常年生产季节性消费的产品（如电风扇、羽绒服），需要中间商的支持，宜采用间接性的长渠道；而常年生产常年消费的产品，则宜采用短渠道。从产销的地区性看，一地生产多地消费和多地生产一地消费的产品，宜采用间接性的长渠道；反之，地产地销的产品则可采用直接性的或较短的渠道。从产品的生产批量看，生产批量大宜采用宽而长的渠道，反之则宜采用窄而短的渠道。

（二）市场因素

市场因素包括潜在顾客的情况和竞争对手的分销渠道状况。

（1）潜在顾客的情况。一是顾客的数量。如果企业的潜在顾客较少，就可以使用较短或直接性渠道；反之，则使用较长而宽的渠道。二是顾客的集散程度。顾客越分散，企业越需要利用中间商进行间接性销售；反之，就可以用直接性分销渠道。三是顾客的购货批量。面对一次订货量很大的购买者或集团，企业就可以直接供货；反之，就不得不用间接性分销渠道。

（2）竞争对手的分销渠道状况。一般来说，企业应避开竞争对手已用的销售渠道，以避免正面对抗。如对手占用了常规渠道，企业可以新辟渠道。但是，企业有时也采用与竞争对手完全相同的分销渠道，以满足消费者比较品牌、价格的要求。

欧莱雅在中国的渠道策略

（1）销售区域广泛。欧莱雅通过调查发现，中国人对现代美的追求愈显迫切，他们在美容品上的花销越来越多。而且新产品更容易在中国市场流行，中国消费者乐于接受高品质新概念的全新产品。因此近年来，欧莱雅在中国的覆盖区域日益增多，在立足于大城市的同时，越来越注重深入中小城市的销售。

（2）销售渠道细分。欧莱雅的品牌金字塔让它不得不同时面对化妆品市场的各个层次甚至各个细分市场，采用不同的营销渠道，通过其完整的品牌链渗入市场的各个层次，从而形成作为一个企业的整体优势。

① 塔尖部分：如赫莲娜等品牌在一些大城市当中有选择性地通过高档化妆品店、百货商店和旅游零售渠道销售。

② 塔中部分：美发产品需要通过发廊美发师的特殊技巧和极具个性化的服务，使顾客得到整体享受，所以仅限于发廊及专业美发店销售。活肤健康产品有薇姿和理肤泉两个品牌，通过指定药房及其他专门渠道销售，由专业药剂师和皮肤学家提供专业咨询服务。

③ 塔基部分的大众化妆品：都通过大众零售渠道销售，使欧莱雅的产品进入了普通消费者的生活，销售区域十分广泛。

资料来源： 刘星宇. 解读欧莱雅在中国的金字塔渠道策略 [J]. 兽药市场指南，2011（4）.

（三）企业因素

企业的总体规模、资金实力、产品组合、渠道经验均影响着渠道的选择。

（1）总体规模。企业的总体规模决定了其市场范围、客户规模及强制中间商合作的能力。

（2）资金实力。资金实力的强弱决定了哪些职能可由自己执行，哪些应给中间商执行。

（3）产品组合。产品组合的宽度越大，与顾客直接交易的能力就越大；深度越大，使用独家专售或选择性代理商就越有利；关联性越强，越应使用性质相同或相似的渠道。

（4）渠道经验。企业过去的渠道经验也会影响渠道设计，曾经通过某种特定类型中间商销售产品的企业，会形成渠道偏好。

（四）中间商因素

在渠道建设中，选好中间商是保证渠道畅通、提高运营效益的重要条件。选择中间商应考虑以下因素。

（1）中间商的经营实力。包括中间商的资金状况、人员素质、营业面积、仓储设施等。

（2）中间商的经营水平。包括中间商的市场应变能力、推销创新能力和对顾客的吸引力。

（3）中间商的资金运营能力。主要指中间商的筹资能力、资金合理使用能力、资金周转能力、偿债能力及债权回收能力等。

（五）社会环境因素

社会环境因素主要是指有关的政策、法规、经济形势对制造商选择渠道的制约和影响。

例如：在中国，经济体制改革前，关系国计民生的重要生产资料、农产品和消费品，必须由国家规定的国营中间商统一经营。制造商在选择渠道时就必须遵守国家的政策规定。因此，整体经济形势也会影响制造商分销渠道的选择。

三、分销渠道设计

分销渠道设计是指建立以前从未存在过的分销渠道或对已经存在的渠道进行变更的营销活动。

（一）分析渠道服务水平

渠道服务水平是指渠道策略对顾客购买商品和服务问题的解决程度。影响渠道服务产出水平的因素包括以下五个方面。

（1）购买批量。指顾客每次购买商品的数量。

（2）等候时间。指顾客在订货或现场决定购买后，一直到拿到货物的平均等待时间。

（3）便利程度。指分销渠道为顾客购买商品提供的方便程度。

（4）选择范围。指分销渠道提供给顾客的商品花色和品种数量。

（5）售后服务。指分销渠道为顾客提供的各种附加服务，如信贷、送货、安装、维修等。

（二）确定渠道目标

所谓渠道目标，是指企业预期达到的顾客服务水平及中间商应执行的职能。无论是创建渠道，还是对原有渠道进行变更，设计者都必须将企业的渠道设计目标明确地列示出来。

（三）确定渠道方案

（1）确定中间商的类型，即要求公司识别有哪些类型的中间商组织供选择。例如：一家专门生产车载调频收音机的电子公司，可供选择的中间商有 OEM 市场、汽车经销商市场、汽车部件零售商、汽车电话专业经销商和邮购市场等。

（2）确定中间商的数目，即公司必须决定在每个细分市场，每个渠道层次使用多少个中间商。一般有三种策略可供选择：独家分销、选择性分销和密集性分销。

（3）确定渠道成员的条件和责任，即制造商必须确定渠道成员的条件和责任。而这些渠道成员应具备的条件和需要承担的责任主要受价格政策、销售条件、地区权利及每一方所应提供的具体服务等一系列要素的影响。

（四）评估渠道方案

每一渠道备选方案都是产品送达最后顾客的可能路线。生产者所要解决的问题，就是从那些似乎很合理但又相互排斥的备选方案中，选择最能满足企业长期目标的一种。因此，生产者必须对各种可能的渠道备选方案进行评估。其评估标准有以下三项。

（1）经济性标准。主要考虑每条渠道的销售额与成本的关系。三项标准中，经济性标准最为重要。因为企业是追求利润，而不是追求渠道的控制性与适应性。

（2）控制性标准。主要考虑企业对渠道的控制能力。使用代理商，无疑会带来控制的问题。代理商是一个独立企业，他所关心的是自己如何取得最大利润。他可能不愿与同一委托人的其他代理商合作，还可能忽略对于委托人很重要的顾客，也很难正确认真对待委托人的促销要求。

（3）适应性标准。评估各渠道备选方案时，还要考虑自身是否具有适应环境变化的能力。每个渠道方案都会有规定期限，某一制造商利用销售代理商推销产品时，可能要签订五年合同。在这段时间内，即使采用其他销售方式会更有效，制造商也不得任意取消销售代理商。所以，一个涉及长期承诺的渠道方案，只有在经济性和控制性都很优越的条件下才可予以考虑。

（五）选择渠道成员

选择中间商首先要确定其能力的标准。对于不同类型的中间商以及它们与企业的关系，应确定不同的评价标准。这些标准包括四个基本方面。

（1）销售能力。要了解该中间商是否有训练有素的销售队伍，其市场渗透力有多强，销售地区有多大，曾经营过哪些其他产品，能为顾客提供哪些服务等。

（2）支付能力。为确保销售商的财务实力，要了解该中间商是否有足够的支付能力。

（3）经营管理能力。要了解中间商的管理人员是否有足够的才干、知识水平和业务经验等。

（4）信誉。要了解中间商在社会上是否得到信任和尊敬，是否愿意和生产厂商真诚合作等。

要了解中间商的上述情况，企业必须收集大量的有关信息。必要时企业可以派人对被选中的中间商进行直接调查。

子任务四　促销策略的选择和运用

促销即促进销售，是指企业利用各种促销方式向市场传递有关产品和服务的信息，以启发、推动和创造对企业产品的需求，并引起消费者购买欲望和购买行为的综合性活动。

在实践中促销方式有很多种，大体可分为两类：人员促销和非人员促销。具体来说，又可以分为四种方式：人员推销、广告、公共关系和营业推广。由于各种促销方式都有其优缺点，因而在促销过程中，企业常常多种促销方式组合运用。

一、促销策略

促销策略是各种促销方式和手段在不断变化的市场环境中的灵活运用和系统谋划。也就是说企业如何通过人员推销、广告、公共关系和营业推广等各种促销手段，向消费者传递产品信息，引起他们的注意和兴趣，激发他们的购买欲望和购买行为，以达到扩大销售的目的。

（一）促销策略的选择

一个好的促销策略，往往能起到多方面作用，如提供信息情况，及时引导采购；激发购买欲望，扩大产品需求；突出产品特点，建立产品形象；维持市场份额，巩固市场地位等。根据促销手段的出发点与作用的不同，促销策略可分为以下几种。

（1）推式策略。推式策略是指利用推销人员与中间商促销，将产品推入渠道的策略。常用的方式有：派出推销人员上门推销产品，提供各种售前、售中、售后服务促销等。推式策略具有风险小、推销周期短、资金回收快等优点，但其前提条件是须有中间商的共识和配合。

推式策略适用于以下几种情况：企业经营规模小，或无足够资金用以执行完善的广告计划；市场较集中，分销渠道短，销售队伍大；产品具有很高的单位价值，如特殊品、选购品等；产品的使用、维修、保养方法需要进行示范。

（2）拉式策略。拉式策略是指企业针对最终消费者展开广告攻势，把产品信息介绍给目标市场的消费者，使人产生强烈的购买欲望，形成急切的市场需求，然后"拉引"中间商纷纷要求经销这种产品的策略。常用的方式有价格促销、广告、展览促销、代销、试销等。

拉式策略适用于以下几种情况：市场广大、产品多属便利品；商品信息必须以最快速度告知广大消费者；对产品的初始需求已呈现出有利的趋势，市场需求日渐上升；产品具有独特性能，与其他产品的区别显而易见；能引起消费者的某种特殊情感；有充分资金用于广告。

（3）推拉结合策略。在通常情况下，企业也可以把上述两种策略配合起来运用，在向中间商进行大力促销的同时，通过广告刺激市场需求。在"推式"促销的同时进行"拉式"促销，用双向的促销努力把商品推向市场，这比单独地利用推式策略或拉式策略更为有效。

大多数消费品企业，在销售其产品时，都采用"推拉"策略，或称混合策略，但由于企业处在不同的发展阶段，其经营目标不同，因而推力和拉力所占的比重不同。

（二）影响促销策略选择的因素

由于不同的促销手段具有不同的特点，企业要想制定出最佳的促销策略，就必须对影响促销的各类因素进行综合考虑与分析。

（1）促销目标。企业在不同时期或不同地区的经营目标不同，因此促销策略的制定要符合企业的促销目标和经营目标，并采用与之对应的促销方式。

（2）产品类型。一般来说，消费品促销时，因市场范围广而更多采取拉式策略，主要依靠广告，然后是营业推广、人员推销和宣传；原料、原材料等工业品因购买者购买批量较大，市场相对集中，则以人员推销为主要形式，然后是销售促进、广告和宣传。

（3）产品生命周期。处在不同时期的产品，促销的重点目标不同，所以采用的促销策略也有所区别。自导入期至成熟期，促销活动十分重要，而在衰退期则可降低促销费用支出，缩小促销规模，以保证足够的利润收入。

（4）市场状况。市场条件不同，促销策略也有所不同。一般来说，市场范围小，潜在顾客较少及产品专用程度较高的市场，应以人员推销为主；而对于用户分散、范围广的市场，则应以广告宣传为主。

（5）促销预算。企业开展促销活动，必然要支付一定的费用，并且企业能够用于促销活动的费用是有限的。企业确定的促销预算额应该是企业有能力负担的，而且是能够适应竞争需要的。确定促销预算额时，除了考虑营业额的多少外，还应考虑其他影响促销的因素。

二、人员推销

人员推销是指通过推销人员深入中间商或消费者进行直接的宣传推广，使中间商或消费者采取购买行为的促销方式。在市场经济高度发达的现代社会，人员推销这种古老的推销方式，仍然不失为一种重要且有效的一种促销形式。

（一）推销对象

推销对象是人员推销活动中接受推销的主体，是推销人员说服的对象。

（1）向消费者推销。向消费者推销产品必须对消费者有所了解。为此，要掌握消费者的年龄、性别、民族、职业、宗教信仰等基本情况，进而了解消费者的购买欲望、购买能力、购买特点和习惯等，并且，要注意消费者的心理反应。对不同的消费者，施以不同的推销技巧。

（2）向生产用户推销。将产品推向生产用户的必备条件是熟悉生产用户的有关情况，包括生产用户的生产规模、人员构成、经营管理水平、产品设计与制作过程及资金情况等。在此前提下，推销人员还要善于准确而恰当地说明产品的优点；并能对使用该产品后的效益做简要分析；同时，推销人员还应帮助生产用户解决疑难问题，以取得用户信任。

（3）向中间商推销。与生产用户一样，中间商的购买行为也属于理智型。这就需要推销人员具备相当的业务知识和较高的推销技巧。在向中间商推销产品时，首先要了解中间商的类型、业务特点、经营规模、经济实力以及他们在整个分销渠道中的地位；其次应向中间商提供有关信息，给中间商提供帮助，建立友谊，扩大销售。

（二）人员推销的基本形式

（1）上门推销。由销售人员携带产品的样品、说明书和订单等走访顾客，推销产品。这种推销形式可以针对顾客的需求提供有效的服务、方便顾客，为顾客所广泛认可和接受。

（2）柜台推销。企业在适当地点设固定的门市，由营业员接待进入门市的顾客，推销产品。由于门市里的产品种类齐全，能满足顾客多方面的购买需求，为顾客提供较多的购买方便，因而顾客比较乐意接受这种方式。适合于零星小商品、贵重商品和易损坏商品的推销。

（3）会议推销。利用各种会议向与会人员宣传和介绍产品，开展推销活动。这种会议形式接触面广、推销集中，可以同时向多个推销对象推销产品，成交额较大，推销效果好。

（三）人员推销的基本策略

（1）试探性策略（也称"刺激—反应"策略）。这种策略是在不了解顾客的情况下，推销人员运用刺激性手段引发顾客产生购买行为的策略。第一次拜访几乎大部分推销员都使用此种策略，因为推销员对客户的情况知之甚少，只能试探顾客反应。

（2）针对性策略（也称"配方—成交"策略）。在基本了解顾客某些情况的前提下，有针对性地对顾客进行宣传、介绍，以引起顾客的兴趣和好感，从而达到成交的目的。运用此策略时，要注意言辞恳切，实事求是，以理服人，对症下药，使顾客产生信任感，愉快地购买。

（3）诱导性策略（也称"诱发—满足"策略）。用能激起顾客某种需求的说服方法，诱导顾客产生购买行为。这种策略是一种创造性推销策略，它对推销人员要求较高，要求推销人员能够因势利导，诱发、唤起顾客的需求，并能不失时机地宣传、介绍和推荐所推销的产品，以满足顾客对产品的需求。

三、广告

广告是指通过大众传播媒介进行有关商品、劳务等方面的促销活动。

（一）广告媒体选择

选择最佳的媒体与媒体组合，用尽可能少的费用实现广告目标。

（1）按目标市场选择。若以全国范围为目标市场，就应在全国范围内开展广告宣传，媒体的选择应寻求覆盖面大、影响面广的传播媒体。若以特定细分市场为目标市场，则此时考虑的重点是传播媒体能够有效地覆盖与影响这一特定的目标市场。

（2）按产品特性选择。不同产品适用于不同的广告媒体，因此，应按产品的特性慎重选择广告媒体。一般来说，硬性产品（工业产品）多属于理智型购买品，技术性较强，宜选择专业杂志等；软性产品（生活消费品）多属于情感型购买品，适宜选择广播、电视、报纸杂志、网络等媒体。

（3）按产品消费者层选择。一般来说，软性产品均有其较为固定的消费者层即特定的使用对象，因此广告媒体选择应根据其目标指向性，确定消费者层喜欢的媒体。例如：一种新型美容系列化妆品的广告，其使用对象是女性，主要购买者是青年女性。根据这一特性，就可以选择年轻女性最喜欢的传播媒体来发布该产品的广告。

（4）按广告预算选择。这种方法，就是按照广告主投入广告成本的额度进行传播媒体的选择。每一广告主的广告预算都是不同的，这就决定了对广告媒体的选择必须量力而行。

阅读延伸

新媒体营销

新媒体（new media）是一个相对的概念，是报刊、广播、电视等传统媒体以后发展起来的新的媒体形态，包括网络媒体、手机媒体、数字电视等。新媒体也是一个宽泛的概念，是利用数字技术、网络技术，通过互联网、宽带局域网、无线通信网、卫星等渠道，以及计算机、手机、数字电视机等终端，向用户提供信息和娱乐服务。严格地说，新媒体应该称为数字化新媒体。新媒体营销是指利用新媒体平台进行营销的模式。新媒体以其形式丰富、互动性强、渠道广泛、覆盖率高、精准到达、性价比高、推广方便等特点，在现代营销活动中占据越来越重要的位置。新媒体营销的主要传播推广渠道如下。

（1）搜索引擎营销。这是全面有效地利用搜索引擎来进行网络营销和推广的影响方法。作为新媒体营销中主要的营销手段之一，其拥有巨大的用户访问量。搜索引擎营销不仅使消费者在使用搜索引擎的方式获取有价信息方面变得轻松自如，而且企业利用了这种被用户检索的机会可以使企业能够及时、准确地向目标客户群体传递各种产品与服务信息，挖掘更多的潜在客户，帮助企业实现更高的转化率。搜索引擎营销的主要模式大致可以分为四种：搜索引擎登录、搜索引擎优化、关键词广告和竞价排名。

（2）微博营销。这是利用以 140 字左右的文字更新信息，并实现即时分享的新型的媒体。企业通过每天更新的内容跟大家交流，或者发起大家所感兴趣的话题，同时发布宣传企业新闻、产品、文化等企业相关信息，慢慢地形成一个固定互动交流圈子，从而达到营销的目的。2010 年 4 月，twitter 还正式推出网站广告新平台，允许广告商在 twitter 搜索页面上付费刊登广告信息，向大规模营收迈出第一步。在中国，微博发展惊人，目前已有包括戴尔、东航、欧莱雅和 VANCL 等对互联网营销敏感的企业在新浪微博上开辟试验田，通过病毒式营销手段，塑造品牌效应，提升销售量。

（3）SNS 营销。SNS，全称 social networking services，即社会性网络服务，如中国人人网、开心网等都是 SNS 型网站。这些网站旨在帮助人们建立社会性网络的互联网应用服务。SNS 营销是随着网络社区化而兴起的营销方式。SNS 社区在中国快速发展时间并不长，但是SNS 现在已经成为备受广大用户欢迎的一种网络交际模式。SNS 营销就是利用 SNS 网站的分享和共享功能，在六维理论的基础上实现的一种营销。通过病毒式传播的手段，让企业的产品、品牌、服务等信息被更多的人知道。

（4）BBS营销。又称论坛营销，就是利用论坛这种网络交流平台，通过文字、图片、视频等方式传播企业品牌、产品和服务的信息，从而让目标客户更加深刻地了解企业的产品和服务，最终达到宣传企业品牌、产品和服务的效果、加深市场认知度的网络营销活动。

BBS营销就是利用论坛的人气，通过专业的论坛帖子策划、撰写、发放、监测、汇报流程，在论坛空间提供高效传播（包括各种置顶帖、普通帖、连环帖、论战帖、多图帖、视频帖等），再利用论坛强大的聚众能力，利用论坛作为平台举办各类踩楼、灌水、帖图、视频等活动，调动网友与品牌之间的互动，从而达到企业品牌传播和产品销售的目的。

（5）微信营销。这是网络经济时代企业或个人营销模式的一种，是伴随微信的火热而兴起的一种网络营销方式。微信不存在距离的限制，用户注册微信后，可与周围同样注册的"朋友"形成一种联系，订阅自己所需的信息，商家通过提供用户需要的信息，推广自己的产品，从而实现点对点的营销。微信营销主要体现在以安卓系统、苹果系统的手机或者平板电脑中的移动客户端进行的区域定位营销，目前已经形成了一种主流的线上线下微信互动的营销方式。

资料来源：

https://baike.baidu.com/item/%E6%96%B0%E5%AA%92%E4%BD%93%E8%90%A5%E9%94%80/1845425？fr=aladdin.

（二）广告时机选择

相对于产品的入市时间，广告推出的时机有以下三种选择。

（1）提前推出。即广告早于商品进入市场，目的在于事先制造声势，先声夺人，让消费者在商品未上市时就翘首以待，等到商品在市场出现时，即可形成旺销。如康师傅方便面曾火爆京城，采用的就是这种先声夺人的策略。

（2）即时推出。即广告与商品同时推向市场，是零售商店或展销会期间常用的方法，满足了消费者对新产品即购的心态，其广告效果显现及时。

（3）置后推出。产品先行上市试销后，根据销售情况分析把握产品的市场规模与销售潜力，决定广告投入的时机与数量。这是一种较稳妥的广告发布策略，可能在目标市场上更为准确。

 **案例展示**

中小企业的大广告

这是一个规模很小的食品公司，生产资金只有十几万元；但老总却很有信心，在单位的文化墙上写着要做这座城市辣酱第一品牌的豪言壮语，时刻激励员工的信心。

辣酱上市之前，老总寻思着给辣酱做宣传广告。他本来想在这座城市某个热闹的街头租一个超大的、显眼的广告牌，标上他们的产品，让所有从这里走过的人一下子都能注意它，并从此认识他们的辣酱。但是当他和广告公司接触后，才发现市中心广告位的价格远远高于他的想象，他那小小的企业承担不起这天价的广告费。

可是他并没有失望，而是不停地到处打探，试图能发掘出哪里有便宜而且实惠的广告位置。经过反复寻找，他终于看好一个城门路口的广告牌。

那里是一个十字路口，车辆川流不息；但遗憾是，路人行色匆匆，眼睛只顾盯着红绿灯和疾驶的车辆。在这里做广告很难保证有很好的效果。打探了一下价格，是几万元，老总却很满意，于是就租了下来。

对于老总这个举措，员工们纷纷提出质疑，但老总只是笑而不答，仿佛一切成竹在胸。旧广告很快撤下来，员工们以为第二天就能看到他们的辣酱广告了。然而，第二天，员工们看到广告牌上根本就没有他们的辣酱广告，上面赫然写着："好位置，当然只等贵客。此广告招租 88 万/全年。"

天哪，这样的价格该是这座城市最贵的广告位了吧！天价招牌的冲击力似乎毋庸置疑，每个从这里路过的人似乎都不自觉地停住脚步看上一眼。口耳相传，渐渐地，很多人都知道了这个十字路口上有个贵得离谱的广告位虚席以待，甚至当地报纸都给予了极大关注……

一个月后，"爽口"牌辣酱的广告登了上去。辣酱厂的员工终于明白了老总的心计，无不交口称赞。辣酱的市场迅速打开，因为那"88 万/全年"的广告价格早已家喻户晓。"爽口"牌辣酱成为这座城市的知名品牌。老总把原先的口号擦去，换成了要做中国第一品牌的口号。一位员工问他："我们还不是这个城市的第一品牌，为什么要换呢？"

老总意味深长地回答说："价值只有在流通中才能得以体现，但价值的标尺却永远在别人手中。别人永远不会赋予你理想的价值，你必须自己主动去做一块招牌，适当地放大自己的价值！"

资料来源：孙燕. 小厂巧做大广告［J］. 生意通，2007（7）.

（三）广告时限选择

根据广告时间的不同，广告时限选择可分为集中时间、均衡时间、季节时间、节假日时间等策略。

（1）集中时间策略。这是集中力量在短期内对目标市场进行突击性的广告攻势。其目的在于迅速造成广告声势，扩大广告影响，提高产品或企业的声誉。这种策略适用于新产品投入市场前后，新企业开张前后、流行性商品上市前后，或在广告竞争激烈时刻，以及商品销售量急剧下降的时刻。运用此策略时，一般运用媒介组合方式，掀起广告高潮。

（2）均衡时间策略。这是有计划地反复对目标市场进行广告的策略，其目的是持续地加深消费者对商品或企业的印象，保持潜在消费者的记忆，挖掘市场潜力，扩大商品的知名度。在运用均衡广告策略时一定要注意广告表现的变化，不断予人以新鲜感，而不要长期地重复同一广告内容，广告的频度也要疏密有致，不要予人以单调感。

（3）季节时间策略。主要用于季节性强的商品，一般在销售旺季到来之前就要开展广告活动，为销售旺季的到来做好信息准备和心理准备。在销售旺季，广告活动达到高峰，而旺季一过，广告便可停止。这类广告策略要求掌握好季节性商品的变化规律。过早开展广告活动，会造成广告费的浪费，而过迟，则会延误时机，直接影响商品销售。

（4）节假日时间策略。这是零售企业和服务行业常用的广告时间策略。一般在节假日之前数天便开展广告活动，而节假日一到，广告即告停止。这类广告要求有特色，把品种、价格、服务时间及异乎寻常之处的信息突出地、迅速地和及时地告诉消费者。

广告创意策略

典型的广告创意策略，能够为营销者提供一个十分有用的框架。

（1）一般性策略。公司在某一产品领域占绝对优势时采用。如双汇持续宣称所提供的"冷鲜肉"是安全的、味道更好，而不需强调与竞争对手的差异，因为它们不值得一提。

（2）先入为主策略。在众多的竞争产品中，为了将自己的产品与他人区别开来，先入为主地宣传自己的特点。如农夫果园宣称"有三种水果在里面，喝前摇一摇"，彰显与其他果汁饮料的不同。

（3）独特销售主张策略。产品具备一种有意义的、不寻常的、符合消费者需要的功能或利益，并可做声明时，可利用广告给消费者一个建议。例如："白加黑"感冒药利用"白天服白片不瞌睡，晚上服黑片睡得香"的广告语来表明自身的与众不同。

（4）品牌形象策略。在产品同质化日趋严重的情况下，在人们的心目中树立起企业良好的声誉和形象，就显得比产品的销售更加重要。也就是说，广告创意已经从产品至上时代进入了形象至上的时代。例如：万宝路牛仔形象、IBM 的服务等。

（5）定位策略。运用广告创造出产品在消费者心目中的独有位置。例如：宝洁公司几大洗发水品牌在消费者心目中的独特位置。

（6）回声策略。广告诉求既非产品说辞，也非品牌形象，而是企图激起受众对过去或现在体验的回想或共鸣（也称为共鸣策略）。例如：南方黑芝麻糊的广告并不诉求产品如何美味可口、价格合适，而是展示了一个成功男士对自己孩童时代熟悉场景的回忆和浮想联翩，由此来激发目标受众对怀旧情感的共鸣。

（7）情感策略。为减少理性诉求所带来的抵抗情绪，运用适当的情感诉求激发受众的情感，吸引受众的注意，并使其感到愉悦和欣慰。例如："非常可乐，中国人自己的可乐""中国人坐中国的红旗车"等一类的广告语，更能激发起受众的民族精神和爱国主义情感。

资料来源：高中玖，毕思勇.市场营销［M］.北京：北京理工大学出版社，2015.

四、公共关系

公共关系是指社会组织为改善其与社会公众的关系，促进公众对组织的认识、理解及支持，达到树立良好组织形象、促进商品销售目的的一系列公共活动。

（一）公共关系的构成要素

（1）公共关系的主体——社会组织。公共关系是一种组织活动，而不是个人行为。因此，社会组织是公共关系活动的主体，是公共关系的实施者、承担者。如某公司总裁以个人名义捐款，这是个人行为，而不是公共关系；但当他以公司的名义捐款时，我们便可把这种行为理解为一种旨在提高组织（公司）的知名度和美誉度、扩大组织影响力的公共关系行为。

（2）公共关系的客体——公众。公众是指与特定的公共关系主体相联系的个人、群体或组织的总和，是公共关系传播和沟通的对象。在企业公共关系中，作为公关对象的各类公众，主要包括内部公众、顾客公众、媒介公众、政府公众、社区公众、金融组织、竞争对手等。

（3）公共关系的手段——传播。公共关系传播，是指社会组织利用各种传播媒介、有计划地与公众进行信息交流和情感沟通的活动。公共关系传播的功能是传递信息，影响和改变公众态度，引发公众行为。

（二）公共关系活动程序

公共关系活动表现为日常活动和专项活动两大类。日常活动包括日常接待、例行性事务和临时性工作等。专项活动是指有计划、有系统地运用有关技术、手段达到公共关系目的的专门性活动，如新闻发布会、产品展示会、社会赞助、广告制作与宣传、市场调查、危机公关等。公共关系活动程序包括以下四个步骤。

（1）公共关系调查。公共关系调查是指社会组织通过运用科学方法，搜集公众对组织主体的评价资料，进而对主体公共关系状态进行客观分析的一种公共关系实务活动。公关调查作为公关工作程序的基础步骤和首要环节，对组织的整个公关活动具有重要意义。

（2）公共关系策划。在完成了调查研究以后，公关活动就进入了制订计划阶段。这是公共关系工作中最富有创意的部分。公共关系策划可以分成战略策划和战术策划两个部分。战略策划是指对组织整体形象的规划和设计，因为这个整体形象将会在相当长一段时间内连续使用，关系到组织的长远利益。战术策划则是指对具体公共关系活动的策划与安排，是实现组织战略目标的一个个具体战役。

（3）公共关系实施。计划制订好之后，就进入了实施阶段。公共关系活动的性质非常复杂，但以传播性活动为主。公关传播的方法很多，要获得理想的传播效果，首先需要正确选择传播渠道。

（4）公共关系评估。是对公共关系活动效果的总结评估。所谓总结评估，就是有关专家或机构依据科学的标准和方法，对公共关系的整体策划、准备过程、实施过程以及实施效果进行测量、检查、评估和判断的一种活动。

（三）公共关系策略的选择

公共关系策略的选择，要以组织一定时期的公共关系目标和任务为核心，并针对特定公众的不同特点。公共关系策略可以分为以下两大类。

1. 突出功能的公共关系策略

（1）宣传型公共关系策略。这种策略就是运用各种传播沟通媒介，将需要公众知道和熟悉的信息广泛、迅速地传达到组织内外公众中去，以形成对企业有利的公众舆论和社会环境。这种策略具有较强的主导性、时效性、传播面广、容易操作等特点。选择这种策略时，必须强调应坚持双向沟通和真实客观的原则。常见做法有公关广告、新闻宣传和专题活动。

（2）交际型公共关系策略。这种策略就是运用人际交往，通过人与人的直接接触，深化交往层次，巩固传播效果。实际上就是运用感情投资的方式，与公众互利互惠，为组织建立广泛的社会关系网络。这种策略的特点是直接、灵活、富于人情味。常见的做法有招待会、座谈会、茶话会、宴会、交谈、拜访、信函、馈赠礼物等。应用这一策略时一定要注意不能把一切私人交际活动都作为公共关系活动。

（3）服务型公共关系策略。这种策略就是以向公众提供优质服务为传播途径，通过实际行动获得公众的了解和好评。它的突出特点是用实际行动说话，因而极具说服力。常见的做法有：增加服务种类、扩大服务范围、完善服务态度、扩展服务深度、提高服务效率等。应用这一策略时要注意：言必信，行必果，承诺一定要兑现。

（4）社会型公共关系策略。这是一种以各种社会性、文化性、公益性、赞助性活动为主要内容的公共关系策略，其目的是塑造组织良好的社会形象、模范公民形象，提高组织知名度和美誉度。这一策略的特点是：文化性强、影响力大，但活动成本较高。因此，运用这一策略时要注意量力而行。常见做法有为灾区捐款、赞助文化体育活动、组织大型活动等。

（5）征询型公共关系策略。该策略就是围绕搜集信息、征求意见来开展公共关系活动的。目的是通过掌握公众信息和舆论，为组织的经营决策提供依据。其特点是长期、复杂，且需要耐力、诚意和持之以恒。常见做法有热线电话、有奖征询、问卷调查、民意测验等。

2. 以组织发展阶段为依据的公共关系策略

（1）建设型公共关系策略。这一策略适用于企业初创阶段和开创企业新局面的阶段，如有新产品或新服务面世时，这种策略也适用。其主要做法是高姿态、高频率地宣传和交际，向公众作自我介绍，其目的是在公众中形成良好且深刻的第一印象，提高知名度，扩大影响力，为日后发展奠定基础。

（2）维系型公共关系策略。该策略适用于企业的稳定发展阶段。具体做法是通过各种传播媒介，以较低的姿态持续不断地向公众传达各种信息，使组织的有关形象潜移默化在公众的长期记忆当中。其主要目的在于对已经形成的良好的公关状态进行加固。

（3）防御型公共关系策略。该策略适用于企业与外部环境发生整合上的困难，与公众的关系发生一些摩擦时。其主要功能是防患于未然，防止公共关系失调。具体做法是，发挥内部职能，及时向决策层和各业务部门提供外部信息，特别是反映批评的信息，并提出改进意见，进行全员公关教育，使全体员工从思想到行动上自觉维护组织形象，避免出现漏洞。

（4）矫正型公共关系策略。这一策略适用于公共关系严重失调、企业形象受损时。具体做法是迅速与相关公众（如媒体机构等）取得联系，采取一系列措施做好传播沟通与善后工作，其目的是尽快平息风波，恢复公众对组织的信任，挽回组织声誉，改善被损坏的形象。

（5）进攻型公共关系策略。该策略适用于企业与周围环境发生不协调甚至形成某种冲突时。具体做法是，采取以攻为守的方式，抓住有利时机和条件，主动调整组织政策和相应措施，以改变对原有环境的过分依赖。其主要功能在于摆脱被动局面，开创新局面。

（四）公共关系与组织形象

组织形象是社会公众对组织综合评价后所形成的总体印象。组织形象是公共关系的核心。企业公共关系的目的就是塑造良好的组织形象，获得公众的理解与支持，以促进商品的销售和业务的开展。

1. 组织形象分析

通过舆论调查和民意测验，了解组织在公众中的知名度和美誉度，分析组织形象的状况和差距，以便为组织形象定位和形象设计提供依据。相关指标包括以下几个。

（1）知名度。知名度是社会组织被公众认识和知晓的程度，它是评价组织名气大小的尺度。

（2）美誉度。美誉度是组织获得公众信任、赞美的程度，是评价社会组织好坏的舆论倾向性指标。

（3）认可度。认可度是社会组织在发展运行过程中，获得目标公众态度认可、情感亲和、言语宣传、行为合作的程度，是组织从目标公众出发、开展公共关系工作获得回报的指标。

（4）组织期望形象。组织期望形象是组织期望在公众心目中所树立的社会形象。它是一个社会组织的公共关系工作的内在动力和基本方向，是一个阶段的奋斗目标和另一个阶段的工作起点，是对照检查实际工作和寻找形象差距的重要依据。

（5）组织实际形象。组织实际形象是组织在实施工作计划后达到的形象。它有时候和组织期望形象重叠，有时候又有一段差距；有时候和公众感觉的形象相吻合，有时候又相偏离。

（6）公众感觉形象。公众感觉形象是为公众所普遍认同的形象。一般是通过形象调查所得知，只有了解了社会各类公众对自己组织的反映和评价才能有的放矢地开展形象塑造工程。

2. 企业形象定位

企业形象是指人们通过企业的各种标志（如产品特点、行销策略、人员风格等）建立起来的对企业的总体印象。

企业形象定位是指企业根据环境变化的要求、本企业的实力和竞争对手的实力，选择自己的经营目标及领域、经营理念，为自己设计出一个理想的、独具个性的形象位置。

 **案例展示**

"尿布大王"的形象定位

日本尼西索公司在第二次世界大战结束时只有30多名职工，却生产雨衣、游泳帽、卫生带、尿布等多种产品，品种杂多，缺乏明确的形象定位，生产经营极不稳定。第二次世界大战后的经济恢复和发展为企业带来了契机。有一次，尼西索公司的董事长多川博在考虑市场定位时看到了一份日本的人口普查报告，得知日本每年大约出生250万个婴儿。多川博想，如果每个婴儿用两条尿布，一年就需500万条。如果能够出口，市场就更大了。于是尼西索公司把企业及产品定位于"尿布大王"上，放弃一切与尿布无关的产品。最终，尼西索公司靠明确的形象定位，占得日本70%以上的婴儿尿布市场，成为名副其实的"尿布大王"。由此可见，组织形象要得到公众的认可，首先就必须进行准确的定位。

资料来源：余惕君."尿布大王"的生意经［J］.国际展望，1988（5）.

五、营业推广

营业推广（sales promotion），它是指企业运用各种短期诱因鼓励消费者和中间商购买、经销（或代理）企业产品或服务的促销活动。营业推广是一种适宜于短期推销的促销方法，是企业为鼓励购买、销售商品和劳务而采取的除广告、公关和人员推销之外的所有企业营销活动的总称，是能够迅速刺激需求，鼓励购买的促销形式。

（一）营业推广的常见方式

（1）赠送样品。赠送样品是向消费者赠送样品或试用样品。这些样品可以挨户赠送，在商店和闹市散发，在其他商品中附送，也可以公开广告赠送。优点是容易吸引消费者参与，充分地向目标顾客展示商品的特性，有效提高产品的尝试购买率和重复购买率；缺点是促销成本较高，促销管理难度较大，适用于这种方式的产品比较有限。

（2）赠送代价券。代价券是给持有人一个证明，证明他在购买某一种商品时可以免付一定金额的价款。一般对购买商品达到一定的数量或数额的顾客赠送。赠送代价券有利于刺激消费者使用老产品，也可以鼓励消费者认购新产品。

（3）廉价包装。廉价包装是在商品包装上或招贴上注明比通常包装减价若干。廉价包装可以一件商品单装，也可以几件商品扎在一起，能诱发经济型消费者的需求，对刺激短期销售比较有效。

（4）奖励。可以凭券买一种以低价出售的商品或者凭券免费以示鼓励，或者凭券买某种商品时给买主一定优惠。奖励券可以附加在包装中，也可以把商品包装作为奖励券，还有一种办法，顾客可以凭买过这种商品的证明，如一只瓶盖、一张商标纸，向商店兑换奖励券。

（5）商店陈列和当场表演。这种办法就是在橱窗或货柜前专门布置某种商品，大量陈列或当场表演。可设计、制作节省占地面积的陈列方法，并与印刷品结合起来使用，效果更显著。

（6）交易推广（折扣促销）。制造商为了争取批发商和零售商的合作，可以规定在一定时期内购买某种商品，购货者可以享受一定的购货折扣。这种折扣，可以支付，也可以在发票金额中减除。主要类型有"商品折扣""广告折扣"及"陈列折扣"等。

（7）业务会议和贸易展览。行业协会常为其成员组织年会或其他会议，并同时举办贸易展览。参展厂商能获得多方面的好处，可以借此招徕新主顾、与客户保持联系、介绍新产品等。

（8）租赁与互惠促销。生产并经营房屋、设备、机器等商品的企业，把商品让渡给买方使用，将其价值分散收回，买方得到固定资产的支配权和使用权，组织生产经营，将提取的折旧逐渐地偿还卖方，这些方法有助于解决某些机器设备，特别是高价大型设备的供求矛盾。

（9）竞赛、摸奖和游戏。这些办法是让中间商或推销人员通过他们的努力有机会得到一些好处。例如：现金奖励、旅游机会或者商品奖励；对于消费者可以组织购买竞赛等。

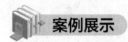 **案例展示**

毛姆的作品推广

毛姆是英国著名的作家，他一生著书颇丰，享有世界声誉。可是一开始并不是这样，他写了很多作品，非常好，但就是销路不畅。他很着急，就开动脑筋想办法。一天，他突然想到一个好办法，在一家发行量大的报纸上，登了一则征婚启事："本人是一位年轻有教养，爱好广泛的百万富翁，希望找一位与毛姆小说中的女主角一样的女性结婚。"这个启事一登出来，毛姆的小说被抢购一空，一版再版；而毛姆也一夜之间，全国皆知，家喻户晓。

资料来源：张敏，张震. 由"毛姆征婚"想到侧向思维［N］. 解放军报，2008-04-18（3）.

（二）营业推广的活动设计

恰当地选择某种推广方式只是企业开展营业推广活动的一项工作，要使营业推广活动取得预期效果，还需要对营业推广的活动设计作通盘考虑，才能制造出具有影响力的、有效的行动方案，以达到激励士气、促进销售的目的。

（1）预期效果设计。它是企业在一定时期内预期完成的销售任务和预期取得的销售成果，是整个营业推广活动的指南。营业推广的预期效果可以是销售额、销售量、利润额、市场占有率，也可以是知名度、信誉等。营业推广的预期效果需要经过科学认真的筹划才能确定。同时，为了确保预期效果的实现，还常把总任务分解成各阶段的具体任务以明确责任。

（2）对象设计。首先，要确定参与对象的基本条件，即营业推广是针对哪些人开展的。其次，要使参与者明确推广方式各阶段的效果，使其知道自己将得到什么，得到多少利益，目的明确，避免误解出现。最后，要做好组织内的协调组织工作。营业推广是零售企业的一项系统性的促销工作，不可能由一个人或一个部门完成，因此应建立专门的机构或小组，把企业内部的各类人员相互协调起来，以保证营业推广活动的顺利进行。

（3）规模设计。不论何种方式的营业推广，其目的都是鼓励顾客尽快达到最大交易量，使企业赚钱。只不过是赚钱的方式不同而已，或薄利多销，或减少商品保管费用和银行利息，或以样品代替广告等。因此，确定营业推广规模要考虑的总体策略是盈利策略，在确定优惠及让利时，必须掌握好"最利点"。

（4）时间设计。确定营业推广的时间一般须考虑开展推广的时机和持续时间的长短两个因素。从推广时机上看，营业推广的最佳时机是节假日及纪念日，此时消费者有较多的空暇时间，购物机会多，同时对某些商品有更多的主动关注，促销效果比较理想。从持续时间上看，尽管营业推广是零售企业的一种经常性促销活动，但就其一种具体方式而言，却常常是阶段性的，有一定的时间期限。据美国一些研究人员的调查表明，理想的营业推广持续时间为每季度使用 3 周时间，每一次推广的最佳时间长度为消费者的平均购买周期。

（5）途径设计。当上述内容确定后，企业必然要考虑以何种媒体和途径向外扩散自己的信息，使目标顾客产生企业预期的举动。营业推广方式传递信息的途径不同、费用不同，达到的目标和效果也不相同。企业应认真分析各种途径的利弊，统筹兼顾，针对目标顾客，采取既节省又高效的营业推广途径。

（6）营业推广方案的检验。营业推广一般都有较高的期望值，且影响较大，一旦失误，调整和挽救都是十分困难的，因此企业需要通过测试来检验。经常运用的检验方法有两种，一是邀请部分消费者以评价或打分的形式了解问题；二是在有限的地区范围内做试用性的测试并进行前后对比分析，当检验情况良好时，即可将营业推广方案正式实施。

总之，营业推广是企业一项经常性的促销活动，企业不仅要认真选择和有效地运用每一种推广方式，同时还要对每次营业推广活动的实施情况进行跟踪反馈和效果评价，了解每次活动的效果、成功和不足，总结经验和教训，以便把下一次的营业推广活动搞得更好，使自己走在竞争的前列。

子任务五　中小企业如何进行营销推广

一、中小企业的营销特点

（1）规模小，环境适应性强。中小企业由于规模小、投入少、技术装备简单、产品经营单一，因而它能适应市场环境的不断变化，及时调整生产结构，即"船小好调头"。在日本，中小企业每年的转产率在 10% 以上，充分体现了中小企业反应快、应变能力强的特点。

（2）善于在社会夹缝中求生存、谋发展。一般而言，由于中小企业在生产中批量小、消耗多、成本高，所以同种产品往往竞争不过大企业。但是，社会是一个广阔的大市场，不可能全部被大企业所占领，总有大企业无暇顾及的市场空隙，这就给中小企业留下了生存发展的机会。中小企业总是利用反应快、应变能力强的优势，出其不意推出新产品，来占领市场，赢得顾客。

（3）事业专门，独树一帜。中小企业虽然不如大企业的技术力量雄厚，但中小企业常常是各攻一门专业技术和一种系列产品，不搞小而全，而是使其产品专业化、精尖化。"船小不到大海中去同大船相争捕鱼，而是在小河里捕捞大鱼"，这是中小企业能在市场上占有一席之地、赖以生存和发展的诀窍之一。

（4）技术上勇于创新，产品更新换代快。中小企业为了在市场竞争中站稳脚跟，并持续发展，十分重视技术创新和技术进步的新动向，善于将新技术、新工艺、新材料、新设备运用到生产经营过程中，促进产品的更新换代。在美国中小企业的创新率为每百万雇员 322 项，大企业则为 255 项。中小企业的创新率在机器、化工和高技术行业更高。中小企业是一支重要的技术创新力量，是迎接世界新的技术革命的尖兵。

（5）就地取材、就地加工、就地销售，营销费用较低。中小企业分布于全国各个角落，因而可以充分利用分散的自然资源，做到就地加工、就地销售，这不仅可以缓解交通运输的紧张状况，还可以节省运费，降低产品成本。就地销售再加上中小企业良好的售后服务，更能赢得消费者的信任，提高市场占有率。

以上是中小企的业务优势。但是，在我国，中小企业客观上也存在高素质人员少、技术水平低、生产条件差、设备陈旧老化、经营管理落后及基础工作薄弱的状况。这些构成中小企业的劣势，不利于中小企业市场营销活动的顺利进行。

二、中小企业的营销观

中小企业的营销观取决于中小企业的营销特点。中小企业的营销观，从总体上说就是以消费者需求为中心，着眼于企业长期的生存和发展，充分发挥"小、快、灵"的优势，做大企业想不到、不想干或想干而干不了的事。

（1）市场导向。中小企业要顺应消费需求的变化，以消费者为中心，跟着市场走。因为消费者是企业得以生存的主宰，消费者满意是企业兴旺的根本。所以企业产品的设计、价格、分销与促销活动都应以消费需求为出发点，做到消费者需要什么就生产什么，需要多少就生产多少，何时需要就何时生产，并采取正确的营销方式满足消费者的需求。

（2）灵活多变。中小企业应利用经营规模小、环境适应性与应变能力强的优势，积极发现市场机会，抓住时机，及时进行产品结构调整和资金转移，做到"人无我有，人有我优，人优我全，人全我新，人新我转""以万变应千变"。只有如此，才能适应市场需求的变化，才能在激烈的市场竞争中立于不败。

（3）集中兵力。消费需求的多样性与企业资源的有限性使任何企业都没有能力满足消费者的所有需要。所以资金实力、生产能力较弱的中小企业，不可能占有一个大的整体市场，也不能分散兵力于多个细分市场。应该在分析市场经营环境和自身经营条件的前提下，集中兵力，把有限的资源投入到一定的目标市场。但集中会带来风险，选择目标市场要切实可行。

（4）富于个性。中小企业规模小、成本高、竞争能力差的劣势，决定了中小企业不宜采用大众化的营销方式，面对面地与大企业直接竞争。中小企业应遵循"一招鲜，吃遍天"的古训，采用"优质服务""专利经营""品质超群""物美价廉"等富于个性的营销方式，以特色经营、优势营销去占领市场和争取消费者。

（5）拾遗补阙。中小企业实力弱，资源有限，所以在选择目标市场时，应选择市场的边缘地带或者在市场空隙中寻找发展的机会，利用"船小好调头"的优势拾市场之遗留，补市场之空缺，在夹缝中求生存和发展。

三、中小企业的营销策略

中小企业只有采取恰当的营销策略，进行准确的市场定位，找准自己的位置，争取在技术、产品和服务上能够独树一帜，才能在激烈的市场竞争中求得生存和发展。

1. 拾遗补阙策略

拾遗补阙策略就是中小企业避开与强大竞争对手的直接对抗，见缝插针，将其位置定于某市场空隙，开发目前市场上还没有人生产经营、但消费者确实需要的产品或项目，开辟新的市场领域。实践证明，中小企业不去侵犯大企业的市场而是积极地寻找市场空隙是其在竞争中得以继续生存并成功的原因之一。

中小企业应充分把握市场需求变化，利用经营机制灵活的特点，进入大企业尚未涉及的新兴的市场领域；发挥贴近市场的优势，活跃于竞争变化十分激烈的领域；集中力量参与那些大企业不愿涉足的批量小、品种多、零销微利领域的生产经营。

由于拾遗补阙策略远离竞争激烈的市场，专找市场空隙——有消费需求、但长期被忽视的市场去开发、去满足，所以市场风险相对较小，成功率很高。拾遗补阙策略一旦成功，能够迅速在市场上站稳脚跟，并能在消费者心目中树立起第一的形象。

采用拾遗补阙策略的企业应该注意以下问题：要摸清大企业不愿涉足的"真空地带"的真实状况；要开发的产品、要上的项目有无市场需求，市场需求有多大；本企业的实力如何，要开发的产品或项目在经济上、技术上是否切实可行。

2. 突出特色策略

突出特色策略就是根据企业的经营条件和所处的经营环境，采取一定的措施在某一方面突出自己的特色和风格，表现出差异性。也就是中小企业要在竞争中取得优势，就不能循常规，随大流，而应当千方百计地闯出自己独特的路子。

（1）产品上的特色。在产品的品种型号、规格、花色、包装上另辟蹊径，使产品表现出差异性。在实体产品大体相同的情况下，或是开发具有特色的新产品取胜，或是靠优质的服务、良好的企业形象取胜，或是以物美价廉取胜等。如我国向西方国家出口的玩具，现代化的玩具目前尚不能与西方各国抗衡，但具有民族特色的玩具——布缝小狮、小猴、熊猫等，小巧玲珑，别具风姿，深受各国儿童的欢迎，具有较强的竞争力。

（2）技术上的特色。如拥有专利技术、专有技术，或多年研究出来的精良技术，长期处于领先地位，其他企业无法跟上。

（3）市场上的特色。如占领特定的目标市场。有家经营平淡的小型女装店，在改为专门产销中老年妇女服装后，从此生意红火起来。

3. 技术创新策略

技术创新策略是把高新技术与中小企业的灵活性相结合的一种策略，是以科学技术的日新月异为背景的。技术创新是中小企业的生存之根，是中小企业汲取营养的过程。这一创新过程不仅给予企业赖以生存的物质基础，也给予企业兴盛的精神之光。在物质上，创新能给企业带来丰厚的利润；在精神上，创新能使企业面貌一新，人才辈出。

中小企业进行技术创新的可能性大，不可控因素多，相应风险也大，因此采用这种策略的中小企业必须具备以下的条件：知识密集程度高，高水平技术人员多，能形成技术雄厚的绝对优势；应变能力强，面对激烈的竞争能迅速做出反应；信息渠道畅通，能从纷繁复杂的消息、资料、数据中选择出有价值的信息，并有90%的技术创新的内容能从各种信息渠道取得；要有相应的足额的资金作保证。

4. 卫星式策略

卫星式策略又称依附策略，就是以一家大型企业或中大型企业为龙头，周围众多的中小企业为之供应零配件或从事某一道工序的加工。在社会化大生产中，生产的专业与各种形式的协作，是市场经济发展的内在要求。中小企业依附于大企业实行专业化分工协作也是一种必然的趋势。当前，我国的许多中小企业为克服势单力薄的弱点，正在兴起一股与大企业协作生产，共同打天下的热潮。

卫星式策略的好处有：专业化的协作生产，使中小企业的产品开发明确、单一，能够保证供销渠道；依靠大企业的技术实力和开发能力，能够突破中小企业自身在资金、人才、设备、情报等方面的制约，形成相互促进、协调发展的局面；能够节约众多协作生产的各个企业的资金、人才和时间。

值得注意的是，采取卫星式策略的中小企业，应当正确理解"依附"与发展的关系。依附的目的是发展，是为了逐步提高中小企业自身的生产经营水平和产品的开发能力，绝对不能丧失自身发展的自主权和主动权，这样才能确保当所依附企业的发展趋于停顿或衰退时中小企业应有的应变能力。

5. 联合式策略

这是在单个中小企业资本薄弱、生产技术水平低下、难以形成规模经济效益时，由两个或两个以上的中小企业之间，中小企业与大专院校、科研机构之间采取的联合营销策略。

联合式策略具有两个明显的优点：一是各个中小企业联合营销后，在资金、技术、管理上可以取长补短，优势互补；二是有利于形成规模经济效益，增强市场竞争力。目前，我国一些中小企业已经与大专院校、科研机构进行了成功的联合，有的已形成有力的企业集团，取得了良好的社会效益和经济效益。

西铁城手表——如何打入了
世界名表行列

"互联网"时代
中小企业市场营销模式

 案例赏析 **麦当劳瞄准细分市场需求**

麦当劳作为一家国际餐饮巨头，创始于20世纪50年代中期的美国。由于当时创始人及时抓住了高速发展的美国经济的工薪阶层需要方便快捷的饮食良机，并且瞄准细分市场需求特征，对产品进行准确定位而一举成功。回顾麦当劳公司发展历程后发现，麦当劳一直非常重视市场细分，而正是这一点让它取得了令世人惊羡的巨大成功。

（一）麦当劳根据地理要素细分市场

麦当劳有美国国内和国际两个市场，而不管是在国内还是国外的顾客，都有各自不同的饮食习惯和文化背景。麦当劳进行地理细分，主要是分析各区域的差异，如美国东西部的人喝的咖啡口味是不一样的。通过把市场细分为不同的地理单位进行经营活动，从而做到因地制宜。

每年，麦当劳都要花费大量的资金进行认真的、严格的市场调研，研究各地的人群组合、文化习俗等，再书写详细的细分报告，以使每个国家或地区都有一种适合当地生活方式的市场策略。例如：麦当劳刚进入中国市场时大量传播美国文化和生活理念，并以美国式产品牛肉汉堡来征服中国人。但中国人爱吃鸡，与其他洋快餐相比，鸡肉产品也更符合中国人的口味，更加容易被中国人所接受。针对这一情况，麦当劳改变了原来的策略，推出了鸡肉产品。在全世界从来只卖牛肉产品的麦当劳也开始卖鸡了。这一改变正是针对地理要素所做的，也加快了麦当劳在中国市场的发展步伐。

（二）麦当劳根据人口要素细分市场

通常人口细分市场主要根据年龄、性别、家庭人口、生命周期、收入、职业、教育、宗教、种族、国籍等相关变量，把市场分割成若干整体。而麦当劳对人口要素细分主要是从年龄及生命周期阶段对人口市场进行细分，其中，将不到开车年龄的划定为少年市场，将20～40岁之间的年轻人界定为青年市场，还划定了老年市场。

人口市场划定以后，要分析不同市场的特征与定位。例如：麦当劳以孩子为中心，把孩子作为主要消费者，十分注重培养他们的消费忠诚度。在餐厅用餐的小朋友，经常会意外获得印有麦当劳标志的气球、折纸等小礼物。在中国，还有麦当劳叔叔俱乐部，参加者为3～12岁的小朋友，定期开展活动，让小朋友更加喜爱麦当劳。这便是相当成功的人口细分，抓住了该市场的特征与定位。

（三）麦当劳根据心理要素细分市场

根据人们生活方式划分，快餐业通常有两个潜在的细分市场：方便型和休闲型。在这两个方面，麦当劳都做得很好。

例如：针对方便型市场，麦当劳提出"59秒快速服务"，即从顾客开始点餐到拿着食品离开柜台标准时间为59秒，不得超过一分钟。

针对休闲型市场，麦当劳对餐厅店堂布置得非常讲究，尽量做到让顾客觉得舒适自在，努力使顾客把麦当劳当作一个具有独特文化的休闲好去处，以吸引休闲型市场的消费者群。

【案例总结】

通过案例分析，麦当劳对地理、人口、心理要素的市场细分是相当成功的，不仅在这方面积累了丰富的经验，还注入了许多自己的创新，从而继续保持着餐饮霸主的地位。当然，在三要素上如果继续深耕细作，更可以在未来市场上保持住自己的核心竞争力。

资料来源：高中玖，毕思勇. 市场营销［M］. 北京：北京理工大学出版社，2015.

 **同步测试**

一、单项选择题

1. 资生堂无差异的大众营销转向个别营销，提出"体贴不同岁月的脸" 是按照（   ）标准细分市场。

A. 地理细分   B. 人口细分   C. 心理细分   D. 行为细分

2. 把整体市场当作一个大的目标市场，只向市场推出单一的标准化产品，并以统一的营销方式进行销售的营销策略为（　　）。

A. 无差异性营销策略　　　　　　　　　B. 差异性营销策略

C. 集中性营销策略

3. （　　）是指顾客购买形式产品和期望产品时，附带获得的各种利益的总和，包括产品说明书、保证、安装、维修、送货、技术培训等。

A. 核心产品　　　　　B. 形式产品　　　　C. 延伸产品　　　　D. 整体产品

4. 尾数定价属于（　　）定价策略

A. 折扣定价策略　　　B. 地区定价策略　　C. 心理定价策略　　D. 差别定价策略

5. 多见于消费品分销的"批发商—零售商—消费者"分销模式属于（　　）。

A. 零阶渠道　　　　　B. 一阶渠道　　　　C. 二阶渠道　　　　D. 三阶渠道

二、多项选择题

1. 营销环境分析包括（　　）。

A. 宏观环境　　　　　B. 工作环境　　　　C. 作业环境　　　　D. 微观环境

E. 天然环境

2. 营销企业营销策略选择的因素包括（　　）。

A. 企业资源　　　　　　　　　　　　　　B. 产品特点

C. 市场特性　　　　　　　　　　　　　　D. 产品所处的市场生命周期阶段

E. 竞争者的状况及策略

3. 市场定位战略包括（　　）。

A. 针锋相对式定位　　　　　　　　　　　B. 另辟蹊径式定位

C. 填空补缺式定位　　　　　　　　　　　D. 重新定位

E. 差异性定位

4. 分销渠道类型和策略的选择，受（　　）的制约。

A. 产品因素　　　B. 市场因素　　　C. 企业因素　　　D. 中间商因素

E. 社会环境因素

5. 根据促销手段的出发点与作用的不同，促销策略可分为（　　）。

A. 推式策略　　　　　B. 拉式策略　　　C. 推拉结合策略　　D. 人员推销策略

三、简答题

1. 简述中小企业市场定位的步骤。

2. 简述中小企业定价因素包括哪些内容。

3. 如何进行分销渠道的设计？

4. 营业推广的活动设计包括哪些内容？

5. 简述中小企业的营销策略。

项目二同步测试参考答案

项目三

中小企业物流管理

 **学习** 目标

　　（1）了解现代物流管理的含义、类型、特征及发展趋势，明确现代物流的基本模式，并能根据企业的具体情况选择合适的物流模式。

　　（2）了解中小企业物流管理的现状，明确中小企业第三方物流的重要性、第三方物流服务的主要内容及特征，掌握中小企业物流外包及第三方物流公司选择的基本方法，明确物流成本控制及物流费用节约的基本途径。

项目 介绍

　　随着市场竞争的不断加剧，企业之间的竞争已经由单纯的市场开拓扩大到物流管理优化上。物流管理的根本目的是降低物流成本，最大限度追求企业利润。好的物流管理，可以为企业降低成本、提高企业效益，为企业带来新的利润增长点。对于中小企业来说，由于自身规模较小、资金力量薄弱、创新能力有限等诸多劣势，物流管理的优化显得更为迫切。

　　通过本项目的学习，我们将完成以下任务：

　　任务一　现代物流认知；

　　任务二　中小企业物流外包与物流成本控制。

任务一　现代物流认知

任务描述

　　假如你是一个创业初期的企业，公司规模不大，员工数量不多，面临着资金、技术、市场等方方面面的困难，企业资源有限，大量物流业务自己难以承担。同时，你也清晰地认识到，物流管理已成为企业的第三利润源。作为企业，你将如何进行有效的物流管理？

任务分析

　　有效的物流管理从现代物流认知开始。了解现代物流管理的含义、类型、特征及发展趋势，明确现代物流的基本模式，有助于选择合适的物流模式。

　　本任务将帮助你解决如下问题：

- 了解现代物流基本常识；
- 进行物流模式的选择。

子任务一　了解现代物流基本常识

一、现代物流与传统物流

　　现代物流（modern logistics），是根据客户的需求，以最经济的费用，将物品从供给地向需求地转移的过程。它主要包括运输、储存、加工、包装、装卸、配送和信息处理等活动。现代物流提出了物流系统化的概念，具体地说，就是使物流向两头延伸，从采购物流开始，经过生产物流、销售物流，最后还有回收物流。现代物流与传统物流的根本区别就在于其全过程是经过全程优化的，各环节之间也是无缝衔接。这就大大地降低了物流费用，缩短了物流时间。

　　传统物流（physical distribution），一般是指产品出厂后的包装、运输、装卸、仓储。在经济全球化和电子商务的双重推动下，物流业正在从传统物流向现代物流迅速转型并成为当前物流业发展的必然趋势。现代物流与传统物流的主要区别表现在：

① 传统物流只提供简单的位移，现代物流则提供增值服务；
② 传统物流是被动服务，现代物流是主动服务；
③ 传统物流实行人工控制，现代物流实施信息管理；
④ 传统物流无统一服务标准，现代物流实施标准化服务；
⑤ 传统物流侧重点到点或线到线服务，现代物流构建全球服务网络；
⑥ 传统物流是单一环节的管理，现代物流是整体系统的优化。

二、现代物流的基本类型

现代物流可以按照多种方法进行分类。

1. 按物流系统性质划分

（1）社会物流。社会物流也叫宏观物流，是全体社会物流的总称。

（2）行业物流。行业物流是指同一行业中所有企业的物流，如石油物流、建材物流、农产品物流等。

（3）企业物流。企业物流是指具体某一企业的物流，如海尔物流、苏宁家电配送物流等。

2. 按物流活动空间划分

（1）区域物流（也叫城市物流）。区域物流是指在某个特定的地区或城市范围内的物流，如长三角地区物流、环渤海湾物流、深圳特区物流等。

（2）国内物流。国内物流是指一个国家范围内的物流。

（3）国际物流。国际物流是指在不同国家或地区间的物流。

3. 按物流运作模式划分

（1）第一方物流。第一方物流是指由销售方承担运输、仓储等任务的物流模式。

（2）第二方物流。第二方物流是指由购买方承担运输、仓储等任务的物流模式。

（3）第三方物流。第三方物流是指委托第三方承担运输、仓储等任务的物流模式。

4. 按物流的作用划分

（1）采购物流。采购物流是指包括原材料等一切生产物资的采购、进货运输、仓储、库存管理、用料管理和供应管理，也称为供应物流。

（2）生产物流。生产物流是指在企业内部发生的从原材料或零部件购买入库起，直到生产出成品止这一过程中发生的物流活动。

（3）销售物流。销售物流是指物资的生产者或持有者通过销售途径到达最终用户的物流过程。

（4）回收物流。回收物流是指将出现质量问题的商品或可以再利用的废旧商品零部件、原材料、包装盒等进行回收，通过维修或分类处理后进行再利用过程中发生的物流活动。

（5）废弃物物流。废弃物物流通常是指对一些城市生活垃圾、工厂生产产生的矿渣、废水、医疗废弃物等进行回收、分类、储存和处理。

三、现代物流的主要特征

（1）反应快速化。物流服务提供者对上下游的物流、配送需求的反应速度越来越快，前置时间越来越短，配送速度越来越快，商品周转次数越来越多。

（2）功能集成化。现代物流着重于将物流与供应链的其他环节进行集成，包括物流渠道与商流渠道的集成、物流渠道之间的集成、物流功能的集成、物流环节与制造环节的集成等。

（3）服务系列化。现代物流强调物流服务功能的恰当定位与完善化、系列化。除了传统的储存、运输、包装、加工等服务外，现代物流服务在外延上向上扩展至市场调查与预测、采购与订单处理，向下扩展至配送、物流咨询、物流方案的选择与规划、库存控制策略建议、货款回收与结算、教育培训等增值服务。

（4）作业规范化。现代物流强调作业功能、流程、动作的标准化与程式化，使复杂的作业变成简单的易于推广与考核的动作。物流自动化可方便物流信息的实时采集与追踪，提高整个物流系统的管理和监控水平。

（5）目标系统化。现代物流从系统的角度统筹规划一个公司整体的物流活动，处理好物流活动与商流活动及公司目标之间、物流活动与物流活动之间的关系，不求单个活动的最优化，但求整体活动的最优化。

（6）手段现代化。现代物流使用先进的技术、设备与管理为销售提供服务，计算机技术、通信技术、机电一体化技术、语音识别技术等得到普遍应用。世界上先进的物流系统纷纷运用如射频识别、定位导航、电子数据交换、无线通信、自动化、机器人、遥感等先进技术手段，实现了物流过程的自动化、机械化、无纸化和智能化。

（7）组织网络化。随着生产与流通空间范围的扩大，为了保证对产品促销提供快速、全方位的物流支持，现代物流需要有完善、健全的物流网络体系，网络上点与点之间的物流活动保持系统性、一致性，这样可以保证整个物流网络有最优的库存总水平及库存分布，运输与配送快速、机动，形成快速灵活的供应渠道。

（8）经营市场化。现代物流的具体经营采用市场机制，充分发挥市场在资源配置中的作用。无论是企业自己组织物流，还是委托社会化物流企业承担物流任务，都以"服务一体化"的最佳配合为总目标，谁能提供最佳的"服务—成本"组合，就找谁服务。

（9）信息电子化。因为有了计算机技术的应用，现代物流过程的可见性明显增加，物流过程中库存积压、延期交货、送货不及时、库存与运输不可控等风险大大降低，从而可以加强供应商、物流商、批发商、零售商在组织物流过程中的协调配合以及对物流过程的控制。

（10）管理智能化。随着科学的发展、技术的进步，物流管理由手工作业发展到半自动、自动作业，直至智能化作业。

四、现代物流的发展趋势

（1）信息化。物流信息化表现在：物流信息的商品化，物流信息收集的代码化和商业智能化，物流信息处理的电子化和计算机化，物流信息传递的标准化和实时化，物流信息存储的数字化和物流业务数据的共享化。物流信息化是现代物流的基础，没有信息化，任何先进的技术装备都无法使用，任何先进的管理理念都无法实现。

（2）网络化。网络化是指物流系统的组织和信息网络体系。从组织上讲，它是供应链成员间的物理联系和业务体系。而信息网络是供应链上企业之间业务运作、信息传递和共享的基础。例如：配送中心可以通过移动联网对正在执行配送任务的运输车队进行远程调度。

（3）专业化。第三方物流、第四方物流乃至更多可能出现的服务方式是物流业发展的必然，也是物流过程产业化和专业化的一种形式。随着社会发展和专业分工要求，物流管理和其他服务将逐渐被外包出去，物流业将告别"大而全、小而全"的纵向一体化运作模式，转变为更为专业化分工的横向一体化物流运作模式。

（4）协同化。市场如战场，竞争激烈，商机稍纵即逝。这要求企业具有与上下游进行实时业务沟通的协调能力。企业不仅要能及时掌握客户的需求，更快地响应、跟踪和满足需求，还要求供应商具有对自己需求的可预见能力，为其提供更好的供给。只有相互协同，才能使物流作业的响应速度更快，预见性更好，抵御风险能力更强，成本更低和效益更好。

（5）智能化。智能化是自动化、信息化的一种高层次表现。物流涉及大量的管理和决策，如物流网络的规划、仓库的选址、货物的配载和运输路径选择等都需要采用优化方法来解决。运筹学、系统仿真、数据挖掘等相关技术已经有了较成熟的研究成果，并在物流中得到很好的应用。

（6）标准化。标准化是现代物流技术的一个显著特征和发展趋势，也是实现现代物流的根本保证。货物的储存保管、运输配送、装卸搬运、流通加工等作业与信息技术的应用，都要求科学的标准。只有对物资代码、物流设施设备、包装、信息及传输等实现了标准化管理才能真正实现物流的信息化、自动化、网络化和智能化。

（7）柔性化。在物流领域，柔性化是指物流企业为了更好地适应客户需求，采用多品种、小批量、多批次、短周期的物流作业方式。

（8）全球化。为了实现资源和商品在国际的高效流动和交换，促进区域经济的发展和全球资源的优化配置，物流运作必须向全球化的方向发展。在全球化趋势下，物流的目标是为国际贸易和跨国经营服务，选择最佳方式与路径，以最低的风险和最小的费用，保质、保量、准时地将货物从某国的供应方运至另一国的需求方，使各国物流系统无缝接轨。

子任务二　进行物流模式的选择

一、现代物流基本模式

（1）自营物流。自营物流是指企业物流配送的各个环节由企业自身筹建并组织管理，实现对企业内部及外部货物配送的模式。这种模式有利于企业供应、生产和销售的一体化作业，系统化程度相对较高，既可满足企业内部原材料、半成品及成品的配送需要，又可满足企业对外进行市场拓展的需求。其不足之处表现在，企业自建配送体系，所需投资的规模会大大增加，在企业配送规模较小时，配送的成本和费用也相对较高。

（2）第三方物流。第三方物流是指企业为集中精力搞好主业，把原来属于自己处理的物流活动，以合同方式委托给专业物流服务企业，同时通过信息系统与物流企业保持密切联系，以达到对物流全程管理控制的一种物流运作与管理方式。第三方物流，英文表达为 third-party logistics，简称 3PL，也简称 TPL，是相对"第一方"发货人和"第二方"收货人而言的。3PL 通过与第一方或第二方的合作来提供其专业化的物流服务，它不拥有商品，不参与商品的买卖，而是为客户提供以合同为约束、以结盟为基础的、系列化、个性化、信息化的物流代理服务。

（3）物流联盟。物流联盟是指两个或两个以上的经济组织为实现特定的物流目标而采取的长期联合与合作。大型企业为了保持其核心竞争力，通过物流联盟方式把物流外包给一个或几个第三方物流公司。如 Laura Ashley，正是与联邦快递联盟，完成全球物流配送，从而使业务在全球范围内展开。中小企业为了提高物流服务水平，也通过联盟方式解决自身能力的不足。近年来，随着人们消费水平的提高，零售业得到了迅猛的发展，很多企业尤其是中小企业不能很快适应新的物流需求，于是通过物流联盟的方式来解决这个矛盾。

二、企业物流模式的选择

企业进行物流模式决策时有以下三种方案可供选择。

(一)选择自营物流模式

如果物流对于企业特别关键，企业对物流服务要求高、物流成本占总成本的比重大，且企业的物流管理能力较高，已有高素质的人员对物流进行有效的管理，那么该企业就应该采用自营物流模式。在自营模式中，企业应注重以下两个方面的管理。

（1）库存管理。库存管理的目标是将正确的产品、以正确的数量、在恰当的时候、以最低的成本送到消费者手中，因此中小企业应该对物流价值链中的不同点的产品需求做到准确的预测。合理的库存场所能减少物流的成本，而订单管理可以控制产品在适当的时间传递给正确的消费者。库存管理应采用的策略和信息技术包括准时管理、需求管理、电子数据交易以及电子采购等。

（2）运输成本管理。运输成本在物流成本中占有相当大的比例，有效控制和降低运输成本也是物流成本控制的一个重要内容。中小企业由于在资源上的劣势，不可能自己完全拥有先进的运输系统，最好的解决办法就是外包这部分业务，并与运输企业形成战略联盟关系。

(二)选择第三方物流模式

第三方物流是由供方与需方以外的物流企业提供物流服务的业务方式。第三方物流可以从更高的角度考虑物流合理化问题，简化配送环节，进行合理运输；在更广泛的范围内对物流资源进行合理利用和配置，避免自有物流带来的资金占用、运输效率低、配送环节烦琐、企业负担加重、城市污染加剧等问题。中小企业选择第三方物流企业，将有利于降低成本，提高客户服务质量。新成立的企业也应该将精力集中在自己的核心业务上，将物流交与第三方经营。

(三)选择物流联盟模式

如果物流是企业的关键业务，但企业的物流管理能力很低，那么寻找物流伙伴将会给企业带来很多收益。物流联盟就是企业以自己为核心，联合其他企业以及第三方物流机构，将众多的中小企业以契约方式联合起来，形成相互信任、共担风险、共享收益的集约化物流伙伴关系，使分散物流获得规模经济和物流效率。从企业效益上看，通过物流战略联盟使众多中小企业集约动作，降低了企业物流成本；从社会效益上看，由于采用第三方物流机构作为同盟，统筹规划，统一实施，减少了社会物流过程的重复劳动。

三、影响物流模式选择的因素

企业在进行物流模式决策时，应根据经营需要和资源条件等，从以下方面进行综合考虑。

（1）企业对物流控制力的要求。市场竞争越是激烈的行业，企业对供应和分销渠道的控制越是严格，此时企业适合自营物流。通常来说，选择自营物流的制造商对分销渠道或供应链过程的控制力比较强，即由企业自身来组织全过程的物流活动和制定物流服务标准。

（2）企业产品自身的物流特点。对于产品线单一的企业，最好选择自营物流；对于物流服务技术要求较高的企业，最好选择物流联盟；对于非标准设备的制造商来说，企业自营虽有利可图，但最好选择专业物流服务公司；对于大宗原料的运输或鲜活产品的分销，最好选择相对固定的专业物流服务供应商和短渠道物流；对于全球市场的分销，最好选择地区性的专业第三方物流企业。

（3）企业的规模和实力。一般来说，实力较为雄厚的企业通常有能力建立自己的物流系统，制定合适的物流需求计划，提高物流服务的质量。此外，还可以利用过剩的物流资源拓展外部业务。而资金和管理资源有限的中小企业，难以建立自身的物流系统，所以企业应该把精力集中在核心业务上，将物流管理活动交给第三方物流处理。

（4）物流运行总成本。在选择物流模式时，首先要计算物流模式的总成本。例如减少仓库数量的同时，虽降低了仓储费用，但会导致运输距离和次数的增加而使运输费用也增加；如果运输费用增加的部分大于仓储费用减少的部分，反而会使物流成本增大。所以，在选择物流模式时，要对物流模式的总成本加以计算，最后选择成本最小的物流模式。

（5）外包物流的客户服务能力。在选择物流模式时，虽然考虑物流成本很重要，但外包物流为客户提供的服务能力也十分重要。所以在选择物流模式时应看企业是否将物流业务作、为企业利润增长点和是否符合企业总战略。

智慧物流企业案例分析
——以京东物流为例

安利如何降低物流成本

任务二　中小企业物流外包与物流成本控制

任务描述

所谓物流外包（logistics business outsourcing），是指企业为集中资源、节省管理费用、增强核心竞争能力，将其物流业务以合同的方式委托给专业的物流公司（第三方物流）运作。随着市场竞争的不断激烈和信息技术的快速发展，越来越多的企业为了取得竞争上的优势，正在利用第三方物流服务供应商所能提供的所有服务。特别是对于中小企业来说，将物流业务外包将会减少物流费用支出，降低成本，提高企业的核心竞争力。

任务分析

物流外包是中小企业的必然选择。第三方物流服务更专业化，综合成本更低，配送效率更高，是中小企业的首选。明确物流成本控制的基本途径有助于进行物流成本的有效控制，让物流成本的降低成为中小企业的"第三利润源"。

本任务将帮助你解决如下问题：
● 中小企业物流外包；
● 中小企业第三方物流；
● 中小企业物流成本控制。

子任务一　中小企业物流外包

一、中小企业物流管理现状

我国中小企业具有数量多、分布广、资源有限，物流量较小、货物品种多、物流的稳定性和连续性差，物流的配送组织难度大、配送的时间成本和运输成本相对较大，物流技术、信息化和管理水平低等特点，也很难配合现代化的物流公司进行物流管理。因此，中小企业物流处于很尴尬的境地，已经成为制约中小企业二次发展的瓶颈之一。

（1）物流形式单一。很多中小企业产品销售物流多采取自办物流方式，设施利用率低、成本高，没有依靠物流系统支持市场营销，第三方物流公司的参与程度很低。因此，难以满足市场对产品的小批量、多品种、多批次和紧急性的要求。

（2）物流规模较小。中小企业物流没达到一定的经济规模，大多数企业的物流以"外包"方式为主，"外包"干线发运、市内配送和仓储、包装业务。"外包"企业有 2～10 家，有的甚至达到 10 家以上，因而也就很难使用供应链管理方式进行管理。

（3）物流信息化程度较低。物流信息化是指物流企业运用现代信息技术对物流过程中产生的全部或部分信息进行采集、分类、传递、汇总、识别、跟踪、查询等一系列处理活动，以实现对货物流动过程的控制，从而降低成本，提高效益。物流信息化是现代物流的灵魂，是现代物流发展的必然要求和基石。

（4）物流管理系统障碍。中小企业在建立物流管理系统时需要投入昂贵的硬件设备、软件以及通信设备投资、人力资源培训投资等，为企业增加了大量成本，不利于企业自身资金的正常运转。对既无财力又无专业人才的众多中小企业来说，物流管理是一道很难跨越的门槛。

（5）物流管理实际操作中存在问题。由于对管理系统的认识程度有限，在实际操作中面临着"没人管、不会管、管不好"等众多的问题。中小企业供应链的本质需求，就是"货畅其流、财尽其利、物尽其用"。由此对于众多的中小企业来讲，其物流与供应链管理更倾向于快速实现标准化的基础性管理。快速实现的目标包括：降低物流费用，减少成本；缩短生产周期，加快资金周转；压缩库存，减少流动资金占用；通过物流改善提高企业的管理水平，使财务部门精确掌握、控制采购和销售。

阅读延伸

供应链管理

供应链管理（supply chain management，SCM）是指在满足一定的客户服务水平的条件下，为了使整个供应链系统成本达到最小而把供应商、制造商、仓库、配送中心和渠道商等有效地组织在一起来进行的产品制造、转运、分销及销售的管理方法。供应链管理包括计划、采购、制造、配送、退货五大基本内容。

计划：这是 SCM 的策略性部分。你需要有一个策略来管理所有的资源，以满足客户对你的产品的需求。好的计划是建立一系列的方法监控供应链，使它能够有效、低成本地为客户递送高质量和高价值的产品或服务。

采购：选择能为你的产品和服务提供货品和服务的供应商，和供应商建立一套定价、配送和付款流程并创造方法监控和改善管理，并把对供应商提供的货品和服务的管理流程结合起来，包括提货、核实货单、转送货物到制造部门并批准对供应商的付款等。

制造：安排生产、测试、打包和准备送货所需的活动，是供应链中测量内容最多的部分，包括质量水平、产品产量和工人的生产效率等的测量。

配送：很多"圈内人"称之为"物流"，是调整用户的订单收据，建立仓库网络，派递送人员提货并送货到顾客手中，建立货品计价系统，接收付款。

退货：这是供应链中的问题处理部分。建立网络接收客户退回的次品和多余产品，并在客户应用产品出问题时提供支持。

现代商业环境给企业带来了巨大的压力，不仅仅是销售产品，还要为客户和消费者提供满意的服务，从而提高客户的满意度，让其产生幸福感。科特勒表示："客户就是上帝，没有他们，企业就不能生存。一切计划都必须围绕挽留客户、满足客户进行。"要在国内和国际市场上赢得客户，必然要求供应链企业能快速、敏捷、灵活和协作地响应客户的需求。面对多变的供应链环境，构建幸福供应链成为现代企业的发展趋势。

资料来源：http://wenda.so.com/q/1378469214067048？src=140.

二、物流外包是中小企业的必然选择

大多数中小企业由于规模小，资金、技术实力薄弱，不可能取得全面的竞争优势，只能把有限的资金、人力、物力集中于核心业务来获得市场优势。企业物流成本是除了原材料成本之外最大的成本项目，有效的物流管理可以节省 15%～30% 的物流成本。因此实行物流外包战略对中小企业而言是非常必要的。这些优势主要表现在以下三个方面。

（1）物流外包可以解决企业资源有限的问题，增强企业的核心竞争力。企业的主要资源包括资金、技术、人力资本、生产设备、销售网络、配套设施等要素，这些资源的有限性往往是制约企业发展的主要瓶颈。特别是对于中小企业来说，将物流外包给第三方物流企业，可以使有限的人力、财力集中于核心业务，巩固和扩张自己的核心竞争力，从而迅速地建立自己的竞争优势。

（2）物流外包使企业获得更加专业的服务，降低运营成本，提高服务质量。与企业自营物流相比，第三方物流企业在组织物流活动方面更有经验、更专业，从而降低企业的营运成本，改进服务，提高企业运作的灵活性。特别是对于那些财力、物力有限的中小企业而言，将物流外包给资源和服务价格相对便宜的企业，更容易获得专业化的服务，从而降低运营成本，提高服务质量。

（3）物流外包可以减少监督成本，提高效率。公司要想在激烈竞争的环境里成长，就必须尽量控制公司的规模，以确保公司的灵活反应能力，物流外包策略在这方面具有非常重要的意义。企业可以利用物流外包策略缩小公司规模，精简公司组织，从而减轻由于规模膨胀而带来的组织反应迟钝、缺乏创新精神的问题。特别是对于规模中等或偏小的企业，更易于专注在自己核心能力的培养上。

三、中小企业如何进行物流外包

（1）选择物流外包功能模块。企业物流外包并不等于将企业内部的一切物流活动交给第三方物流公司处理。中小企业要认真分析企业内部物流状况，确定是否需要将物流外包出去，物流外包能否为企业带来战略利益。在确定实施物流外包时，可以考虑将企业的薄弱环节交给第三方物流服务公司，将经验丰富、有能力实施的环节留在企业内部，以此来保持企业原有的核心竞争能力。

（2）严格筛选物流供应商。物流供应商选择的好坏对于一个企业能否在物流外包中获益起着决定性作用。在选择物流供应商时，公司应该明确自己的服务需求和战略愿景。这就要求公司对自身的情况深入了解，并对公司未来的发展做出一个详尽可行的远景规划，在此基础上对供应商的管理水平、服务质量、行业经验、信息化实力及人才情况等做深入的调查和研究，确保物流供应商能为企业的发展提供有力的帮助，并拥有与企业匹配的发展战略的能力。

（3）调整企业内部组织结构。对物流外包后企业的组织结构，中小企业应根据自身的特点做相应的调整，包括：调整业务流程、进行职能变革、对外包的物流功能进行持续有效的监控等。同时要从战略角度看待物流业务外包，致力于获得最佳合作伙伴，并围绕着这种伙伴关系建立一种健全的管理体系，从而实现无缝衔接，取得外包策略的成功。

（4）对物流外包进行合理的监督与控制。对物流活动进行监控是物流外包顺利实施的重要保证。中小企业在与物流服务供应商合作过程中，一定要在"控制"和"放任"之间找到均衡点，既要为他们提供所需的业务信息，同时也应当监控第三方物流供应商的绩效。企业应当经常与其沟通，共同制定物流作业流程、确定信息渠道，不能认为业务外包了，一切就由对方承包，完全是物流供应商单方面的工作，而应当对物流外包活动进行恰当的监督和控制。在监督的过程中，如果发现任何风险，都应该和物流供应商及时沟通、协商，采取相应的措施来避免和降低风险带来的损失。

（5）强化专业水准，提高客户满意度。在供应链管理体系下，企业能够迅速把握顾客的现有和潜在的一般和特殊需求，使企业的供应活动能够根据市场需求而变化。这样企业能比竞争对手更快、更经济地将商品或服务供应给顾客，极大地提高了服务质量和顾客满意度。中小企业可通过要求物流企业提高其物流服务水平，来提高其与客户之间的满意度，建立良好的合作关系。

子任务二　中小企业第三方物流

第三方物流也称合同物流、契约物流、物流联盟或物流外部化，其实质是指物流经营者借助现代信息技术，在约定的时间、空间位置按约定的价格向物流消费者提供约定的个性化、专业化、系列化物流服务。

一、第三方物流是更高层次的物流外包

第三方物流是一种新的物流管理理念和方式，其概念源于管理学中的外包。但第三方物流并不等同于外包，所谓的外包，是指粗放型的业务外部委托，而第三方物流则是在更新、

更高层次上的发展，其包含的内容更为丰富。

（1）第三方物流以其个性化服务与客户建立利益联盟关系。第三方物流以其第三方的专业优势向物流需求企业提供个性化服务，即针对特定客户的业务特征提供为其量身定制的特定服务，而非面向多个客户提供一般的服务，这改变了物流企业与客户之间的关系：由"一对多"变为"一对一"，即物流企业依托于客户，客户则以物流企业为后勤，失掉任何一方，企业都无法有效运作，甚至无法继续生存。

（2）第三方物流以现代电子信息技术为基础，实现对客户的综合化物流服务。传统的企业物流功能外包主要是某一项或是某几项物流功能的对外委托，并且委托是分散的，如将仓储功能委托给仓储公司，而将运输功能委托给运输公司。

二、第三方物流是中小企业的首选

任何企业的资源都是有限的，很难成为面面俱到的专家。为此，企业应把主要资源集中于擅长的主业，而把物流等辅助功能留给物流公司。对于中小型企业来说，使用第三方物流，把主要精力放在核心业务上，更利于实现双赢。因此，第三方物流是中小企业提高核心竞争力的首选。中小企业使用第三方物流的好处表现在以下五个方面。

（1）集中主业。企业能够将有限的人、财、物集中于核心业务，进行新产品、新技术的研发和市场开发，以提高自己的市场竞争力。

（2）减少费用。企业利用第三方物流的主要原因，就是为了减少有关的固定费用，这不仅包括购买车辆的投资，还包括与车间、仓库、发货设施、包装机械以及员工工资等有关的开支。

（3）减少库存。第三方物流服务商借助精心策划的物流计划和适时的运送手段，使企业库存开支减少，并改善企业的现金流量。

（4）创新管理。企业可利用物流服务商的渠道网络信息系统开辟业务。第三方物流服务商拥有广泛的渠道网络信息，当企业计划在自己不熟悉的地理环境中开展业务时，可充分利用第三方物流服务商的渠道网络信息系统进行有关运作，实现管理创新。

（5）提升企业形象。第三方物流服务商通过遍布全球的运送网络大大缩短交货期，帮助企业改进服务和树立品牌形象。第三方物流服务商通过"量体裁衣"式的设计，制订出以企业需求为导向、低成本和高效率的物流方案，使企业在同行业中脱颖而出，为其在竞争中取胜创造有利条件。

三、第三方物流服务的主要内容

按照一般第三方物流服务商的习惯，可将常见的第三方物流活动分为运输配送、仓储保管、增值服务、信息服务、方案设计五大类。

（1）运输配送。随着链接全国主要城市的干线运输网络日趋成熟，第三方物流的重点集中在以"省"为单位的区域配送和以"市"为单位的同城配送，针对"最后一公里"的立体配送需求可提供 B2B 和 B2C 的"门到门"配送服务，作业模式和内容包括：商圈门店配送、商超配送、住宅配送包裹大件。

（2）仓储保管。第三方物流能够凭借专业化的仓储能力，提供仓储管理软件和标准化库内作业，以及为企业客户提供一体化"多点多仓"管理等服务。目前在全国主要省会城市及重点二级城市的仓库作业，第三方物流都可为多个行业提供专业的仓库管理服务。作业模式和内容包括：分销仓、中转仓、动态仓和客制仓。

（3）增值服务。物流增值服务是相对于常规服务而言提出的概念。在物流的七大功能要素中，传统的仓储、运输、装卸搬运、包装、配送都属于常规物流服务，另外的两个功能要素——流通加工和物流信息处理则属于物流增值服务。物流增值服务就是根据客户需要，为客户提供个性化的服务，在满足客户最基本的要求下，为客户创造更多的价值，得到客户的认可。物流增值服务的内容主要包括：增加便利性、加快反应速度的服务、降低成本的服务、延伸的服务等。如流通生产、加工、重新包装、贴标签、售后服务中心等。

（4）信息服务。第三方物流在信息服务方面的业务包括订单处理、货物跟踪、信息分享和库存控制等。与此同时，第三方物流面向服务的信息平台，还可利用先进的信息技术和基于 Web 的客户应用程序，为企业和自身的运作提供各种信息服务，包括运输管理系统、仓储管理系统、配送管理系统、车辆管理等，这些管理平台的数据可以依据协议进行数据共享。

（5）方案设计。第三方物流可依托覆盖全国的服务网络和现有的物流综合业务处理平台，为企业客户提供各种供应链解决方案的设计与实施，协助企业快速优化和提升采购、分销包括提高电子商务物流效率，减少供应链多余环节，快速响应市场变化等措施。

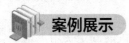 **案例展示**

第三方物流增值服务案例

中外运空运公司是中国外运集团所属的全资子公司。下面是中外运空运公司为摩托罗拉公司提供第三方物流服务的案例介绍。

一、摩托罗拉公司

（一）摩托罗拉公司的服务要求

（1）要提供 24 小时的全天候准时服务。主要包括：保证摩托罗拉公司与中外运业务人员、天津机场和北京机场两个办事处及双方有关负责人通信联络 24 小时通畅；保证运输车辆 24 小时运转；保证天津与北京机场办事处 24 小时提货、交货。

（2）要求服务速度快。摩托罗拉公司对提货、操作、航班、派送都有明确的规定，时间以小时计算。

（3）要求服务的安全系数高，要求对运输的全过程负责，要保证航空公司及派送代理处理货物的各个环节都不出问题。一旦某个环节出了问题，将由服务商承担责任，赔偿损失，而且当过失到一定程度时，将被取消做业务的资格。

（4）要求信息反馈快。要求公司的计算机与摩托罗拉公司联网，做到对货物的随时跟踪、查询，掌握货物运输全过程。

（5）要求服务项目多。根据摩托罗拉公司货物流转的需要，发挥中外运系统的网络综合服务优势，提供包括出口运输、进口运输、国内空运、国内陆运、国际快递、国际海运和国内提供的派送等全方位的物流服务。

（二）摩托罗拉公司选择中国运输代理企业的基本做法

首先，通过多种方式对备选的运输代理企业的资信、网络、业务能力等进行周密的调查，并给初选的企业少量业务试运行，以实际考察这些企业服务的能力与质量。对不合格者，取消代理资格。

摩托罗拉公司对获得运输代理资格的企业进行严格的月季度考评。主要考核内容包括运输周期、信息反馈、单证资料、财务结算、货物安全和客户投诉。

二、中外运空运公司

中外运空运公司的主要做法如下。

（1）制定科学规范的操作流程。摩托罗拉公司的货物具有科技含量高、货值高、产品更新换代快、运输风险大、货物周转及仓储要求零库存的特点。为满足摩托罗拉公司的服务要求，中外运空运公司从1996年开始设计并不断完善业务操作规范，并纳入了公司的程序化管理。对所有业务操作都按照服务标准设定工作和管理程序进行，先后制定了出口、进口、国内空运、陆运、仓储、运输、信息查询、反馈等工作程序，每位员工、每个工作环节都按照设定的工作程序进行，使整个操作过程井然有序，提高了服务质量，减少了差错。

（2）提供24小时的全天候服务。针对客户24小时服务的要求，实行全年365天的全天候工作制度。周六、周日（包括节假日）均视为正常工作日，厂家随时出货，随时有专人、专车提供和操作。在通信方面，相关人员从总经理到业务员实行24小时的通信通畅，保证了对各种突发性情况的迅速处理。

（3）提供门到门的延伸服务。普通货物运送的标准一般是从机场到机场，由货主自己提货，而快件服务的标准是"门到门""库到库"，而且货物运输的全程在严密的监控之中，因此收费也较高。对摩托罗拉公司的普通货物虽然是按普货标准收费的，但提供的却是门到门、库到库的快件服务，这样既提高了摩托罗拉公司的货物运输及时性，又保证了安全。

（4）提供创新服务。从货主的角度出发，推出新的、更周到的服务项目，最大限度地减少损货，维护货主信誉。为保证摩托罗拉公司的货物在运输中减少被盗的事情发生，在运输中间增加了打包、加固的环节；为防止货物被雨淋，又增加了一项塑料袋包装；为保证急货按时送到货主手中，还增加了手提货的运输方式，解决了客户的急、难的问题，让客户感到在最需要的时候，中外运公司都能及时快速地帮助解决。

（5）充分发挥中外运空运公司的网络优势。经过50年的建设，中外运在全国拥有了比较齐全的海、陆、空运输与仓储、码头设施，形成了遍布国内外的货运营销网络，这是中外运空运公司发展物流服务的最大优势。在国内为摩托罗拉公司提供服务的网点已达98个城市，实现了提货、发运、对方派送全过程的定点定人、信息跟踪反馈，满足了客户的要求。

（6）对客户实行全程负责制。作为摩托罗拉公司的主要货运代理之一，中外运空运公司对运输的每一个环节负全责。对于出现的问题，积极主动协助客户解决，并承担责任和赔偿损失，确保了货主的利益。回顾6年来为摩托罗拉公司的服务，从开始的几票货发展到面向全国，双方在共同的合作与发展中，建立了相互的信任和紧密的业务联系。

资料来源：http://wenda.so.com/q/1378747411069993? src=140.

四、第三方物流的特征

从发达国家物流业的状况看，第三方物流在发展中已逐渐形成鲜明特征，突出表现在以下五个方面。

（1）关系契约化。首先，第三方物流是通过契约形式来规范物流经营者与物流消费者之间关系的。物流经营者根据契约规定的要求，提供多功能直至全方位一体化的物流服务，并以契约来管理所有提供的物流服务活动及其过程。其次，第三方物流发展物流联盟也是通过契约的形式来明确各物流联盟参加者之间的权责利相互关系的。

（2）服务个性化。首先，不同的物流消费者存在不同的物流服务要求，第三方物流需要根据不同物流消费者在企业形象、业务流程、产品特征、顾客需求特征、竞争需要等方面的不同要求，提供针对性强的个性化物流服务和增值服务。其次，从事第三方物流的物流经营者也因为市场竞争、物流资源、物流能力的需要形成核心业务，不断强化所提供物流服务的个性化和特色化，以增强其在物流市场的竞争能力。

（3）功能专业化。第三方物流所提供的是专业的物流服务。从物流设计、物流操作过程、物流技术工具、物流设施到物流管理必须体现专门化和专业水平，这既是物流消费者的需要，也是第三方物流自身发展的基本要求。

（4）管理系统化。第三方物流应具有系统的物流功能，是第三方物流产生和发展的基本要求，第三方物流需要建立现代管理系统才能满足运行和发展的基本要求。

（5）信息网络化。信息技术是第三方物流发展的基础。物流服务过程中，信息技术的发展实现了信息实时共享，促进了物流管理的科学化，极大地提高了物流效率和物流效益。

五、中小企业如何选择第三方物流公司

在中国经济飞速发展的今天，随着物资流量的增大，物流企业也像雨后春笋般地涌现出来。从投资几千元的信息部到数十万的托运部，甚至几千万元的物流公司，层次不同，硬件设施、软件设施、管理水平参差不齐。货主把货交给物流公司，就等于把钱交给物流公司。物流公司能不能把货物安全、准时、完好无损地递交给货主？出了事故，有无赔付能力？这都是值得货主慎重考虑的问题。物流行业属于高风险行业，每一个企业在选择物流合作伙伴时都要特别谨慎，以避免给企业带来不必要的经济损失。中小企业选择物流公司，应从公司实力、货物性质等方面综合考虑。

（1）看。看硬件设施：有无固定场地、办公设施是否齐备、手续是否齐全。看软件设施：管理机构是否健全，管理制度是否完善，管理水平如何。看员工素质：员工操作是否熟练，言谈举止是否得当。看企业实力：领导班子是否团结一致，有无务实求新、开拓进取精神。看公司老总：是否有领导才华，对物流的发展思路和经营理念是否正确，为人品德是否高尚、是否可信等。

（2）问。向左邻右舍、运货司机、同行货主进行调查。调查内容包括货物到货时间、服务质量和企业规模大小、赔偿能力及信用。通过调查选择符合本单位发货要求的物流公司。

（3）试。用小量货物进行多次试运，来考察公司的整体素质，无论哪个环节出现问题，都不算达到货主要求。在试运中可进行跟踪调查，检验该公司整体素质水平与运作规律、保险指数，与其他多家公司进行比较，来选择优秀的公司作为承运商。

（4）运送经济价值高、量大、发货距离较远、跨省发货较多的货物时，最好选择驻外地公司较多的大型第三方物流公司。大型第三方物流公司组织机构健全，具备仓储、配送、运输等多种服务功能；公司制度完善，管理严格，责任清晰，人性化管理；具有抗风险能力，安全系数高，遇有特殊情况造成货物损失时能及时赔偿，遇有重大事故也能按章赔付。选择

大型第三方物流公司，签订长年合同，以固定运输关系，把责、权、利和风险明确清楚，确保货物安全。

（5）运送经济价值较高、零星零担及要求时间紧急的货物，最好直接交给大型物流公司的专线公司或声誉良好的专线托运部。因为专线公司操作简捷，便于管理，运输速度快，加之货量小，也不存在大额赔偿问题。托运货物最好保价运输，因为专线运输零担较多，产品复杂，相互损坏污染较多，如遇赔偿问题，双方会减少争议。因此，量小货主选择专线公司最为适合。

（6）运送价值低的产品、废旧物资、运输距离近、一车货在 5 万元以下的低值产品，选择信息部或小型托运部较为适宜。因为他们投资小，管理灵活，管理费用低，要求回报小，可以给货主带来经济效益。

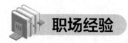

职场经验

淘宝开店如何联系快递，选择物流公司

网上购物一般有着普遍的特性，那就是方便、速度和安全。速度快，买家收到货也高兴，这样生意也会越来越好，当然这与快递公司是息息相关的。下面给新手开店的卖家说说如何选择快递物流。

（1）了解快递公司。如申通快递、顺丰速运、EMS、宅急送、圆通快递、天天快递、韵达快递、中通速递、汇通等。以上是做淘宝的几家主流快递，先看看自己地区最近的有哪些快递。

（2）了解快递价格。目前行情价格，基本上都是透明的，可以多打电话问问各快递公司，在网上查询在本地区的快递价格，这样避免被宰。

在淘宝查询快递价格方法如下。

第一种：在阿里旺旺主界面的左侧最下面有个小汽车，单击进去。

第二种：我的淘宝—我是卖家—交易管理—物流工具—运费/时效查看器。

第三种：通过快递公司的在线下单客服，了解全国区域的报价。

（3）熟悉快递公司的网点。这个很重要。因为客户遍布全国各地，如果快递公司没有网点，是送不到的。所以发货之前，先要确认一下，哪家快递公司是可以到达。查询方法如下。

第一种：到快递公司的网站查看目的地那里是否有网点。比较偏僻的地方最好电话确认一下。

第二种：在线下单，能出现哪些快递公司，就说明那些快递公司是可以送到的。

（4）设置快递价格。快递价格一定要充分针对自己产品的情况，利润高的运费可以设置低一点，利润低的运费就得保持行业水准。当然，你的利润若够高，免邮也是可以的。

（5）联系快递的方法。刚开始做淘宝，最好先使用淘宝在线下单，这个很方便。淘宝系统会根据订单的收件地址，列出可以到达目的地的快递公司（并注明了淘宝价格），你就可以挑一个价钱可以接受、服务认为不错的快递，下单后业务员就会上门收件。

（6）快递的选择。根据自己的产品情况多选几家快递公司，并经过一段时间考察后，确定长期的合作对象。选择快递要注意以下几点。

一是发货速度：要搞清楚本地快递发件的速度，选择最快的。当然是顺丰最快，但淘宝发件一般在买家不要求的情况都不发顺丰，因为顺丰运费较贵。

二是快递价格：选择价格适中的。不建议选最低的，原因主要是考虑服务质量。

三是快递服务：如果价格都差不多，那肯定是要对比谁的服务好，就可以与之达成长期合作关系。

资料来源：https://www.kaitao.cn/article/201602291922440753.htm.

 **职场经验**

选择物流公司合作的十大标准

（1）企业规模与品牌：公司的员工、营业额、服务网点数字，在业内的口碑、形象。

（2）企业的资质：是否有经过官方正规的资质认证，获得 AAAA 级物流企业，诚信物流企业、航空金牌代理认证等。

（3）专业化程度：是否拥有专业的物流人才、专业的操作流程、专业的服务程序等。

（4）网络及分布：全国自营的营业网点分布是否合理，密集度是否高，是否能给客户带来最直接的便利。

（5）增值服务：是否提供各种附加服务，如保价运输、代收货款、包装、上门接货、送货上门、签收回单等，解决客户的后顾之忧。

（6）运作质量：是否拥有严格的运作质量标准，对破损率、丢失率、签单返回率、发车（到货）准点率等有严格的指标把控，保障客户的货物安全。

（7）时效与安全：是否能够做到准时发车、准时到达、准时配送；是否对客户的商品进行防水、防潮、防震、防信息泄密包装，是否拥有全程视频监控，是否全程 GPS 跟踪，做到让客户"心里有底"，知道自己的货物到哪了。

（8）服务质量：销售人员、服务人员是否有较高的服务意识、专业的服务形象、积极的服务态度等。

（9）网络信息化：信息技术是实现高效管理的工具，是否具有较强的运营保障系统、条形码标示、办公自动化、物流信息同步化等。

（10）性价比：物流公司所提供的物流服务的质量跟其运输价格的比值是否对等。不能单从价格选择，更要看其同时所提供的增值服务与反馈的满意程度是否合乎高等级物流公司的要求。

资料来源：http://wenda.so.com/q/1370390562069196.

子任务三　中小企业物流成本控制

各方面都处于竞争劣势的中小企业，如何管理好物流成本是提高竞争力的关键因素。中小企业要充分认识到物流成本控制的重要性，分析影响物流成本的关键性因素，并提出有效的解决策略，方可达到物流成本控制并进而提升企业竞争力的目的。

一、物流成本控制的基本途径

（1）加强库存管理，合理控制存货。加强库存管理，合理控制存货是物流成本控制的首要任务。企业存货成本包括持有成本、订货或生产准备成本及缺货成本。存货量过多会增加企业的存货持有成本，存货量不足又会增大缺货成本和订货成本。如何确定合理存货储量，这就需要加强库存控制。企业可以采取 ABC 管理法、经济采购批量法（EOQ）、MRP 库存控制、JIT 库存管理等。

（2）实行全过程供应链管理，提高物流服务水平。控制物流成本不仅是企业追求物流的效率化，更主要应该考虑从产品生产到最终到达用户手中整个供应链的物流成本效率化。因此降低物流成本不仅仅是企业物流部门或生产部门的事，也是销售部门和采购部门的责任，即将降低物流成本的目标贯穿于企业所有职能部门的目标之中。

（3）通过合理的配送来降低物流成本。配送是物流服务的一个重要的环节，通过实现效率化的配送，提高装载率和合理安排配车计划、选择合理的运输线路，可以降低配送成本和运输成本。

（4）利用物流外包来降低物流成本。物流外包是控制物流成本的重要手段。企业将物流外包给专业化的第三方物流公司，通过资源的整合、利用，不仅可以降低企业的投资成本和物流成本，而且可以充分利用这些专业人员与技术的优势，提高物流服务水平。

（5）利用现代化的信息管理系统控制和降低物流成本。现代物流技术发展十分迅速，物流系统软件日趋完善。借助物流信息系统，一方面使各种物流作业或业务处理能准确、迅速地进行；另一方面物流信息平台的建立，各种信息通过网络进行传输，从而使生产、流通全过程的企业或部门分享由此带来的收益，充分应对可能发生的需求，进而调整不同企业的经营行为和计划，从而有效地控制无效物流成本的发生，从根本上实现物流成本的降低，充分体现出物流的"第三利润源"的作用。

阅读延伸

JIT、MRP 库存控制方法

一、JIT 库存控制

JIT（just in time）意为及时或准时，也有译为精练管理。它是 20 世纪 70 年代日本创造的一种库存管理和控制的现代管理思想，在日本丰田集团得到广泛实施，并取得巨大的成效。

JIT 是一种倒拉式管理，即逆着生产工序，由顾客需求开始，订单—产成品—组件—配件—零件或原材料，最后到供应商。

1. JIT 具备的条件

（1）完善的市场经济环境，信息技术发达。

（2）可靠的供应商，按时、按质、按量地供应，通过电话、传真、网络即可完成采购。

（3）生产区域的合理组织，制定符合逻辑、易于产品流动的生产线。

（4）生产系统要有很强的灵活性。

（5）要求平时注重设备维修、检修和保养，使设备失灵为零。

（6）完善的质量保证体系，无返工，次品、不合格品为零。

（7）人员生产高度集中，各类事故发生率为零。

2. JIT 的特点

（1）它把物流、商流、信息流合理地组织到一起，成为一个高度统一、高度集中的整体。

（2）体现了以市场为中心，以销定产，牢牢抓住市场的营销观念，而不是产品先生产出来再设法向外推销的销售观念。

（3）生产活动组织严密，平滑顺畅，没有多余的库存，也没有多余的人员。

（4）实现库存成本大幅度下降。

3. JIT 采购的特点

（1）采用少的供应商，甚至单源供应。

（2）对供应商的选择需要进行综合评价。

（3）密切进行信息交流，信息高度共享。

（4）交货时间要求严格。

（5）采取小批量采购策略。

二、MRP 库存控制

（一）物料需求计划的原理

MRP 是物料需求计划（material requirements planning）的简称，这种方法是由美国著名生产管理和计算机应用专家欧·威特和乔·伯劳士在对多家企业进行研究后提出的。MRP 是以计算机为基础的生产计划与库存控制系统。

（二）MRP 系统的运行步骤

（1）根据市场预测和客户订单，正确编制可靠的生产计划和生产作业计划，在计划中规定生产的品种、规格、数量和交货日期；同时，生产计划必须是同现有生产能力相适应的计划。

（2）正确编制产品结构图和各种物料、零件的用料明细表。

（3）正确掌握各种物料和零件的实际库存量。

（4）正确规定各种物料和零件的采购交货日期，以及订货周期和订购批量。

（5）通过 MRP 逻辑运算确定各种物料和零件的总需要量以及实际需要量。

（6）向采购部门发出采购通知单或向本企业生产车间发出生产指令。

资料来源：http://blog.sina.com.cn/s/blog_4abbeaca0100ba9r.html.

二、中小企业如何节约物流费用

物流费用主要是运输费用、仓储费用和物流费用等，物流网络优化也可实现物流成本的节约。

（1）运输费用。运输费用由运输方式、运载量、运输里程、单位费率等因素决定。其中，运输方式是由企业决定的；运载量也是由企业控制的（一般应该满载，个别情况下不能满载，受到最小起运量的影响，吨均运费费用会增加）；运输里程与选择的运输路径有关，到确定的地点，运输路径是相对固定的（在要货紧急的情况下运输路径会调整，如从走普通公路改为走高速公路，将导致吨均运输费用提高）；单位费率是与物流公司合同确定的，是在确定的运输方式、运输路径、运载量情况下每年确定一个吨均运输费率。上述各种方式的组合，有很多的费率可以供企业选择，所以物流费用主要还是由企业决定的，第三方物流公司只是纯粹的执行者。

（2）仓储费用。物流成本中另一部分占比比较大的费用是仓储费用。仓储费用与仓储重量/体积、仓储时间、仓库类型（普通仓库、冷库）及吨天仓储费率相关。仓库类型往往由产品特性决定，仓储费率是与物流供应商谈判确定的，仓储时间是在日常运作中确定的，也是对仓储费用影响巨大的变量。企业通过降低库存、提高库存周转率可以显著缩短时间和数量，从而降低仓储费用。

（3）物流网络。对于企业整体的物流成本来说，还有一些更深层次的物流成本动因，即整个物流网络。物流网络布局必须由企业主导决定，不能全部交给第三方。物流网络布局的好坏，不仅影响运输费用、仓储费用，还影响库存。物流网络往往需要综合规划，优化结果分析。综合来看，良好的物流网络一般可以节约15%的物流成本。

阅读延伸

物流园区未来发展的七大趋势

"十九大"提出加强物流园区基础设施网络建设，第一次将物流基础设施建设上升到国家基础设施的地位，有关部门大力支持物流园区建设，国家发改委制定了《全国物流园区发展规划》，开展示范物流园工作；交通运输部开展货物枢纽补助；商务部鼓励城乡配送设施建设。

在国家各种宏观政策刺激、市场拉动与技术驱使下，现代物流园区呈现出一系列新的发展趋势。

1. 多元化的经营服务模式

物流园区不断提升自身服务能力，为入驻企业提供办公、餐饮、物业、停车、住宿、工商、税务等基础配套服务，部分物流园区延伸服务链条，为入驻企业提供物流咨询、物流金融、商品展示、设施租赁、保险代理等增值服务，服务种类日益丰富，成为园区新的增长点。

2. 政府对物流园区的建设投资支持将会更大

国家物流发展规划及相关政策的出台，明确了对包括物流园区在内的物流基础设施项目、企业的投资导向和支持，对符合规划要求或纳入政府规划的物流园区的发展将较为有利。

3. 国家对物流园区发展的总体指导性将加强

物流园区的长远发展离不开国家的长远规划，在国家相关政府部门和地方政府相互配合的总体指导下，物流园区的空间布局、功能确定更为明确。

4. 物流园区信息化建设越来越快

物流园区因基础设施相对集中，物流服务企业与服务对象企业也较为集中，物流管理与经营活动在相对集中的空间布局范围内进行，为实现进入园区企业及企业之间的信息化奠定了物理基础和创造了市场环境条件；同时，很多物流园区和物流企业也意识到这点，因而也在加快信息化建设。

5. 物流园区之间的合作越来越紧密

不同经济中心城市、不同经济区域的物流园区，在网络化干线运输、中心城市的配送合作下，形成依托中心城市的区域乃至国家骨干物流运作系统、网络、物流信息化等多方面的合作，成为未来发展的基本方向和做大做强物流园区，提升物流发展水平与质量的重要途径。

6. 物流园区向智慧化升级

目前，大部分物流园区都建立了信息平台，提供信息发布、货物跟踪、数据交换、物业管理等基础服务，提升园区信息化水平。部分园区结合业务需要开发了运力交易、支付结算、融资保险、信用管理等业务辅助功能，加快了园区数字化发展。随着装备技术的发展，物联网、大数据、云计算、人工智能等新一代通信技术与物流园区融合发展是时下物流园区发展的主要特点。

7. 物流园区严格标准化

标准化是现代物流技术的一个显著特点，也是实现现代物流的根本保证。货物的运输配送、存储保管、装卸搬运、分类包装、流通加工等作业与信息技术的应用，都要求有科学的标准。只有实现了物流系统各个环节的标准化，才能真正实现物流技术的信息化、自动化、网络化、智能化等。

资料来源：https://zhuanlan.zhihu.com/p/98932310.

2020 年中国物流市场现状及发展趋势预测分析

专家拆解

如何理解物流外包的好

如何理解物流外包的好？物流专家冯银川一语道破：物流外包其实是在资源有限的情况下，让"专业的人（企业）做专业的事"！

接下来，冯银川从资金、成本和风险角度，用简单易懂的方式进行了详细拆解。

（一）资金角度

不管物流外包的主体是生产性企业还是贸易型企业，总之，他们的核心业务，都不是物流。

自营物流阶段，企业需要投入资金去购买物流基础设施。例如：运输业务中的货车、仓储业务中的货架等，当物流需求量小的时候，这些资金的投入都不是什么大问题；但随着业务量的增大，如果坚持自营，相应地还需要继续追加物流方面的投入。如此一来，势必会影响到企业对于主营业务方面的投入。

物流业务外包以后，对于甲方企业而言，物流费用的发生往往是在商流结束以后。你可以理解为，大部分甲方企业在收回货款以后，才会给乙方（物流企业），也就是这个时候才会给物流企业支付运费。而以前，在物流自营模式下，司机的每趟费用都是需要出发之前就从财务那里借支出去的。

现在有一些大的甲方企业，把账期从 30 天逐步调整到了 120 天。也就是说，他们在使用本应付给物流企业的账款，挪用出来用于企业的运营，即甲方企业用这笔"应付账款"做了一笔 90 天的无息贷款。

（二）成本角度

先以运输业务为例。自营阶段，由于企业的业务通常是单向流动的。例如：制造型企业，其运输路径一般是发货工厂仓库至经销商客户仓库；贸易型企业，其运输路径一般是经销商发货仓库至末端零售商仓库或者门店。

如果企业对物流部门的定位是只给自家企业做配套的物流服务，那么，运输车辆的返程大概率是空载状态，但返程也是有成本的，如路桥费以及油费，隐含的还有车辆的折旧费、维修费等，也就是说，返程没有收入，但却有成本支出。

再以仓储业务为例。自营阶段，主要为自家的产品提供仓储服务。当生产量大导致爆仓的时候，就需要单独在外面付费租赁临时仓库；而生产量小时，就会出现现有仓库面积没有充分利用，造成闲置，仓库的工作人员的工作量不饱和但依然还要给他们开工资的现象。这些变化，都会带来相应的成本。

运输业务外包，最明显的是，甲方企业只需要支付单程的费用，物流企业因为专注做物流，所以他们的往返货源相对是比较充足的。仓储业务外包，因为物流企业，不只是只有一个甲方客户，他们有很多的客户，而不同客户的淡旺季不同，就可以在原有的仓库面积下，做到资源的最优化配置，但成本却不会增加太多。

（三）风险角度

再从风险的角度来考虑。物流业务外包对甲方而言，是否有风险呢？肯定有，但是这些风险往往是可以通过招标过程中的筛选、评估、合同条款及后期运营中的 KPI 控制住的，也就是说，相对而言，是可以做到风险可控的。

物流自营模式下，想要做好自家业务的物流配套服务，物流管理的范围也比较大，而且现阶段的物流尚处于劳动密集型，比如仓库安全、人员安全、消防安全、货物安全、车辆在途安全等，任何一个环节发生事故，都有可能让整个企业受到牵连，甚至是造成毁灭性的打击。

物流业务外包以后，这些自营管理中存在的潜在风险，也一并转移给了承接物流服务的企业，即使将来出现了风险，责任也放不到甲方企业头上。

比如司机在行驶中出现了交通事故造成货损及人员伤亡，那么，对于甲方企业而言，第一，货损部分仍旧可以找物流企业索赔；第二，人员伤亡的事件不会影响到甲方企业的声誉。

（四）小结

物流业务外包，是大势所趋，是社会专业化分工下的必然选择。

资料来源：如何理解物流外包的好？3 个角度给你详细拆解：资金、成本、风险（logclub.com）2020-04-15.

 **同步测试**

一、单项选择题

1. 现代物流按照物流系统性质分类，有社会物流、行业物流和（ ）。

A. 微观物流　　　　B. 宏观物流　　　　C. 运输物流　　　　D. 企业物流

2. 对于那些自身资源有限或不想把物流培植成核心能力，但又想拥有高效率、高水平物流服务的企业，（　　　）是一种可行的模式。

    A. 建立协作型物流组织　　　　　　　　B. 组建一体化管理的物流组织

    C. 成立物流子公司　　　　　　　　　　D. 委托第三方物流企业

3. 最典型意义的第三方物流企业是（　　　）。

    A. 可操作性的物流企业　　　　　　　　　　　　　　　B. 行业倾向的物流企业

    C. 多元化的物流企业　　　　　　　　　D. 顾客化的物流企业

4. 第三方物流企业与客户（货主）的关系是（　　　）。

    A. 市场交易关系　　　B. 联盟关系　　　C. 纵向一体化　　　D. 企业集团的成员关系

5. 下列名称中除了（　　　），与第三方物流的含义基本一致。

    A. 合同物流　　　　　　　　　　　　　B. 全方位物流服务

    C. 综合物流　　　　　　　　　　　　　D. 物流联盟

二、多项选择题

1. 物流信息标准主要包括（　　　）。

    A. 基础标准　　　　B. 应用标准　　　C. 管理标准　　　　D. 服务标准

2. 现代物流的基本构成有（　　　）。

    A. 装卸搬运、包装　　　　　　　　　　B. 流通加工、物流信息

    C. 储存、交接验收　　　　　　　　　　D. 运输、储存、配送

3. 物流的作用主要有（　　　）。

    A. 提高效率，减少浪费　　　　　　　　B. 系统优化，降低成本

    C. 提高效率，加快流通

4. 物流服务与成本的关系表现为（　　　）。

    A. 保持服务水平、降低物流成本　　　　B. 牺牲成本去追求物流服务水平的提升

    C. 降低成本的同时提高服务水平　　　　D. 将成本视为获得服务的必要代价

5. 物流企业提供增值服务的方向有（　　　）。

    A. 跨供应链　　　　B. 供应链下游　　　C. 平行转移　　　　D. 供应链上游

三、简答题

1. 简述影响物流模式选择的因素。

2. 简述中小企业物流管理现状。

3. 为什么说第三方物流是中小企业的首选？

4. 中小企业如何节约物流费用？

5. 为什么说物流外包是中小企业的必然选择？

项目三　同步测试参考答案

项目四

中小企业财务管理

学习 目标

　　（1）能够合理选择融资渠道和融资方式，确定合理的资本结构，将财务风险保持在合理水平。

　　（2）能够结合公司经营计划编制资金预算，做好应收账款的管理，确定合理的利润分配政策。

　　（3）能够通过财务分析，全面了解中小企业的盈利能力、偿债能力和营运能力。

项目 介绍

　　财务管理是企业管理的重要组成部分。中小企业财务管理主要包括筹集资金、资金营运、投放资金、利润分配和财务分析等内容。中小企业无论是在创立初期还是在经营过程中，都可能需要筹措一定的资金。中小企业在正常经营过程中会发生一系列的现金收付业务。中小企业日常运营会引起一系列的财务活动。

　　通过本项目的学习，我们将完成以下任务：

　　任务一　中小企业融资管理；

任务二　中小企业资金管理；

任务三　中小企业财务分析。

任务一　中小企业融资管理

任务描述

　　假定你是一个中小企业的初期创业者，不管是项目投资还是日常运营都需要大量的资金。作为中小企业的经营者，你急需确定合理的资本结构，制定融资计划，选择融资渠道和融资方式，控制融资风险和融资成本，那么你该如何进行融资管理呢？

任务分析

　　融资是指企业根据生产、对外投资的需要，通过融资渠道和资本市场，运用融资方式，有效地筹集企业所需要资金的财务活动。融资是中小企业财务活动的起点，融资活动是企业生存、发展的基本前提，没有资金企业将难以生存，也不可能发展。俗话说："巧媳妇难为无米之炊。"中小企业可以运用的融资渠道包括银行信贷资金、政府补助资金、非银行金融机构资金、企业内部资金、其他法人资金、个人资金等。中小企业可以运用的融资方式包括银行借款、信用担保融资、票据贴现、留存盈余融资、政策性融资、互联网融资等。这些资金由于来源与方式不同，其融资的条件、融资成本和融资风险也不同。因此，中小企业融资管理的目标就是寻找、比较和选择对公司资金筹集条件最有利、综合融资成本最低和融资风险最小的资金来源。

　　本任务将通过分析中小企业债务融资和股权融资的成本和风险，帮助你解决如下问题：

- 融资渠道和融资方式的选择；
- 债务融资；
- 股权融资；
- 确定合理的资本结构。

子任务一　融资渠道和融资方式的选择

一、融资类型分析

企业融资可以按照不同的标准进行如下分类。

1. 按所取得资金的权益性质进行分类

（1）股权融资。股权融资是指企业通过吸收直接投资、发行股票和利用留存收益等形式，形成的企业依法长期拥有、能够自主调配运用的资本，即股权资本。股权资本在企业持续经营期间内，不得由投资者抽回，因而也称之为企业的自有资本、主权资本或股东权益资本。

（2）债务融资。债务融资是指企业通过借款、发行债券、融资租赁及赊销商品或服务等方式取得的在规定期限内需要清偿的资金，通常形成企业的长期或短期债务。

2. 按是否以金融机构为媒介进行分类

（1）直接融资。直接融资是指企业不通过金融机构而直接与资金供应者协商融通资本的一种融资活动。如企业吸收直接投资、利用留存收益融资等方式就属于直接融资。此外，企业通过证券公司发行股票、债券等活动，因为资金拥有者并未向证券公司让渡资金使用权，所以也属于直接融资（直接向社会融资）方式。企业通过直接融资既可以形成股权资金，也可以形成债务资金。

（2）间接融资。间接融资是指企业借助银行等金融机构融通资本的融资活动。银行等金融机构在资金拥有者与使用者之间发挥了中介的作用，但与证券公司等中介机构不同，资金拥有者首先向银行等金融机构让渡资金的使用权，然后由银行等金融机构将资金提供给企业。间接融资形成的主要是债务资金，基本方式是向银行借款，此外还有融资租赁等融资方式。

3. 按资金的来源范围不同进行分类

（1）内部融资。内部融资是指企业通过利润留存而形成的融资来源，即利用内部留存收益（包括盈余公积和未分配利润）来满足企业的部分资金需要。

（2）外部融资。外部融资是指企业向外部筹措资金而形成的融资来源。对于企业来说，内部融资仅能满足一部分资金需要，更多的资金主要来源于外部融资，如发行股票、债券，取得商业信用、向银行借款等。

4. 按取得资金的使用期限不同进行分类

（1）长期融资。长期融资是指企业取得使用期限在一年以上的资金筹集活动，如企业通过吸收直接投资、发行股票、发行债券、长期借款、融资租赁和利用留存收益等进行的融资活动。长期资金主要用于投资回收期较长的项目，如企业进行产品和技术研发、购建长期资产、垫支流动资金、扩大生产规模等。从资金的权益性质来看，长期资金既可以是股权资金，也可以是债务资金。

（2）短期融资。短期融资是指企业筹集使用期限在一年以内的资金筹集活动。短期资金主要用于企业的流动资产和日常资金周转，如现金、应收账款、存货等，一般在短期内便可收回。短期融资经常利用商业信用、短期借款、应收账款转让等方式来筹集。

二、融资渠道选择

融资渠道是指企业筹措资金的来源方向与通道。我国企业目前的融资渠道主要有以下几种。

（1）国家财政资金。我国各级政府都设立了种类繁多的基金、专项资金，有针对性地对中小企业的发展提供资助和扶持。随着《中华人民共和国中小企业促进法》的出台，政府还专门设立了中小企业发展基金，用于中小企业创业，支持技术创新，鼓励专业化发展以及开拓国际市场等。

 **阅读延伸**

中小企业如何成功申报政府扶持资金

近年来，随着中小企业的迅猛发展，国家对中小企业的重视程度明显提高，国家有关部门和各省市陆续出台专项资金政策，扶持中小企业的发展。这些资金的特点是利息低，甚至免利息，偿还期限长，甚至不用偿还。但是要获得这些基金必须符合一定的政策条件。王铁军教授表示，尽管中小企业在申报基金条件上会受到限制，但是目前许多中小企业对政府设立专项资金并不知情，导致许多符合申请条件的项目因资金问题而流产。如何申请并获得政府资金的扶持呢？主要经过以下几个步骤。

（1）作为一个企业的决策者或经营管理的主要负责人，不仅要抓技术开发，抓产品市场，还要抓融资，学会与政府打交道。有些人总是觉得与政府打交道很麻烦，这是一种偏见。

（2）了解哪些产业是政府扶持的对象，有什么具体的规定，自己企业是否符合申请的条件，不够条件怎样创造条件，申请需要什么材料和程序等。通常可以通过以下几种途径去学习和了解：政府各部门的网站；直接到政府相关主管部门与有关人员交谈；行业协会及协会兴办的一些活动和讲座；专家、专业人士及中介机构。

（3）做好申请前的准备工作，或者说考虑怎样包装自己。包装不是做假，而是通过详细分析评估本企业拥有的核心技术，市场方面的优势、劣势，发展潜力，财务状况，把本企业的内在价值充分挖掘出来，这就是通常所说的价值发现。另外，多注重增加公司的无形资产：产品的测试和鉴定；企业标准的制定；专利、商标、著作权的申请；科技成果的鉴定；科技进步奖的评选、企业信用的评级；重点新产品的申请；重信誉、守合同的评比；出口创汇企业的评选；ISO 9000 质量体系认定；高新技术项目（企业）或软件企业的认定等。

（4）在了解了有关政策且企业的基本条件大致满足的情况下，就可以按照规定的程序来提交申请材料，开始进入审核程序。在这个过程中，申请材料必须充分准备，把企业的内在价值尽可能地表现出来；同时，要主动与政府相关主管部门的人员接触、沟通，使他们对企业的基本情况，特别是管理团队有一个比较深的了解。这类似于在做产品的市场推广，企业也必须做品牌推广，特别是在争取政府的资源这方面。必要的公共关系和信用关系必须建立起来，要使政府了解到：企业在其行业内技术水平是领先的，财务状况是良好的，企业运作是正常的，市场前景是广阔的，管理团队是过硬的。

资料来源：https://www.sohu.com/a/158272472_99900528.

 **阅读延伸**

政府基金：创业者的"免费皇粮"

近年来，政府充分意识到中小企业在国民经济中的重要地位，尤其是各省市地方政府，为了增强自己的竞争力，不断采取各种方式扶持科技含量高的产业或者优势产业，如各级政府相继设立了一些政府基金予以支持。这对于拥有一技之长又有志于创业的诸多科技人员，特别是归国留学人员是一个很好的吃"免费皇粮"的机会。

2001 年在澳大利亚度过了 14 年留学和工作生涯的施正荣博士，带着自己十多年的科研成果回到家乡无锡创业。当无锡市有关领导得知施正荣的名声，以及他的太阳能晶硅电池科研成果在国内还是空白时，立即拍板要扶持科学家做老板。在市经委的牵头下，无锡市政府联合当地几家大国企投资 800 万元，组建了无锡尚德太阳能电力有限公司。有了政府资金的鼎力支持，无锡尚德太阳能电力有限公司有了跨越式发展，仅仅经过 3 年时间销售额已经过亿元，成为业界明星企业。

资料来源：https://henan.qq.com/a/20150123/016706.htm.

（2）银行信贷资金。银行信贷资金是指银行对企业的各种贷款，这是我国目前各类企业最为重要的资金来源。我国银行分为商业性银行和政策性银行两种。商业性银行主要以营利为目的并给企业提供各种商业贷款，如中国银行、中国农业银行、中国工商银行、中国建设银行、交通银行等；政策性银行主要为特定企业提供政策性贷款，如国家开发银行、中国进出口银行和农业发展银行。

（3）其他金融机构资金。其他金融机构资金是指信托投资公司、保险公司、租赁公司、证券公司、企业集团所属的财务公司等提供的各种金融服务，包括信贷资金投放、物资融通、承销证券等。

（4）其他企业资金。其他企业资金是指从其他企业吸收的资金，如企业在赊购商品、预收货款等交易行为中利用商业信用而取得对方企业的资金，或是直接取得其他企业暂时闲置的资金等。

（5）民间资金。民间资金是指游离于银行及其他金融机构之外的个人资金。近年来，民间资金以手续简便、要求条件较低、使用效率较高等特点逐渐成为一些中小企业进行融资的补充渠道。

（6）企业自留资金。企业自留资金是指企业内部形成的资金，主要包括企业按规定提取的盈余公积和未分配利润。由于这类资金无须花费融资费用，所以是企业融资的首要选择，但由于受到企业内部积累和股利政策的影响，融资数量有限，仅能满足部分资金需要。

三、融资方式选择

融资方式指企业筹措资金的具体形式和工具。我国企业融资方式主要有以下几种。

（1）吸收直接投资。吸收直接投资是指企业按照"共同投资、共同经营、共担风险、共享收益"的原则，通过协议等形式直接吸收国家、法人、个人和外商投入的资金。它是非股份制企业筹集权益资本的基本方式。

（2）发行股票。发行股票是指股份有限公司通过发行股票来筹集权益资金，只适用于股份有限公司。

（3）利用留存收益。利用留存收益包括盈余公积和未分配利润。留存收益可用于转增资本、扩大生产规模，因此它是企业筹集股权资本的一种重要方式。

（4）发行公司债券。发行公司债券是指企业通过发行债券来筹集资金的方式。

（5）向银行借款。向银行借款是指企业根据借款合同从银行等金融机构借入款项的一种融资方式。

（6）利用商业信用。利用商业信用是指企业在商品交易中，通过延期付款或延期交货形成短期债务（如应付账款、预收账款等）来筹集短期资金的一种融资方式。

（7）融资租赁。融资租赁是指按照融资租赁合同，资产使用方（承租方）通过向资产出让方（出租方）支付租金而取得租赁物的长期使用权（最短租赁期限为一年）的交易行为。在这种交易中，承租方通过分期支付租金的方式避免了一次性支付所需资产的全部资金额，从而完成了筹集长期债务资金的行为。

上述融资方式中，前三种融资方式属于股权融资，后四种融资方式属于债务融资。

四、融资管理的原则

企业进行融资管理，要在严格遵守国家法律法规的基础上，通过各种有效的融资渠道，结合资本结构调整的需要，综合权衡所需资金的性质、数量、成本和风险，合理选择融资方式，以满足企业经营运转及投资发展的资金需要。具体应遵循以下基本原则。

（1）融资合法原则。企业的融资行为和融资活动必须遵循国家的相关法律法规，依法履行法律法规和投资合同约定的责任，合法合规融资，依法信息披露，维护各方的合法权益。

（2）规模适当原则。企业的融资规模应当与资金需要量保持一致，既要避免因资金筹集不足而影响正常的生产经营，又要防止因融资过多而造成的资金闲置。

（3）筹措适时原则。筹措适时是指企业财务人员要合理安排资金的筹集时间，适时获取所需资金，既不能过早取得资金而造成资金闲置，又不能滞后取得资金以免错失投资良机。

（4）方式经济原则。通过不同的融资渠道和融资方式所取得的资金，其资金成本及所承担的风险是不同的。企业应当对各种融资方式进行对比，尽量利用资金成本较低、财务风险较小的融资方式进行融资。

（5）资本结构优化原则。企业在融资时还要综合考虑股权资金与债务资金的关系、长期资金与短期资金的关系、内部资金与外部资金的关系，以合理安排资本结构，保持适当偿债能力，防范企业财务危机，提高融资效益。

 **阅读延伸**

风险投资：创业者的"维生素 C"

在英语中，风险投资的简称是 VC，与维生素 C 的简称 VC 如出一辙；而从作用上来看，两者也有相同之处，都能提供必需的"营养"。广义的风险投资泛指一切具有高风险、高潜在收益的投资；狭义的风险投资是指以高新技术为基础，生产与经营技术密集型产品的投资。根据美国风险投资协会的定义，风险投资是由职业金融家投入到新兴的、迅速发展的、具有巨大竞争潜力的企业中的一种权益资本。

案例： 重庆江北通用机械厂从 1995 年开始研制生产大型氟利昂机组新产品，其具有兼容功能，并可以用其他冷冻液进行替代。由于银行对新产品一般不予贷款，重庆风险投资公司提供了 100 万元贷款。两年后，江北通用机械厂新产品销售额达 7 000 万元。

资料来源：http://henan.qq.com/a/20150123/016706.htm.

子任务二　债务融资

债务融资是指企业按约定代价和用途取得资金且需要按期还本付息的一种融资方式。债务融资的主要形式包括银行借款、融资租赁、商业信用融资、典当融资和民间借贷融资等。

一、银行借款

银行借款是指企业根据借款合同向银行或其他非银行金融机构借入的、需要还本付息的款项。

（一）中小企业银行借款的主要方式

1. 信用贷款

信用贷款是指银行向中小企业发放的用于补充企业流动性资金周转等合法指定用途的无抵押、无担保贷款。"黄金有价，信用无价"，弱化抵押物，强化信用贷款，将成为未来中小企业贷款发展的主要趋势。中小企业只要有信用、有资质，就等于抱上了"万两黄金"。

2. 抵押贷款

抵押贷款是银行比较乐意的一种贷款方式，因为中小企业需要提供财产作为抵押，所以银行承担的风险相对较小。相比较于信用贷款，抵押贷款的额度比较高，一般能够达到抵押物估值的70%。抵押物可以是房产、机械设备等固定资产，也有发明专利权、存单、债券等资产。不过对于中小企业来说，很多都不能够提供以上的抵押物，所以常常被银行拒之门外。

3. 担保贷款

如果不能够提供足够的财产作为抵押，企业也可以提供担保从而申请担保类贷款。担保一般有个人担保、相关联的企业担保或者担保公司担保，担保的第三方需要承担连带责任。不过担保需要给担保方相应的担保费，提高了贷款成本，如果急需资金周转，可以申请该类贷款。担保贷款可以分为自然人担保贷款、信用担保贷款等形式。

（1）自然人担保贷款。银行机构对中小企业办理期限在三年以内的信贷业务时，可以由自然人提供财产担保并承担代偿责任。自然人担保可采取抵押、权利质押、抵押加保证三种方式。可作抵押的财产包括个人所有的房产、土地使用权和交通运输工具等。可作质押的个人财产包括储蓄存单、凭证式国债和记名式金融债券。抵押加保证则是指在财产抵押的基础上，附加抵押人的连带责任保证。如果借款人未能按期偿还全部贷款本息或发生其他违约事项，银行将会要求担保人履行担保义务。

（2）信用担保贷款。信用担保贷款是指为了帮助中小企业发展，依法设立主要从事中小企业贷款信用担保业务的担保机构，政府独立出资或与其他出资人共同出资设立担保资金，对具有发展潜力的中小企业，提供信用保证，协助其获得银行贷款，扶持和促进中小企业快速健康发展的一种融资方式。担保机构为单个中小企业提供贷款信用担保的金额，一般不超过500万元人民币。信用担保贷款期限一般不超过两年。中小企业向银行借款时，可以由该担保机构予以担保。

阅读延伸

中小企业担保贷款：创业者的"安神汤"

上海一家高科技公司属国内一流艺术灯光景观建设专业公司，开发了数十项产品。在强大的科技研发能力支持下，该公司业务发展迅速。与业务高速发展相伴而行的却是资金困境。工程类企业的行业特点是资金回笼速度慢，营运资金占用情况严重。但由于公司规模较小，又缺乏与银行合作的信用记录，获得银行融资困难重重。

2005 年年底，该企业得到中投保提供的保证担保的 80 万元流动资金贷款，由此，该公司近两年取得了快速发展，2007 年 6—7 月，该公司先后中标 2008 年北京奥运场馆照明工程合同。

资料来源：http://henan.qq.com/a/20150123/016706.htm.

4. 票据贴现贷款

这种贷款方式是指企业将未到期的商业承兑汇票、银行承兑汇票等向银行或贴现公司贴现。企业收到票据至票据到期兑现之日，往往少则几十天，多则 300 天，资金在这段时间处于闲置状态。企业如果能充分利用票据贴现这种融资方式，远比申请贷款手续简便，而且融资成本很低。票据贴现只需带上相应的票据到银行办理有关手续即可，一般在 3 个营业日内就能办妥。对于企业来说，这是"用明天的钱赚后天的钱"，这种融资方式值得中小企业广泛、积极地利用。

5. 项目开发贷款

一些高科技中小企业如果拥有重大价值的科技成果转化项目，初始投入资金数额比较大，企业自有资本难以承受，可以向银行申请项目开发贷款。商业银行对拥有成熟技术及良好市场前景的高新技术产品或专利项目的中小企业以及利用高新技术成果进行技术改造的中小企业，将会给予积极的信贷支持，以促进企业加快科技成果转化的速度。对与高等院校、科研机构建立稳定项目开发关系或拥有自己研究部门的高科技中小企业，银行除了提供流动资金贷款外，也可办理项目开发贷款。

（二）银行借款的流程

（1）企业向银行提出流动资金贷款申请，并提供企业和担保主体必要的相关材料。

（2）签署借款合同和相关担保合同。企业的贷款申请经银行审批通过后，银行与企业需要签订所有相关的法律性文件。

（3）按照约定条件落实担保、完善担保手续。根据银行的审批条件和签署的担保合同，如果需要企业提供担保的，则须进一步落实第三方保证、抵押、质押等具体的担保措施，并办妥抵押登记、质押交付（或登记）等有关担保手续，若须办理公证的还须履行公证手续等。

（4）发放贷款。在全部手续办妥后，银行将及时向企业办理贷款发放，企业可以按照事先约定的贷款用途合理支配贷款资金。

（三）银行借款的资金成本的计算

银行借款的资金成本包括两部分：借款利息和借款手续费用。债务融资中发生的利息费用在税前支付，可以起到抵税的作用，因此通常计算税后债务资金成本率，以此与权益资金成本率进行比较（股利从净利润中支付，不存在抵税作用）。银行借款的资金成本率可按一般模式计算如下：

$$\text{银行借款的资金成本} = \frac{\text{年利率} \times (1 - \text{所得税税率})}{1 - \text{手续费率}} \times 100\% \qquad (4-1)$$

 **应用举例**

银行借款的资金成本的计算

2020年1月1日，渤海商贸公司从银行取得借款100万元，年利率为8%，银行收取借款金额的0.1%作为手续费，该公司适用的所得税率为25%，其银行借款的资金成本=[8%×(1-25%)/(1-0.1%)]×100%=6.01%

（四）银行借款融资的优缺点

向银行借款是现在中小企业融资的一个很普遍的债务融资方式。

1. 银行借款融资的优点

（1）融资速度快。企业向银行借款，只要符合一定的条件，就可以迅速获得所需资金。

（2）资金成本低。利用银行借款筹集资金，利息可以税前支付，税前利润减少，应交的所得税也就减少，而且借款利率也较低。

（3）借款弹性好。企业与银行可以直接接触，可通过直接商议来确定借款时间、金额和利息。在借款期间，如果企业经营状况发生变化，也可与银行协商，修改借款的数量和条件。

2. 银行借款融资的缺点

（1）借款条件高。要获得银行借款，企业必须要有良好的信用保证。当前银行大幅度减少信用贷款数量，绝大部分贷款都需要抵押或担保，中小企业资产较少，很难有足够的抵押品。

（2）财务风险高。银行借款有固定的还本付息期限，企业到期必须足额支付，中小企业经营状况不佳时，无力归还借款，滞纳金和利息往往使企业负担不起。

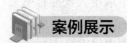 **案例展示**

解决小微企业贷款难　兴业银行创新迭出

经济遇冷，小微企业更盼融资"输血"。如何帮助小微企业走出"严冬"，向来以创新领跑的兴业银行，近年来接二连三推出了多种小微金融创新产品。

外出打工十几年的王华，2012年返乡创业，在家乡合肥市蜀山区开办了一家生产黏合剂的小型化工厂。凭着拼搏干劲，厂子规模逐渐扩大，在当地市场站稳了脚跟。但近年来传统黏合剂因有污染、毒性强已逐渐失去市场，头脑灵活的他开始筹划生产以淀粉为主要原料的"绿色黏合剂"。

上线新产品必须要对现有厂房进行升级改造，并搭建新的生产线。2016年王华把前几年辛苦攒下的200余万元投入厂房改造后，急需资金用于购置生产设备与采购原材料，申请1年以上的中长期贷款，好几家银行表示爱莫能助。

一筹莫展之时，兴业银行新推出的"诚易贷"犹如及时雨，令他笑逐颜开——该产品贷款额度最高可达 1 000 万元，最长期限可达 3 年。不但省去了每年续贷的"过桥"成本和办理抵（质）押登记的费用，还免除了再贷款重新签订合同、办理抵（质）押登记等烦琐手续，使自己能够获得稳定持续的资金支持，专注于生产经营。同时，还可以选择分期还款、等额本息（金）还款等灵活多样的还款方式。

拿到了兴业银行的 200 万元贷款，王华的新生产线如期开工，他们生产的"绿色黏合剂"迅速拓展到省外市场，订单大大增加。

提起兴业银行小微"三剑客"，福建一家民营服饰企业的负责人李同人竖起大拇指。近年来，该企业积极争取成为德国某男装品牌在福建的总代理，但一直担心自有资金不足。兴业银行根据该企业迫切的资金需求，为其量身打造了"易速贷+交易贷+连连贷"组合融资方案，在 3 天内即完成所有贷款审批手续，发放"易速贷"280 万元，后续又提供了 70 万元"交易贷"信用免担保融资和配套的"连连贷"。依托兴业银行的融资支持，该企业成功拿到了德国某服饰品牌的代理权。

资料来源：http://bank.hexun.com/2016-11-03/186722055.html.

二、融资租赁

融资租赁是指出租人根据承租人对租赁物件的特定要求和对供货人的选择，出资向供货人购买租赁物件，并租给承租人使用，承租人则分期向出租人支付租金，在租赁期内租赁物件的所有权属于出租人所有，承租人拥有租赁物件的使用权。租期届满，租金支付完毕并且承租人根据融资租赁合同的规定履行完全部义务后，对租赁物的归属没有约定的或者约定不明的，可以协议补充；不能达成补充协议的，按照合同有关条款或者交易习惯确定，仍然不能确定的，租赁物件所有权归出租人所有。

（一）融资租赁的形式

融资租赁包括售后回租、直接融资租赁和杠杆租赁三种形式。

（1）售后回租。售后回租是指企业由于急需资金等各种原因，根据协议先将某资产出售给出租方，然后再将其租回使用的一种形式。售后回租的优点在于：一是承租人既拥有原来设备的使用权，又能获得一笔资金；二是由于所有权不归承租人，租赁期满后根据需要决定续租还是停租，从而提高承租人对市场的应变能力；三是回租租赁后，使用权没有改变，承租人的设备操作人员、维修人员和技术管理人员对设备很熟悉，可以节省时间和培训费用。设备所有者可将出售设备的资金大部分用于其他投资，少部分用于缴纳租金。

（2）直接融资租赁。直接融资租赁是指租赁公司用自有资金、银行贷款等方式筹集资金，向设备制造厂家购进用户所需设备，然后再租给承租企业使用的一种主要融资租赁方式。这种直接租赁方式，是由租赁当事人直接见面，对三方要求和条件都很具体、很清楚，它是融资租赁最为普遍的一种形式。

（3）杠杆租赁。杠杆租赁是指涉及承租方、出租方和资金出借方三方的融资租赁业务。对承租方来说，这种租赁与其他租赁形式没有区别，同样是按合同的规定通过定期支付租金来获得资产的使用权；而对出租方来说就不同了，当所涉及的资产价值非常昂贵时，出租方只出购买资产所需的部分资金（通常为资产价值的 20%～40%）作为自己的投资，然后以该资产抵押担保的方式，向第三方（资金出借方）借入其余资金。三方关系中出租方既是债权人也是债务人，如果出租方不能按期偿还借款，资产就要归资金的出借者所有。

（二）融资租赁的流程

（1）租赁公司项目经理与承租人沟通，对承租人需求进行调研。

（2）租赁公司根据承租人需求设计中小企业融资方案及商务方案。

（3）租赁公司对承租人资信情况进行现场评估。

（4）租赁公司对承租人资信进行审核，确定授信结果。

（5）租赁公司与承租人签订相关合同及法律文件。

（6）租赁公司按合同约定付款，承租人则按期支付租金。

（三）融资租赁的优缺点

1. 融资租赁的优点

（1）方式简单易行。企业通过银行借款或发行债券融资，往往要受到相当多的资格条件限制，且一般历时较长，特别是中小企业由于缺乏信用和担保，很难从银行获得大额贷款；而融资租赁融资的限制条件较少，通过融资租赁可以迅速获得所需资产。因此融资租赁不但是中小企业的重要融资途径，更是创业企业抢占市场先机的最佳选择。

（2）具有明显的财务优势。融资租赁集融资与融物于一身，不需要一次支付购买资产所需的大额资金，还可以通过项目本身产生的未来收益支付租金，是典型的"借鸡生蛋、卖蛋还鸡"的融资方式。

（3）能够减少设备淘汰的风险。融资租赁的期限通常为资产使用年限的75%左右，并且多数租赁协议中约定设备淘汰风险由出租人承担，因此大大减少了承租企业的风险。

2. 融资租赁的缺点

（1）资金成本高。融资租赁须支付的租金总额通常要高于设备价值的30%，因而资金成本较高，通常要高于银行借款或发行债券的资金成本。

（2）租金支付构成一定的负担。尽管分期支付租金暂时缓解了企业的巨额资金压力，但较高的固定租金也对企业各期的经营构成了一定负担。

三、商业信用融资

商业信用融资是指企业之间以商品形式提供的借贷活动，是经济活动中的一种最普遍的债权债务关系。商业信用融资是企业之间的直接信用行为，也是企业短期资金的重要来源，属于自然性融资。

（一）商业信用融资的形式

商业信用融资的形式主要有预收账款融资、应付账款融资和商业票据融资等方式。

（1）预收账款融资。预收账款融资是指销货企业按照合同或协议约定，在交付货物之前向购货企业预先收取部分或全部货物价款的信用形式。它相当于销货企业向购货企业先借一笔款项，然后再用货物抵偿。当存在拒付风险的交易事项时，企业往往采取预收账款的交易方式，如首次与不熟悉的客户进行交易，认为客户的信用状况不佳以及销售生产周期长、售价高的产品时。预收账款分为全额预收和按一定比例预收两种方式，无论哪种方式，销售方都可以得到暂时的资金来源，而购货方则要预先垫付一笔资金。

（2）应付账款融资。应付账款融资是指企业购买货物未付款而形成的对供货方的欠账，即卖方允许买方在购货后的一定时间内支付货款的一种商品交易形式。在规范的商业信用行为中，债权人（供货商）为了控制应付账款期限和额度，往往向债务人（购货商）提出信用政策。信用政策包括信用期限和给买方的购货折扣与折扣期，如"2/10，n/30"，表示客户若在10天内付款，可享受2%的货款折扣，若10天后付款，则不享受购货折扣优惠，应付账款的商业信用期限最长不超过30天。应付账款融资最大的特点在于易于取得，无须办理融资手续和支付融资费用，而且它在一些情况下是不承担资金成本的。缺点在于期限较短，放弃现金折扣的机会成本很高。

（3）商业票据融资。商业票据融资是指由银行等金融机构或企业签发，无条件约定自己或要求他人支付一定金额，可流通转让的有价证券，持有人具有一定权力的凭证。如汇票、本票、支票等。商业票据融资具有如下特点：一是具有较低的成本，其成本通常要低于银行短期贷款利率；二是具有灵活方便性，只要发行人和交易商达成书面协议，在约定时期内，发行人可不限次数及不定期发行，以满足自身短期资金的需求；三是有助于提高发行公司的声誉。商业票据因是无担保的借款，能够成功地在市场上出售商业票据是对公司信用形象的最好证明。

（二）商业信用融资的优缺点

1. 商业信用融资的优点

（1）融资便利。利用商业信用筹集资金非常方便，因为商业信用与商品买卖同时进行，属于一种自然性融资，不用做非常正规的安排，也无须另外办理正式融资手续。

（2）融资成本低。如果没有现金折扣，或者企业不放弃现金折扣，以及使用不带息应收票据和采用预收货款，则企业采用商业信用融资没有实际成本。

（3）限制条件少。与其他融资方式相比，商业信用融资限制条件较少，选择余地较大，条件比较优越。

2. 商业信用融资的缺点

（1）期限较短。采用商业信用方式筹集资金，期限一般都很短，如果企业要取得现金折扣，期限则更短。

（2）融资数额较小。采用商业信用融资一般只能筹集小额资金，而不能筹集大量的资金。

（3）有时成本较高。如果企业放弃现金折扣，必须付出非常高的资金成本。

四、典当融资

典当融资是指中小企业在短期资金需求中利用典当行救急的特点，以质押或抵押的方式，从典当行获得资金的一种快速、便捷的融资方式。

（一）典当融资的市场定位

典当行作为国家特许从事放款业务的特殊融资机构，与作为主流融资渠道的银行贷款相比，其市场定位在于：针对中小企业和个人，解决短期需要，发挥辅助作用。正因为典当行能在短时间内为融资者提供更多的资金，目前正获得越来越多创业者的青睐。

（二）典当融资的优势

典当是以实物为抵押，以实物所有权转移的形式取得临时性贷款的一种融资方式。与银行贷款相比，典当贷款成本高、贷款规模小，但典当贷款也有银行贷款所无法相比的优势。

（1）与银行对借款人的资信条件近乎苛刻的要求相比，典当行对客户的信用要求几乎为零，典当行只注重典当物品是否货真价实。一般商业银行只做不动产抵押，而典当行则可以动产与不动产质押二者兼为。

（2）典当物品的起点低，千元、百元的物品都可以当。典当行更注重为个人客户和中小企业服务。

（3）与银行贷款手续繁杂、审批周期长相比，典当贷款手续十分简便，大多立等可取，即使是不动产抵押，也比银行要便捷许多。

（4）客户向银行借款时，贷款的用途不能超越银行指定的范围；而典当行则不问贷款的用途，钱使用起来十分自由，周而复始，大大提高了资金使用率。

 阅读延伸

典当融资：创业者的"速泡面"

风险投资虽是天上掉馅饼的美事，但只是一小部分精英型创业者的"特权"；而银行的大门虽然敞开着，但有一定的门槛。"急事告贷，典当最快"，典当的主要作用就是救急。与作为主流融资渠道的银行贷款相比，典当融资虽只起着拾遗补阙、调余济需的作用，但由于能在短时间内为融资者争取到更多的资金，因而被形象地比喻为"速泡面"，正获得越来越多创业者的青睐。

案例：周先生是位通信设备代理商，前段时间争取到了一款品牌新手机的代理权，可是问题在于要在三天内付清货款才能拿货，而他的资金投放在另一商业项目上，他可不甘心失去这得来不易的代理权。周先生脑子转到了自己的那辆"宝马"车上，于是，他马上开车来到典当行。业务员了解情况后告诉他：当天就可以办理典当拿到资金。周先生大喜过望，立即着手办理典当手续，交纳相关证件、填表、把车开到指定仓库、签合同、领当金。不出半天的工夫，他就拿到了他急需的50万元。一个月后来赎当，这笔当金帮他赚了近10万元。

资料来源：http://henan.qq.com/a/20150123/016706.htm.

五、民间借贷融资

民间借贷是与正规借贷相对应的，是除正规借贷以外的借贷，发生在非金融机构的社会个人、企业及其他经济主体之间的以货币资金为标准的价值让渡及本息偿付的活动。只要双方当事人意思表示真实即可认定有效，因借贷产生的抵押相应有效，但利率不得超过人民银行规定的相关利率。

（一）民间借贷类型

（1）向自然人借贷。企业可以向特定个人借款，根据《中华人民共和国民法典》的规定，企业与自然人之间的借贷属于民间借贷，为法律所允许，只要双方当事人意思表示真实，约定的利息在银行同类贷款利率的四倍以内，且没有法律所禁止的行为，就是合法有效的，应当受到法律的保护。但《最高人民法院关于如何确认公民与企业之间借贷行为效力问题的批复》又明确规定了几种应当认定为无效借贷的情形：① 企业以借贷名义向职工非法集资；② 企业以借贷名义非法向社会集资；③ 企业以借贷名义向社会公众发放贷款；④ 其他违反法律、行政法规的行为。

（2）向其他企业借贷。这种类型是指与其他企业直接签订书面借款合同或达成口头借款

协议，明确约定借款金额、用途、利率、借款期限等。出借方将自己合法所有或占有的资金借给或转借给另一方使用，本企业在合同约定的期限届满后归还本金并按约定支付利息的行为。企业为了生产经营的需要而相互拆借资金，是受到法律保护的，不仅有利于维护企业自主经营、保护企业法人人格完整，而且有利于缓解企业"融资难""融资贵"等顽疾，满足企业自身经营的需要。

（二）民间借贷的风险分析

（1）要审核好借贷人的资信状况。

（2）贷款人应设立担保来维护自身的权益。

（3）双方应该签订书面合同，不能只靠君子协定这样的口头协议，应该注意收集事实记录、证据。

（4）对利息的约定要合法、明确。自然人之间的借款合同对支付利息没有约定或约定不明确的，视为不支付利息。所以，在民间借贷中，对利息的约定一定要符合法律规定，并且要约定明确。

（5）要在诉讼时效期限内主张权利诉讼受时效的限制，超过了法定诉讼时效，债权就不受保护。《中华人民共和国民法典》规定，向人民法院请求保护民事权利的诉讼时效期间为三年，诉讼时效期间从知道或应当知道权利被侵害起计算，但是从权利被侵害之日起超过二十年的，人民法院不予保护。有的债权人不知道这一规定，从而丧失了债权；有的债权人碍于情面，不想伤和气，于是一拖再拖，以致丧失了诉讼权，往往使债权难以实现。

子任务三　股权融资

股权融资是指企业的股东愿意让出部分企业所有权，通过企业增资的方式引进新的股东的融资方式，总股本同时增加。股权融资所获得的资金，企业无须还本付息，但新股东将与老股东同样分享企业的盈利与增长。股权融资主要包括吸收直接投资和留存收益等主要形式。

一、吸收直接投资

吸收直接投资是非股份有限公司类企业筹集股权资金的主要方式，通常形成企业的实收资本和资本公积。

（一）吸收直接投资的种类

吸收直接投资的种类包括吸收国家投资、吸收法人投资、吸收外商直接投资及吸收社会公众投资等。其中，吸收国家投资即吸收有权代表国家投资的政府部门或机构所投入的国有资产，是国有企业特别是国有独资企业筹集自有资金的主要方式；吸收法人投资是指吸收其他法人单位投入的可依法自由支配的资产；吸收外商直接投资就是通过合资经营或合作经营的方式吸收外商直接投资，创办中外合资经营企业或者中外合作经营企业；吸收社会公众投资是指吸收社会个人或本公司职工的个人合法财产投入。

（二）吸收直接投资中的出资方式

出资方式包括以货币资产出资和以非货币资产（实物资产、工业产权以及土地使用权等）出资两种方式。《中华人民共和国公司法》规定，股份有限公司和有限责任公司的股东首次出资额不得低于公司注册资本的20%，全体投资者的货币出资额不得低于公司注册资本的30%。

（三）吸收直接投资的资金成本计算

企业通过吸收直接投资方式融资，需要支付给直接投资者一定的报酬，通常根据各出资者出资的数额和企业实现利润的比率来计算。吸收直接投资一般不需要考虑融资费用，其资金成本计算如下：

$$吸引直接投资的资金成本 = \frac{每年向投资者支付的报酬}{融资总额} \times 100\% \qquad (4-2)$$

 **应用举例**

吸收直接投资的资金成本的计算

中恒公司由张强、王刚共同出资 1 000 万元投资设立，公司决定每年拿出 100 万元向投资者分红，剩余的利润作为留存收益用于公司发展。

中恒公司吸收直接投资的资金成本计算如下：

$$中恒公司吸收直接投资的资金成本 = \frac{100}{1\ 000} \times 100\% = 10\%$$

（四）吸收直接投资的优缺点

1. 吸收直接投资的优点

（1）有利于尽快形成生产能力。吸收直接投资的手续比较简便，可以使企业直接获得生产经营所需要的货币资金、先进设备和先进技术，有利于尽快形成生产经营能力。

（2）有利于树立企业的信誉。吸收直接投资能够增加企业的净资产，有利于树立企业对社会的信誉，增强借款能力。

（3）有利于降低财务风险。吸收直接投资的非股份制企业可以根据自身的经营状况向投资者支付报酬，所以财务风险较小。

2. 吸收直接投资的缺点

（1）企业控制权集中，不利于企业治理。采用吸收直接投资方式融资，投资者一般都要求获得与投资数额相适应的经营管理权。如果某个投资者的投资额比例较大，则该投资者对企业的经营管理就会有相当大的控制权，容易损害其他投资者的利益。

（2）资金成本较高。利用吸收直接投资方式筹集股权资本的企业往往需要向直接投资者支付较高的报酬，企业的效益越好支付的报酬就越多，因而企业通常需要负担较高的资金成本。

 **阅读延伸**

天使投资：创业者的"婴儿奶粉"

天使投资是自由投资者或非正式风险投资机构，对处于构思状态的原创项目或小型初创企业进行的一次性前期投资。天使投资虽是风险投资的一种，但两者有着较大差别：天使投资是一种非组织化的创业投资形式，其资金来源大多是民间资本，而非专业的风险投资商；天使投资的门槛较低，有时即便是一个创业构思，只要有发展潜力，就能获得资金，而风险投资一般对这些尚未诞生或嗷嗷待哺的"婴儿"兴趣不大。

在风险投资领域，"天使"这个词指的是企业家的第一批投资人，这些投资人在公司产品和业务成型之前就把资金投入进来。天使投资人通常是创业企业家的朋友、亲戚或商业伙伴，由于他们对该企业家的能力和创意深信不疑，因而愿意在业务远未开展之前就向该企业家投入大笔资金，一笔典型的天使投资往往只是区区几十万美元，是风险投资人随后可能投入资金的零头。

对刚刚起步的创业者来说，既吃不了银行贷款的"大米饭"，又沾不了风险投资"维生素"的光，在这种情况下，只能靠天使投资的"婴儿奶粉"来吸收营养并茁壮成长。

案例： 牛根生在伊利期间因为订制包装制品时与谢秋旭成为好友，当牛自立门户之时，谢作为一个印刷商人，慷慨地掏出现金注入初创期的蒙牛，并将其中的大部分的股权以"谢氏信托"的方式"无偿"赠予蒙牛的管理层、雇员及其他受益人，而不参与蒙牛的任何管理和发展安排。最终谢秋旭也收获不菲，380万元的投入如今已变成10亿元。

资料来源：http://henan.qq.com/a/20150123/016706.htm.

阅读延伸

中小企业新三板上市融资

三板市场起源于2001年"股权代办转让系统"，最早承接两网公司和退市公司，称为"旧三板"。2006年，中关村科技园区非上市股份公司进入代办转让系统进行股份报价转让，称为"新三板"。随着新三板市场的逐步完善，我国将逐步形成由主板、创业板、场外柜台交易网络和产权市场在内的多层次资本市场体系。新三板上市条件要求：

（1）企业依法设立且存续（存在并持续）满两年；

（2）业务明确，具有持续经营能力；

（3）公司治理机制健全，合法规范经营；

（4）股权明晰，股票发行和转让行为合法合规；

（5）主办券商推荐并持续督导；

（6）全国股份转让系统公司要求的其他条件。

新三板挂牌上市办理流程：

公司从决定进入新三板到最终成功挂牌，中间需要经过一系列的环节，可以分为以下四个阶段：

第一阶段为决策改制阶段，企业下定决心挂牌新三板，并改制为股份公司；

第二阶段为材料制作阶段，各中介机构制作挂牌申请文件；

第三阶段为反馈审核阶段，为全国股份转让系统公司与中国证监会的审核阶段；

第四阶段为登记挂牌结算，办理股份登记存管与挂牌手续。

资料来源：https://www.sohu.com/a/64119353_385599.

二、留存收益

（一）留存收益的融资途径

留存收益主要包括盈余公积和未分配利润。盈余公积，是指从当期企业净利润中提取的积累资金，主要用于企业未来的经营发展，经投资者审议后也可以用于转增股本（实收资本）和弥补以前年度的经营亏损，但不得用于以后年度的对外利润分配。未分配利润，是指未限定用途的留存净利润，可以用于企业未来的经营发展、转增资本（实收资本）、弥补以前年度的经营亏损及以后年度的利润分配。

留存收益是企业税后净利形成的，其实质是所有者向企业的追加投资，属于权益资本。企业利用留存收益融资无须发生融资费用。

（二）留存收益融资方式的优缺点

1. 留存收益融资方式的优点

（1）资金成本较低。留存收益融资不必支付定期的利息，也不必支付股利，更不需要发生融资费用，因而相对于其他融资方式来说资金成本较低。

（2）企业的控制权不受影响。利用留存收益融资，不用对外发行新股或吸收新投资者，由此增加的权益资本不会改变公司的股权结构，不会稀释原有股东的控制权。

2. 留存收益融资方式的缺点

企业必须经过一定时期的积累才可能拥有一定数量的留存收益。另外，留存收益的数额会受到企业可供分配利润和股利分配政策的影响，因此融资数额有限，难以使企业在短期内获得大规模资金的需要量。

 阅读延伸

创新基金：创业者的"营养餐"

近年来，我国的科技型中小企业的发展势头迅猛，已经成为国家经济发展新的重要增长点。政府也越来越关注科技型中小企业的发展。同样，这些处于创业初期的企业在融资方面所面临的迫切要求和融资困难的矛盾，也成为政府致力解决的重要问题。

有鉴于此，结合我国科技型中小企业发展的特点和资本市场的现状，科技部、财政部联合建立并启动了政府支持为主的科技型中小企业技术创新基金，以帮助中小企业解决融资困难。创新基金已经越来越多地成为科技型中小企业融资可口的"营养餐"。

案例： 兰州大成自动化工程有限公司自运行一年来，主要进行产品开发，几乎没有收入，虽然技术的开发有了很大的进展，但资金的短缺问题越来越突出。当时正值科技型中小企业技术创新基金启动，企业得知后非常振奋，选择具有国际先进水平的"铁路车站全电子智能化控制系列模块的研究开发与转化"项目申报创新基金。为此，他们进一步加快了研发的速度，于1999年12月通过了铁道部的技术审查，取得了阶段性的成果。正因为企业有良好的技术基础，于2000年得到了创新基金100万元的资助，它不仅起到了雪中送炭的作用，而且起到了引导资金的作用。同年，该项目又得到了甘肃省科技厅50万元的重大成果转化基金，

教育部"高等学校骨干教师资助计划"12 万元的基础研究经费。2001 年，针对青藏铁路建设的技术需求，该项目被列入甘肃省重点攻关计划，支持科技三项费用 30 万元。

资料来源：http://henan.qq.com/a/20150123/016706.htm.

子任务四　确定合理的资本结构

资本结构优化是企业融资管理的基本目标，资本结构优化的目的就是让企业以最小的代价、最低的风险获取最大的经济利益，因而运用适当的方法确定最佳资本结构对于实现更高的企业价值具有重要意义。

一、资本结构的含义

资本结构是指企业资本总额中各种资本的构成及其比例关系，通常是指企业各种长期资本的构成和比例关系。短期资本由于在整个资本总额中所占的比重不稳定，所以一般将其作为营运资金来管理。企业的长期资本由股权资本和债务资本构成，因此，资本结构研究的问题就是债务资本与股权资本的比例关系，通常用债务资本在资本总额中所占的比重来表示。

二、影响资本结构的因素

资本结构是由于企业同时采用股权融资和债务融资引起的，其影响因素如下。

（1）企业经营状况的稳定性和成长率。企业的经营状况越稳定，未来产销量的增长率越高，承担财务风险的能力就越强。在这种情况下，企业一般尽可能地选择债务融资，提高债务资本在资本总额中的比重，以实现更高的经济效益，增加股权资本的报酬。

（2）企业的财务状况和信用等级。企业财务状况越好，信用等级越高，就越容易获得债务资本，从而提高债务资本的比重；反之，则会增加债务资本的成本，降低债务资本在资本总额中的比重。

（3）企业资产结构。资产代表了资金的占用，资产结构就是企业对所筹集资金经过资源配置后的资金占用结构，包括长短期资产及其内部的构成和比例。拥有大量固定资产的企业主要通过长期负债和发行股票筹集资金；拥有较多流动资产的企业更多地依赖流动负债筹集资金；资产适用于抵押贷款的企业负债较多；以技术研发为主的企业则负债较少。

（4）企业生命周期。企业初创阶段，经营风险高，在资本结构安排上应控制负债比例；企业发展成熟阶段，产品产销业务量持续稳定增长，经营风险低，可适度增加债务资本比重，发挥财务杠杆效应；企业收缩阶段，产品市场占有率下降，经营风险逐步加大，应逐步降低债务资本比重，保证经营现金流量能够偿付到期债务，保持企业持续经营能力，减少破产风险。

（5）税收政策和货币政策。企业利用债务融资可以获得减税利益，所得税税率越高，债务融资的好处越多，企业越倾向于利用债务融资；货币政策会影响利率水平的变动，当国家执行紧缩的货币政策时，市场利率较高，企业债务资金成本增大，企业会相应减少债务资本的比重。

三、最优资本结构

最优资本结构是指在一定条件下使企业平均资金成本最低、公司价值最大的资本结构。

虽然对最优资本结构的标准仍然存在着争议，但是股权融资与债权融资应当形成相互制衡的关系，过分偏重任何一种融资都会影响公司经营的稳定和市场价值的提升。

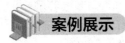 **案例展示**

学会"借力生财"

图德拉了解到阿根廷牛肉生产过剩，但石油制品比较紧缺，他就来到阿根廷，同有关贸易公司洽谈业务。"我愿意购买 2 000 万美元的牛肉，"图德拉说，"条件是，你们向我购进 2 000 万美元的丁烷。"

因为图德拉知道阿根廷正需要 2 000 万美元的丁烷。因此正是投其所好，双方的买卖很顺利地确定了下来。

接着，图德拉又来到西班牙，对一个造船厂提出条件说："我愿意向贵厂订购一艘 2 000 万美元的超级油轮。"那家造船厂正为没有人订货而发愁，当然非常欢迎。图德拉又话头一转，条件是："你们购买我 2 000 万美元的阿根廷牛肉。"牛肉是西班牙居民的日常消费品，况且阿根廷正是世界各地牛肉的主要供应基地，造船厂何乐而不为呢？于是双方签订了一项买卖意向书。

然后，图德拉又到中东地区找到一家石油公司提出："我愿购买 2 000 万美元的丁烷。"石油公司见有大笔生意可做，当然非常愿意。图德拉又话锋一转，条件是："你们的石油必须包租我在西班牙建造的超级油轮运输。"在石油产地，石油价格是比较低廉的，贵就贵在运输费上，难也就难在找不到运输工具，所以石油公司也满口答应，彼此又签订了一份意向书。

由于图德拉的周旋，阿根廷、西班牙和中东国家都取得了自己需要的东西，又出售了自己亟待销售的产品，图德拉也从中获取了巨额利润。终于梦想成真了。

这个故事给了我们一些启迪。故事中的图德拉就是因为深谙"借"的奥妙，善于"借鸡生蛋"，巧妙地运用自己的智慧创造了一番事业和财富。

在当今这个竞争日益激烈的市场经济时代，想要在商场上干出一番成就，在复杂的市场竞争中立于不败之地，有时候仅仅靠实力还是行不通的，还应该学会"借鸡生蛋""借力生财"。因为，一个人的能力毕竟有限，要想完成自己的事业，就要学会利用自己的才智，借助他人的能力和才干，用以扩充自己的头脑，延伸自己的手脚，从而提高赚钱的能力和机会。

"借力生财"，有时不仅仅是一种谦卑，更是一种智慧。

资料来源：http://www.lfxww.com/linfen/glps/100837.html.

 **案例展示**

如何实现最佳的资本结构

根据会计恒等式"资产＝负债＋所有者权益"，企业的资产有且只有两个来源：一个是借来的，一个是自己的。也就是说，筹资有负债筹资和权益筹资两种方式。那么，如何确定最佳的债务资本和权益资本的比例关系，即最佳的资本结构？这里要考虑三个因素：筹资成本、财富风险、企业价值。下面，具体谈谈在实际工作中如何把握资本结构的最佳点。

1. 根据企业的营业收入确定

营业收入稳定且有上升趋势的企业，获利就有保障，现金流也会比较充裕，具有较强的债务偿还能力，因此可以提高负债比重而不会存在财务风险；相反，如果企业营业收入时升时降，则其现金的回流时间和数额也不稳定，企业的负债比重应当低些。进一步分析，企业的营业收入规模决定企业的负债临界点。负债临界点=营业收入×息税前利润率/借款年利率。企业负债筹资规模若超越这个临界点，不仅会陷入偿债困境，而且可能导致企业亏损或破产。

2. 根据企业的固定资产确定

长期负债大都是用企业的固定资产作为借款的抵押品，所以固定资产与长期负债的比率可以揭示企业负债经营的安全程度。通常情况下，固定资产与长期负债的比率以 2：1 为安全。只有固定资产全部投入正常营运的企业，才可以在有限的时间内维持 1：1 的比率关系。

3. 根据所有者对股权的态度确定

如果企业的所有者不愿意使企业的股权分落他人，则应尽量采用债务筹资而不采用权益筹资；相反，如果企业的所有者不太愿意承担财务风险，则应尽量降低债务资本比率。

4. 根据行业的竞争程度确定

如果企业所在行业的竞争程度较低或具有垄断性，营业收入和利润可能稳定增长，其资本结构中的负债比重可较高；相反，若企业所在行业竞争激烈，企业利润有降低的态势，应考虑降低负债，以避免偿债风险。

5. 根据企业的信用等级方面确定

企业进行债务筹资时贷款机构和信用评估机构的态度往往是决定因素。一般来说，企业的信用等级决定了债权人的态度，企业资本结构中的负债比例应以不影响企业的信用等级为限。

资料来源：http://www.canet.com.cn/cg/634682.html.

中小企业融资难的
原因及解决途径

我国中小企业
融资渠道分析

任务二 中小企业资金管理

任务描述

资金是企业管理经营的"血液",是企业生存与发展的核心内容。资金管理是企业发展中的一项重要环节,是一项十分复杂、烦琐的系统工程,贯穿在企业生产经营的各个环节当中,其看似简单,实际运作却相当复杂。对企业而言,资金管理工作水平的高低,从根本上影响着企业日常经营状况的好坏与综合竞争力的高低。作为一个企业经营管理者我们该从何处下手做好经营管理工作呢?

任务分析

在企业中,营运资金贯穿着企业活动的全过程,是企业整体资金运作的支撑。然而在现实中,营运资金往往是企业资金链中最薄弱的环节,企业营运资金管理中存在着一些不足。随着我国市场的不断发展壮大,企业生产经营过程水平的不断提高,财务活动变得越来越复杂,资金管理的好与坏,直接关系到公司的发展与壮大。因此,资金管理在企业管理中的地位也逐渐显示出来,并且被人们所认识、接受。

本任务将帮助你解决如下问题:

● 做好资金预算;
● 日常资金活动管理;
● 应收账款管理;
● 企业利润分配。

子任务一 做好资金预算

资金预算通常称为现金预算,是计划预算期的现金收入和现金支出,并进行现金收支平衡的预算。企业通过编制较为详细和较为远期的现金收支预测和现金预算,来规划期望的现金收入和所需的现金支出,以选择合理的融资方式,充分提高资金的使用效率。

一、企业预算的基本内容

企业预算是指为实现企业的战略目标,在预测和决策的基础上按照一定方法、程序编制的,对企业未来一定时期内的各种资源和经营、投资、财务等活动的总体安排。企业预算通常也称为全面预算,包括经营预算、专门决策预算、财务预算等。

(1)经营预算。经营预算也称作业务预算、营业预算。它是指与企业日常经营活动直接相关的经营业务的各种预算,包括销售预算、生产预算、采购预算、直接材料消耗预算、直接人工预算、制造费用预算、产品生产成本预算、存货预算、期间费用预算等。

（2）专门决策预算。专门决策预算是指对企业不经常发生的、一次性的重要决策的预算，直接反映相关决策的结果。专门决策预算，是对实际方案的进一步规划。例如：企业对固定资产购置必须在事先做好可行性分析的基础上来编制预算，具体说明资金来源、投资时机、投资额、投资期限、何时投产、未来每年现金流量多少等。

（3）财务预算。财务预算也称总预算，是指为实现企业的战略目标，在预期内对预计现金收支、财务状况和经营成果的总安排。财务预算主要包括现金预算和预计财务报表。财务预算虽然是全面预算体系中的最后环节，但却是全面预算体系的核心，起着举足轻重的作用。

阅读延伸

预算编制的方法

预算可以根据不同的预算项目，分别采用相应方法进行编制。主要方法有以下五种。

（1）固定预算。固定预算又称静态预算，是根据预算期内正常的、可实现的某一业务量水平为基础编制的预算。特点是：用这个方法做出来的预算，算多少是多少，金额都不变。所以，固定预算适用于固定费用或者数额比较稳定的预算项目。

（2）弹性预算。弹性预算是在按照成本（费用）习惯性分类的基础上，根据量、本、利之间的依存关系，考虑到计划期间内业务量可能发生变动，编制出一套适应多种业务量的费用预算。特点是：反映不同业务情况下所应支付的费用水平，是为了弥补固定预算的缺陷而产生的。

（3）增量预算。增量预算是在上期成本费用基础上根据预计业务情况，再结合管理需求调整有关费用项目。

（4）零基预算。简单地讲，零基预算就是一切从零开始，不考虑以前发生的费用项目和其金额。从实际需要逐项审议预算期内各项费用的内容及开支标准是否合理，在综合平衡的基础上编制费用预算。

（5）定期预算与滚动预算。定期预算是以不变的会计期间作为预算期，多数情况下该期间为一年，并与会计期间相对应；滚动预算是指在编制预算时，将预算期与会计期间脱离，随着预算的执行不断地补充预算，逐期向后滚动，使预算期间始终保持在一个固定的长度（一般为 12 个月）。

资料来源：https://www.chinaacc.com/new/635_652_201105/16le1594800928.shtml.

二、资金预算编制的原则与依据

资金预算分为年度预算及月度执行预算。年度预算侧重于全年资金的平衡与预算，月度执行预算主要用于月度的资金调度与控制。预算期的长短主要取决于企业生产经营的稳定程度，通常按月编制比较合适。

（一）资金预算的编制原则

（1）以年度生产经营计划和年度财务预算为依据，指导月度计划的编制。

（2）月度计划要"量力而行、量入为出"，结合当月收支情况，做好资金平衡。

（3）预算与实际收支要基本吻合。一方面，要求进一步加强资金计划的准确性；另一方面，要求加强资金支出的控制，用好分分厘厘，该花的毫不吝惜，不该花的一分不花。

（4）注意物资合理库存，以减少资金积压。

（二）资金预算的编制依据

明确资金预算的编制依据能保证资金预算估计的可靠性和一致性，避免资金预算编制过程中的随意性和不完整性。没有实现全面预算管理的企业可以单独编制资金预算。

（1）编制年度资金预算依据日常业务预算、专门支出预算、财务预算等年度预算指标。以 3 个月为基础编制的短期资金预算依据则为业务发生的实际情况，如资本支出预算的实际执行、资产的处理、已签订的业务合同，以及对未来业务发生情况的估计和预算编制人员与业务部门、供应商等沟通的结果。

（2）经营预算、投资预算和利润预算是编制资金预算的基本依据。资金预算中的现金收入、现金支出和资金融通，都需要以经营预算、投资预算和利润预算中的现金收支安排为基础。

（3）收付实现制是编制资金预算的法规依据。收付实现制是以款项的实际收付为标准来处理经济业务的原则。凡在本期实际收到的现金，无论收入是否属于本期均应作为本期现金收入；凡在本期实际付出的现金，无论费用是否属于本期均应作为本期现金支出。

三、资金预算编制的内容

资金预算是有关预算的汇总，由现金收入、现金支出、现金多余或不足、期末现金余额组成。

（1）现金收入。现金收入包括期初现金余额和预算期现金收入。期初现金余额是在编制预算时预计或上期末实际结余的现金；预算期现金收入的主要来源是销货收入，还有一少部分的其他收入，如处置废旧物资收入。

（2）现金支出。按照用途和结构进行归类，包括生产经营产生的现金支出、筹融资产生的现金支出、专项现金支出和其他现金支出等。

（3）现金多余或不足。现金收入合计与现金支出合计的差额即为现金多余或不足。差额为正，说明收入大于支出，当期现金有多余，可用于偿还借款或用于短期投资；差额为负，说明支出大于收入，当期现金不足，需要向银行取得新的借款。

（4）期末现金余额。期末现金余额为现金最佳持有量，财务人员在编制资金预算之前需要对其测算。

四、资金预算的编制程序

用现金收支法编制资金预算，具有直观、简便、便于控制等特点。其编制程序如下。

（1）制定预算期现金收支总目标和现金政策。在企业制定的预算编制大纲中，应明确现金收支总目标和现金政策，以方便各部门按照现金收支总目标和现金政策编制各类预算的现金收付项目。

（2）各部门编制本部门的现金收支预算。各部门编制经营预算、投资预算和财务预算时，必须将涉及现金收支的项目单独列示出来，形成各部门的现金收支预算。

（3）审查各部门编制的现金收支预算。财务部门在编制公司资金预算之前，要对各部门编制的经营预算、投资预算和财务预算中的现金收支项目进行审查，确保各部门在各个预算中安排的现金收支项目及其数额都符合公司预算期的现金收支总目标和现金政策。

（4）平衡现金预算，确定现金余缺。在对各预算现金收支项目审核无误的基础上，财务部门需要对现金预算的期初现金余额、预算期现金收入、预算期现金支出、现金余缺、期末现金余额等五个项目进行汇总和平衡。

（5）编制现金收支预算。在实现预算期现金收支综合平衡的基础上，财务部门按照不同的格式和内容，编制现金收支预算。

五、资金预算的运行

为牢固树立资金预算管理意识，根据各部门年度资金预算，分别将现金流量预算细化到每季、每月、每旬、每周，使预算在不断的变化中与实际接近一致，以提高预算的可信度和可操作性。要求各部门上报资金计划（按季、月、旬、周），据此对各部门的日常现金流量进行统筹安排、动态控制，并对执行情况进行跟踪分析，及时反馈。

（1）预算调整及执行跟踪管理。即在资金预算执行过程中，当遇到前提条件发生变化时，如业务量增加、业务划转以及出现新的业务时，需要对资金预算进行调整或追加。由预算责任部门提出申请，预算管理部门提出调整意见，实行逐项申报、审批制度。预算必须是最新调整过的预算，以统一口径，做到及时跟踪经营情况的变化。资金流量执行的跟踪管理是在月度执行预算交给资金管理部门后对各部门用款进行监控的重要步骤。

（2）监督考核。对资金预算管理的监督考核是根据各部门现金流量使用的特点，以预算为基准建立指标考核体系，由资金管理部门根据各部门执行预算的实绩，按月、季、半年及年度进行分析与考核，对预算编制部门考核预算精度，对预算执行部门考核完成情况。

资金预算编制的基本要求

资金预算管理关系到一个企业的资金支配自由度和资金风险抵抗力，所以一个企业只有采取切实可行的资金预算编方法，才能有效地提高其资金预算能力水平，从而进一步推进公司预算管理工作。

资金预算编制的基本要求有以下五条。

一、建立资金预算编制制度，责任到人

无规矩不成方圆，要将资金预算工作执行到实处，必须做好制度保证。

（1）建立资金预算编制制度，明确资金上报时间、上报单位及责任人；建立资金计划执行奖惩机制，将资金计划的执行效果纳入单位和干部考核中去。资金计划本身就是一种对未来企业自己收支的预测，是一个约数，弹性较大，因此短期内部分资金使用单位和个人难以加以重视。建立资金计划奖惩机制，有利于强化企业管理层对预算管理的重视，加强管理层的责任感和紧迫感。

（2）一个有效的资金预算管理，不能完全依靠财务部门，要靠所有管理部门共同执行。不能把资金预算的执行责任完全推到财务部门身上，各级管理部门都有过程责任。

二、量入为出，以收定支

要保证资金预算能够有效实施，必须做好资金的筹集工作，以收入来约束支出，才能进一步加强资金的运转，才能使资金预算能够有效执行。

（1）加强资金收回力度。应收账款的回收是生产经营资源的主要来源，也是降低资金恶化风险的重要手段。各单位要加大资金回收力度，这是保障资金预算管理顺利执行的最有效途径。

（2）提高资金预算能力。资金来源除了应收账款的回收外，还有其他来源，如贷款申请、上级资金拨入、押金收入、保证金收入及资金退回等。各单位要提高资金预测能力和水平，加强沟通，多方搜集信息，做好资金收入预算。

三、细化管理，收支明确到单位

资金预算在实施过程中，切勿以预算总额控制为唯一手段，要实施过程控制。在资金预算实施前编制"资金收支进度表"，将收支项目明确到单位，具体到日期。财务部门在办理资金收支时，要将该表作为办理资金收支业务的依据。

四、加强数据分析，做好分析调整工作

资金预算的编制要坚持实事求是的原则，不多报，不虚报。资金计划的编制首先要结合本单位的生产经营计划，合理安排，其次要结合以前计划的执行情况，合理预测，适当调整。作为资金计划编制及上报的财务人员，不可简单地充当统计员的角色，不能直接将资金使用单位报来的资金计划直接合并，要加强与其他财务人员的沟通，了解影响资金计划执行的其他财务要素，如债权债务关系、税金缴纳、利润上缴等；要对资金计划的可行性进行深入研究，以确保资金计划真正的具有指导意义。

五、开展辅导工作，加强宣传和教育

要保证预算能够顺利执行，在当前的条件下，要在实施过程中采取一些强制手段，但这不是权宜之计，公司及项目部要开展预算管理辅导工作，加强对各级管理层的宣传和教育，提高他们的认识水平和管理水平，消除其误会和抵触情绪。

资料来源：http://practice.dongao.com/c/2017-02-21/675620.shtml.

子任务二　日常资金活动管理

一、资金收支管理

（一）资金收入管理

资金收入是指涉及银行存款、现金、汇票、有价证券的各类收入，包括产品销售收入、材料销售收入、下脚废料销售收入、资产转让收入、对外提供劳务或服务性收入、代垫运杂费收入、装卸费收入、租赁收入、投资收益、职工借款归还、公司单位之间业务往来收入等各类收入。

1. 货币资金收入管理

所有货币资金收入一律如数存入公司在银行开设的存款账户，并及时通过财务部门入账，不得坐支现金，不得公款私存。公司只有在下列情况下才能收取现金：个人的各项交款及归还借支的公款；不能转账的单位和个人的销售收入和其他收入；各种罚款收入；水费、电费、

租金收入；向职工收取的各种代垫款项；低于转账起点的小额收款。

2. 收款成本管理

一个高效率的收款系统能够使收款成本和收款浮动期达到最小，同时能够保证与客户汇款及其他现金流入来源相关的信息的质量。

（1）收款成本。收款成本包括浮动期成本、管理收款系统的相关费用（如银行手续费）及第三方处理费用或清算相关费用。

（2）收款浮动期。收款浮动期是指从支付开始到企业收到资金的时间间隔。

（3）信息的质量。信息的质量包括收款方得到的付款人的姓名、付款的内容和付款时间。信息要求及时、准确地到达收款人一方，以便收款人及时处理资金，做出发货的安排。

（二）资金支出管理

（1）遵守付款程序。公司所有支出必须经过总经理审批。特殊情况下，总经理可以授权其他副总经理审批。

在一般正常情况下，公司的各类支出、借款及报账的审批程序如下：会计业务发生—经办人员签字—相关部门（单位）负责人复核、审核确认—分管副总经理审批—主办会计审核—财务部负责人审批—财务总监（或财务主管领导）审批—总经理（或总经理授权的领导）审批—支出。

（2）推迟现金支出。现金支出管理的主要任务是尽可能延缓现金的支出时间。控制现金支出的目标是在不损害企业信誉条件下，尽可能推迟现金的支出。常见方式是：使用现金浮游量；推迟应付款的支付；汇票代替支票；改进员工工资支付模式；透支；争取现金流出与现金流入同步；使用零余额账户。

二、票据管理

财务票据包括银行票据和非银行票据。银行票据包括支票、贷记凭证等；非银行票据包括收据、各种税票、社保票据等。

（一）银行票据的管理

（1）财务票据的领购、保管、核销业务由专人分工负责。

（2）财务票据应存放于保险箱内，由专人妥善保管。

（3）出纳担任银行票据的保管业务，经财务总监指定的会计人员负责非银行票据的保管。

（4）票据管理人员应建立备查登记簿。发生有关票据行为时，应及时登记在备查簿上。

（5）财务人员在发现票据遗失、票据出错和票据不实等情况时，应尽快采取相应的措施，对重大事故财务总监应向公司总经理汇报。

（二）非银行票据的管理

（1）非银行票据遵循保管使用两分开原则，不得由一人兼任。

（2）办理有关票据业务必须财务总监审核，出纳员根据审核无误的原始凭证收取、支付银行票据，收取款项时应开具收据。

（3）银行票据、收据必须顺号签发，作废时应加盖专用的作废章。

（4）作废票据不得缺联少页，已开出的作废票据，由票据开具人员负责收回。

（5）票据开具时候应该注意单位名称（全称）、金额大小写规范、项目名称准确，规范单据填写正楷，字迹清晰；单据在填写过程中出现错误，不得撕毁单据，必须保持单据完整，并加盖作废章。

三、印章管理

公司财务印章的管理遵循"明确责任、严格审批、合理使用、妥善保管"原则。

(一)印章的保管

(1)财务印章必须由责任心强、能坚持原则、秉公办事、作风正派的人员负责保管。

(2)银行预留印鉴必须分别保管。一般情况下,财务专用章由财务负责人保管,法人章及相关票据由相关出纳保管。

(3)财务印章保管人员因请假等原因,须由他人临时保管时,应履行代保管手续,并注明代保管时间和代保管人。在原保管人回来后,应立即将印章交还原保管人。

(4)财务印章保管人离职或异动时,须办理印章交接手续,由相应直属的上级领导进行监交或收回,交接手续应记录印章交接的时间、枚数、名称。

(5)财务印章如有丢失、毁损、被盗、误用情况,应立即书面逐级上报详细情况,并迅速采取应急措施防范风险。

(二)印章的使用

财务印章使用必须基于真实、合法、手续完备的经营活动,使用财务印章应办理批准手续,严格登记。

(1)日常财务活动使用财务印章,实行授权制,由财务负责人授权相关人员严格按照印章管理要求使用。

银行预留印鉴除用于日常结算票据的支付、收款外均应审批、登记,发票专用章除用于已开普通发票、增值税票等税票的盖章外均应审批、登记。

(2)非日常财务活动使用财务印章,实行审批制,由使用人填写《用印申请表》经财务负责人或财务总监审批。

(3)加盖财务印章时,应加盖于规定位置。

(4)严禁为空白支票、发票、信函、表格、合同等加盖公司财务印章。

(5)财务印章由专人保管,不得一章多人使用、保管。

(6)严禁将对外专用财务印章携带外出使用。若属特殊情况,使用部门或个人须书面申请,经部门负责人和财务负责人或财务总监审批后,到财务部门办理财务印章领用手续,携带外出使用;使用后应立即归还印章,不得贻误。

 **阅读延伸**

公章可不能乱用,使用这五个公司印章时一定要注意

每个公司都有印章,每个印章的作用各不相同,但都代表着公司的意志,具有特定的法律效力,因此了解各印章的作用并加强印章保护工作非常重要。公司章主要有五个,分别是公章、财务章、合同章、发票章、法人代表人名章。需要注意的是,除法人代表人名章外,其他四个章需要根据相关规定到工商、公安、开户银行备案或预留印鉴。

（1）公章。公章是公司效力最大的一个章，是法人权利的象征。除法律有特殊规定外（如发票的盖章），均可以公章代表法人意志，对外签订合同及其他法律文件。使用范围：凡是以公司名义发出的信函、公文、合同、介绍信、证明或其他公司材料均可使用公章。保管者：一般来说，公章的保管者应该是公司创业者或其最信任的人，如董事长或总经理。

（2）财务章。通常与银行打交道时会用到，如银行的各种凭证、汇款单、支票的用印。另外，财务章也用于财务往来的结算等。保管者：一般由企业的财务人员管理，可以是财务主管或出纳等。

（3）合同章。单位对外签订合同时使用合同，代表单位。在合同上盖有合同专用章，单位由此具有相应的权利义务。保管者：可以是公司法务人员、合作律师或行政部门等。

（4）发票章。企业、单位和个体工商户在购买和开发票时，需要加盖发票章。根据《发票管理办法实施细则》的规定，通常需要在发票联和抵扣联加盖发票专用章。注：盖在发票上，或盖在发票领用簿才有效。保管者：一般由财务部门的发票管理员保管。

（5）法人代表人名章。主要用于公司有关决议，以及银行有关事务办理时使用。通常用在注册公司、企业基本户开户等。保管者：一般是法人自己，也有让公司财务部门出纳人员管理的情况。

资料来源：https://www.sohu.com/a/399963521_395649.

子任务三　应收账款管理

应收账款管理的内容包括应收账款成本管理、客户信用管理及应收账款的日常管理，其目的是使赊销所增加的盈利高于应收账款投资所增加的成本，从而增加企业的利润。

一、应收账款成本管理

应收账款的成本就是企业因持有应收账款而付出的代价，包括机会成本、管理成本、坏账成本和折扣成本等。

（1）机会成本。机会成本是指企业因将资金投放于应收账款而放弃其他投资所丧失的再投资收益。应收账款机会成本的大小和企业应收账款占用资金的数量及资金成本率密切相关。

（2）管理成本。管理成本是指在进行应收账款管理时所增加的费用。例如：调查顾客信用状况的费用、收集各种信息的费用、账簿的记录费用、收账费用等。管理成本是一项相对固定的成本。

（3）坏账成本。坏账成本是指企业在赊销交易中可能无法收回应收账款而发生的坏账损失。企业的坏账成本与应收账款发生的数量成正比。

（4）折扣成本。折扣成本是指企业为使客户早日付款在提供的信用条件中往往包含现金折扣条款，它是企业为及早收回款项，降低机会成本、管理成本及坏账成本而付出的一定代价。

二、客户信用管理

（一）信用政策制定

信用政策又称为应收账款政策，是企业对应收账款投资进行规划和控制的基本原则和行为规范，包括信用标准和信用条件决策。

1. 信用标准

信用标准是指企业制定的客户为获取商业信用所应具备的基本条件，通常以预计的坏账损失率（也称拒付风险系数）作为判断标准。企业在设定客户的信用标准时，要评估其赖账的可能性，即拒付风险系数，可以通过"5C"系统来进行，即从品质、能力、资本、抵押和条件五个方面评估客户信用。

2. 信用条件决策

信用条件是企业要求赊购客户支付货款的条件。信用条件决策包括信用期限决策和现金折扣决策两个因素。

（1）信用期限决策。信用期限是指企业给予顾客的付款期间，即客户从购货到付款的最长时间。企业确定的信用期过短，会影响企业的销售额，不利于销售收入和利润增长的实现；而信用期过长，可能会增加应收账款的成本，甚至造成销售利润的负增长。

（2）现金折扣决策。现金折扣是指企业对顾客在商品价格上的扣减，其目的主要是吸引顾客为享受优惠而提前付款，缩短企业的平均收账期。现金折扣的设定要与信用期限结合起来考虑。例如：顾客的信用期限为 30 天，若希望顾客 20 天、10 天付款，能给予多大折扣？企业提供的现金折扣率过低，不足以吸引顾客；而折扣率过高，则会使企业因承担过高的现金折扣成本而降低收益。

无论是信用期限决策还是现金折扣决策，在为企业增加收益的同时也会增加成本。因此企业在进行信用条件决策时，应当综合考虑各信用方案的延期与折扣对收入和成本双方面的影响，在所增加的利润与所增加的成本之间进行权衡，确定恰当的信用期限和现金折扣。

（二）**客户信用调查与评价**

1. 客户信用调查

客户信用调查的主要工作是收集和整理反映有关客户信用状况的资料，其目的是为正确评价客户信用提供依据，所采用的方法包括直接调查法和间接调查法。直接调查法可通过对客户进行当面采访、询问、观察、记录等方式获取信用资料；间接调查法可通过对客户单位的相关财务资料（如财务报表）进行加工整理，或从其他单位（如信用评估机构、银行、财税部门、工商管理部门、消费者协会等机构）来获取客户的信用资料。

2. 客户信用评价

客户信用评价就是利用所收集整理的客户信用资料，按照一定的标准对客户信用进行等级划分。通常采用的评价标准为"5C"系统，对客户信用的等级划分目前主要有两种：第一种称为三类九等，即把企业的信用情况分为 AAA、AA、A、BBB、BB、B、CCC、CC、C 共三个类别九级等次，其中 AAA 为信用最优等级，C 为信用最差等级；第二种称为三级制，即分为 AAA、AA、A 三个信用等级。对评价为不同等级的客户，应分别制定相应的信用政策及收账政策，以提高应收账款管理效率，提高企业的整体收益水平。

三、应收账款的日常管理

企业在确定合理的信用政策之后，还要做好应收账款的监控、应收账款的催收等日常管理工作。

（一）应收账款的监控

实施信用政策时，企业应当对每一笔应收账款及应收账款的总体水平加以监督和控制。具体监控方法包括：应收账款账龄分析法、应收账款账户余额模式等。

（1）应收账款账龄分析法。主要利用账龄分析表，将应收账款划分为未到信用期的应收账款和以 30 天为间隔的逾期应收账款，并计算各期间应收账款金额占应收账款总额的百分比，以此来衡量应收账款的管理状况。账龄分析法可以十分清楚地列示应收账款是否已逾期、逾期时间长短、金额大小及占应收账款总额的百分比。如果应收账款逾期时间过长，收回的可能性减小，会导致较高的坏账损失率。所以，企业通过定期账龄分析，可以及时制定逾期应收账款相关收账政策，从而减少坏账损失，提高应收账款管理效益。

 **应用举例**

应收账款账龄分析

欣和公司信用期设为 30 天，2020 年 12 月 31 日的应收账款账龄分析如表 4-1 所示。

表 4-1　欣和公司应收账款账龄分析表

账龄（天）	客户数	应收账款金额/元	占应收账款总额的百分比/%
信用期（0～30）	40	37 500 000	68.74
31～60	30	6 800 000	12.47
61～90	17	5 000 000	9.17
91～120	8	3 250 000	5.96
121 以上	5	2 000 000	3.66
合计	100	54 550 000	100

从表 4-1 中可知，欣和公司 2020 年年底，未超过信用期的应收账款余额为 37 500 000 元，占应收账款总额的 68.74%；逾期应收账款为 17 050 000 元，占应收账款总额的 31.26%，其中逾期 121 天以上的应收账款为 2 000 000 元，占应收账款总额的 3.66%，应引起公司的重视，采取必要的收账措施加速应收账款的收回，减少坏账损失。

（2）应收账款账户余额模式。应收账款账户余额模式是反映一定期间（如一个月）的赊销额在发生赊销的当月月末及随后的各月仍未偿还的百分比，主要用以衡量应收账款的收账效率以及预测未来的现金流。

（二）应收账款催收

如果客户违反信用条件，拖欠或者拒付账款时，企业应分别按不同情况，权衡增加的收账费用和减少的坏账损失，制定切实可行的收账政策。例如：对于刚刚超过信用期限且信用评价等级较高的客户，采取寄发账单的形式提醒其付款即可；对于超过信用期限时间较长而信用评价等级不是很低的客户可以采取寄发账单、电话催收等收账费用较低的方式；而对于久拖不还且信用评价等级较低的客户，则应采取必要措施，如派专人上门催收，与债务人协商进行债务重组，甚至通过法律诉讼等方式予以解决。

子任务四　企业利润分配

利润分配又称作收益分配，是将企业实现的净利润，按照国家财务制度规定的分配形式和分配顺序，在企业和投资者之间进行的分配。利润分配的过程与结果，是关系到所有者的合法权益能否得到保护，企业能否长期、稳定发展的重要问题。为此，企业必须加强利润分配的管理。

一、利润分配的程序

利润分配程序是指企业根据法律、法规或有关规定，对企业一定期间实现的净利润进行分派必须经过的步骤。

（一）非股份制企业的利润分配程序

企业年度净利润，除法律、行政法规另有规定外，按照以下顺序分配：

（1）弥补以前年度亏损。

（2）提取 10%法定公积金。法定公积金累计额达到注册资本 50%以后，可以不再提取。

（3）提取任意公积金。任意公积金提取比例由投资者决议。

（4）向投资者分配利润。企业以前年度未分配的利润，并入本年度利润，在充分考虑现金流量状况后，向投资者分配。属于各级人民政府及其部门、机构出资的企业，应当将应付国有利润上缴财政。

（二）股份制企业的利润分配程序

股份有限公司在弥补以前年度亏损、提取法定盈余公积金之后，向投资者分配利润还需要按以下步骤进行。

（1）支付优先股股息。企业应按事先确定的股息率向优先股股东支付股息。如果公司的优先股股东为可参与优先股，那么在向股东支付固定股息后，还应该按约定的条款允许优先股股东与普通股股东一起参与剩余利润的分配。

（2）提取任意盈余公积金。任意盈余公积金由企业根据章程的有关规定或董事会决议所确定的比例自愿提取。提取任意盈余公积金可以起到控制向普通股股东分配股利及调节各年股利分配波动的作用。任意盈余公积金的用途和法定盈余公积金一样，可用于弥补亏损或转增企业资本金。

（3）支付普通股股利。企业应按已经确定的利润分配方案向普通股股东支付股利。

 **应用举例**

利润分配顺序

大有商贸有限责任公司 2020 年有关资料如下：① 2020 年年度实现利润总额 480 万元，所得税税率按 25%计缴；② 公司前两年累计亏损 80 万元；③ 经股东会决定，任意盈余公积金提取比例为 20%；④ 向投资者分红 150 万元。

根据上述资料，该公司利润分配的程序如下：

（1）弥补亏损、计缴所得税后的净利润为：（480−80）×（1−25%）=300（万元）；

（2）提取法定盈余公积金：300×10%=30（万元）；

（3）提取任意盈余公积金：300×20%=60（万元）；

（4）可用于向投资者分红的利润：300−30−60=210（万元）；

（5）实际分红：150（万元）；

（6）年末未分配利润：210−150=60（万元）。

二、利润分配的影响因素

利润分配政策又叫作股利政策，是指关于公司是否发放股利、发放多少股利及何时发放股利等方面的方针和策略。

（一）影响利润分配政策的内部因素

（1）盈利状况。公司在制定利润分配政策时，必须以盈利状况和未来发展趋势作为出发点。只有当盈利状况良好时，公司才有可能采用高股利或稳定增长的利润分配政策；若公司盈利很少甚至亏损，公司就只能采用低股利或不发股利的分配政策。

（2）变现能力。变现能力是指公司将资产变为现金的可能性的大小。若公司的可迅速变现资产多，现金充足，那么它的股利支付能力就较强，采用高股利分配政策就可行；若公司因扩充生产或偿还债务已将其可变现的资产和现金几乎耗用完毕，那么就不应采用高额股利分配政策。

（3）融资能力。规模大、效益好的公司往往容易筹集到资金，因此在利润分配政策上有较大选择余地，既可采用高股利政策，又可采用低股利政策；规模小、风险大的公司，一方面很难从外部筹集到资金，另一方面又需要大量资金，因此这类公司往往会采取低股利或不发股利的政策，以尽可能多地保留盈余。

（二）影响利润分配政策的外部因素

法律上的限制、合同上的限制、投资机会的出现及股东的意见等，都会对公司的利润分配政策产生很大的影响。

（1）法律上的限制。《中华人民共和国公司法》等法律法规对公司利润分配政策做出限制。通常包括：保护资本完整，不能因支付股利而减少资本总额；股利必须出自盈利，即按弥补以前年度亏损后的净利润的一定比例提取法定盈余公积金后发放股利；如果公司已经无力偿还债务，则不准发放股利。

（2）合同上的限制。在公司债务与贷款合同或租赁协议上，为了让公司有到期偿还债务的能力，保证债权人的利益不受伤害，往往有限制公司支付股利的条款。这种限制通常包括：未来的股利只能以签订合同以后的收益发放；营运资金低于某一特定金额时不得发放股利；将一部分利润以偿债基金的形式留存；利息保障倍数低于一定水平时不得发放股利。

（3）投资机会。公司的利润分配政策在较大程度上要受外部投资机会的制约，如果公司有许多有利的投资机会，需要大量的资金，则宜采用较紧的利润分配政策；反之，利润分配政策就可偏松。

（4）股东的意见。在制定利润分配政策时，董事会必须重视股东的意见。股东从自身需求出发，对利润分配政策会产生不同影响。通常，对股利有很强依赖性的股东要求获得稳定的股利；而除股利外有着其他高收入的股东出于避税的考虑，往往反对公司发放较多的股利。

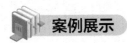 **案例展示**

苹果公司股利政策

苹果公司创立于 1976 年，到 1980 年该公司研制生产的家用电脑已经销售 13 万多台，销售收入达到 1.17 亿美元。1980 年苹果公司首次公开发行股票上市。上市以后，公司得到快速成长，到 1986 年，公司的销售收入已达 19 亿美元，净利润实现 1.54 亿美元。从 1980 年至 1986 年，苹果公司的净利润年增长率达到 53%。1986 年苹果公司与马克公司联合进入办公用电脑市场。办公用电脑市场的主要竞争对手是实力非常强大的 IBM 公司。尽管竞争非常激烈，但 1987 年苹果公司仍然取得了骄人的成绩，销售收入实现了 42% 的增长率。但是，人们仍然对苹果公司能否持续增长表示怀疑。

为了增强投资者的信心，特别是吸引更多的机构投资者，苹果公司在 1987 年 4 月 23 日宣布首次分配季度股利，每股支付现金股利 0.12 美元，同时按 1:2 的比例进行股票分割（即每 1 股分拆为 2 股）。股票市场对苹果公司首次分配股利反应非常强烈，股利宣布当天，股价就上涨了 1.75 美元，在 4 个交易日里股价上涨了约 8%。在之后的三年多，苹果公司的经营业绩保持良好的增长，到 1990 年实现销售收入 55.58 亿美元，净利润 4.75 亿美元，1986—1990 年期间，销售收入平均年增长率为 31%，净利润平均年增长率为 33%。但是，1990 年以后，苹果公司的业绩开始逐年下降：1996 年发生亏损 7.42 亿美元，1997 年发生亏损 3.79 亿美元。苹果公司的股票价格也从 1990 年的 48 美元跌到 1997 年的 24 美元。尽管经营业绩发生了较大变化，但苹果公司从 1987 年首次分配股利开始，一直坚持每年支付大约每股 0.45 美元的现金股利，直到 1996 年，由于经营困难，不得不停止发放股利。

资料来源：https://wenku.baidu.com/view/135859b987c24028905fc364.html.

中小企业应收账款的
管理

上市公司给股东送礼，
3 万股民将分到香菇酱

任务三　中小企业财务分析

任务描述

　　财务分析是指分析人员根据信息使用者的需要，以企业财务报告为主要依据，结合企业内部及外部相关信息资料，运用一系列分析技术和方法，对企业财务状况、融资活动、投资活动、经营活动及其经营成果进行分析、研究和评价，并向信息使用者提供分析报告的一项管理活动。作为企业的经营者，该如何掌握公司的财务状况、经营成果呢？

任务分析

　　中小企业财务分析主要分析企业的盈利能力、偿债能力和营运能力，从而帮助投资者和债权人做出理智的决策，帮助经营者及时发现并改进经营活动中存在的问题和不足。

　　本任务将帮助你解决如下问题：

- 盈利能力分析；
- 偿债能力分析；
- 营运能力分析。

子任务一　盈利能力分析

　　企业盈利能力是指企业获取利润的能力。利润是投资者取得投资收益、债权人收取本息的资金来源，是经营管理者经营业绩和管理效能的集中表现，也是职工集体福利设施不断完善的重要保障，因此，企业盈利能力是企业内外各利益相关者都关心的问题。企业盈利能力的主要分析指标包括营业利润率、销售毛利率、销售净利率、总资产报酬率、净资产收益率等。

一、营业利润率

　　营业利润率是指营业利润与营业收入之间的比率。它是衡量企业生产经营盈利能力的指标，反映了在不考虑非营业成本的情况下，企业管理者通过生产经营活动获取利润的能力。其计算公式如下：

$$营业利润率 = \frac{营业利润}{营业收入} \times 100\% \qquad (4-3)$$

　　营业利润率越高，说明企业营业收入提供的营业利润越多，企业的盈利能力越强；反之，营业利润率越低，说明企业的盈利能力越弱。

二、销售毛利率

　　销售毛利率是指销售毛利与营业收入之间的比率，反映企业每百元营业收入中含有多少毛利额。销售毛利是营业收入与营业成本的差额，营业收入是企业利润的初始源泉。只有营业收入扣除营业成本后有余额，才能进一步抵补企业的各项费用后形成营业利润。因此，销售毛利率是企业最终盈利的基础，没有足够大的销售毛利率就不能形成企业的盈利。销售毛利率的计算公式如下：

$$销售毛利率 = \frac{销售毛利}{营业收入} \times 100\% = \frac{营业收入 - 营业成本}{营业收入} \times 100\% \quad (4-4)$$

销售毛利率的数值越大，说明在营业收入中营业成本占的比重越低，企业通过营业收入获取利润的能力越强。

销售毛利率随企业所在的行业的不同而高低各异，但同一行业的销售毛利率一般相差不大。与同期、同行业的平均营业毛利率比较，可以揭示企业主营业务在整个行业中的地位；与企业以往各期比较，可以看出企业主营业务盈利空间的变动趋势。

三、销售净利率

销售净利率是指净利润与营业收入之间的比率，反映每百元营业收入获得的净利润是多少，表明企业营业收入创造净利润的能力。其计算公式如下：

$$销售净利率 = \frac{净利润}{营业收入} \times 100\% \quad (4-5)$$

销售净利率是企业营业收入的最终盈利能力指标，比率越高，说明企业的盈利能力越强。但是，销售净利率受行业特点影响较大。一般而言，越是资本密集型企业，销售净利率就越高；反之，则较低。因此，销售净利率的分析应结合不同行业的具体情况进行。

在分析销售净利率时应注意：营业收入包含主营业务收入和其他业务收入，但是净利润的形成并非都是由营业收入产生，它还受到投资收益、营业外收支、所得税费用等因素的影响。对上市公司销售净利率的分析要注意其投资收益、营业外收入等一次性的偶然收入突升，防止企业利用资产重组、非货币资产置换、股权投资转让、资产评估、非生产性资产与企业建筑物销售收入等手段调节利润。

 **应用举例**

盈利能力分析

北海商贸有限公司 2020 年 12 月 31 日的资产负债表和 2020 年度的利润表如表 4-2、表 4-3 所示。

表 4-2　北海商贸有限公司 2020 年 12 月 31 日资产负债表

编制单位：　　　　　　　　　　　　　　　　　　　　　　　　　　　　　　单位：元

资产	年初数	年末数	负债和所有者权益	年初数	年末数
流动资产：			流动负债：		
货币资金	14 818 000	14 198 000	短期借款	1 450 500	1 607 610

续表

资产	年初数	年末数	负债和所有者权益	年初数	年末数
交易性金融资产			应付票据	6 219 350	6 334 020
应收票据	15 359 000	16 045 400	应付账款	15 312 100	14 130 000
应收账款	6 132 040	7 853 510	预收款项	1 209 500	1 333 050
预付款项	428 201	490 984	应付职工薪酬	970 635	929 388
应收利息	761	771	应交税费	282 963	501 852
应收股利	10 615	3 040	应付利息	164 127	124 678
其他应收款	459 324	587 443	应付股利	466 015	6 174
存货	8 087 760	8 201 960	其他应付款	3 280 000	380 000
流动资产合计	45 295 701	47 381 108	流动负债合计	29 355 190	25 346 772
非流动资产：			非流动负债：		
长期应收款	0	1 283	长期借款	8 618 560	9 133 920
长期股权投资	7 612 870	7 872 710	应付债券	3 492 690	3 491 950
固定资产	6 592 900	2 682 500	长期应付款	5 500	5 500
在建工程	4 237 930	4 143 820	递延所得税负债	188 799	154 429
工程物资	5	503	非流动负债合计	12 305 549	12 785 799
固定资产清理	2 580	1 682	负债合计	41 660 739	38 132 571
无形资产	2 275 060	2 273 740	所有者权益：		
长期待摊费用	1 392 100	149 980	实收资本（或股本）	1 999 310	1 999 310
递延所得税资产	720 929	721 340	资本公积	807 196	813 955
非流动资产合计	22 834 374	17 847 558	盈余公积	2 300 130	2 300 130
			未分配利润	21 362 700	21 982 700
			所有者权益合计	26 469 336	27 096 095
资产总计	68 130 075	65 228 666	负债和所有者权益总计	68 130 075	65 228 666

表4-3 北海商贸有限公司 2020 年度利润表

编制单位：　　　　　　　　　　　　　　　2020 年　　　　　　　　　　　　　　单位：元

项　目	本期金额	上期金额
一、营业收入	43 332 700	30 921 600
减：营业成本	34 583 400	24 640 000
营业税金及附加	194 684	141 315
销售费用	2 231 430	1 535 460
管理费用	2 629 040	1 749 370
财务费用	148 662	63 850
资产减值损失	278 931	225 291
加：投资收益	24 307.5	11 820
二、营业利润	3 290 860.5	2 578 134

项　目	本期金额	上期金额
加：营业外收入	89 561.7	57 517.4
减：营业外支出	18 896.6	15 148.5
三、利润总额	3 361 525.6	2 620 502.9
减：所得税费用	558 950	464 046
四、净利润	2 802 575.6	2 156 456.9

北海商贸有限公司的营业利润率、销售毛利率、销售净利率等指标计算过程如下：

营业利润率＝（3 290 860.5/43 332 700）×100%＝7.59%

销售毛利率＝[（43 332 700−34 583 400）/43 332 700]×100%＝20.19%

销售净利率＝（2 802 575.6/43 332 700）×100%＝6.47%

四、总资产报酬率

总资产报酬率又称资产所得率，是指企业一定时期内实现的息税前利润与平均总资产的比率。它表示企业全部资产获取收益的能力，全面反映企业的盈利能力和投入产出状况，是评价企业资产运营效益的重要指标。息税前利润是指企业当年实现的利润总额与利息费用的合计数，总资产平均余额是指期初资产总额与期末资产总额的平均值。计算公式如下：

$$总资产报酬率 = \frac{息税前利润}{总资产平均余额} \times 100\% = \frac{利润总额 + 利息支出}{(期初资产总额 + 期末资产总额)/2} \times 100\%$$

$$(4\text{-}6)$$

总资产报酬率越高，表明企业投入产出的水平越好，企业的资产运营越有效。通过对该指标的深入分析，可以增强各方面对企业资产经营的关注，促进企业提高单位资产的收益水平。一般情况下，企业可以将总资产报酬率与资本市场利率进行比较，如果该指标大于资本市场利率，则表明企业可以充分利用财务杠杆，进行负债经营，以获取尽可能多的收益。

五、净资产收益率

净资产收益率也称作所有者权益收益率，是净利润与所有者权益平均余额的比率，是企业税后净利润除以平均净资产得到的百分比率。该指标是衡量企业盈利能力的主要核心指标之一，反映所有者投资的盈利能力，用以衡量企业运用自有资本的效率。计算公式如下：

$$净资产收益率 = \frac{净利润}{净资产平均余额} \times 100\% = \frac{净利润}{(期初净资产总额 + 期末净资产总额)/2} \times 100\%$$

$$(4\text{-}7)$$

净资产收益率越高，说明所有者投资带来的收益越高，企业的盈利能力越强，对企业投资者、债权人的保证程度越高；反之，则说明企业投资收益较差，盈利能力较弱，对企业投资者、债权人的保证程度较低。

盈利能力分析

北海商贸有限公司 2020 年 12 月 31 日的资产负债表和 2020 年度的利润表见表 4–2、表 4–3（单位：元）。

北海商贸有限公司的总资产报酬率、净资产收益率等指标的计算过程如下：

总资产报酬率 = {3 361 525.6+148 662}/ [（68 130 075+65 228 666）/2]} ×100%=5.26%

净资产收益率 = {2 802 575.6/[（26 469 336+27 096 095）/2]} ×100%=10.46%

子任务二　偿债能力分析

偿债能力就是指企业用其资产偿还到期债务的能力，包括短期偿债能力和长期偿债能力。如果企业无法按期偿还债务，就会陷入财务危机的困境甚至危及企业的生存。由于负债可分为流动负债和非流动负债，资产可分为流动资产和非流动资产，因此偿债能力分析通常分为短期偿债能力分析和长期偿债能力分析。

一、短期偿债能力分析

短期偿债能力是指企业偿还到期短期债务的能力。一般情况下，企业以其流动资产变现取得的资金偿还流动负债。所以，一般通过判断流动资产对流动负债的保障程度来分析企业的短期偿债能力。

（1）营运资金。营运资金是指企业的净营运资金，是反映企业短期偿债能力的绝对量指标。实际上，营运资金是企业在短期内可以自由动用的资金。营运资金数额越大，说明企业债务到期不能偿还的风险就越小。但是，并不是说营运资金越多越好。营运资金过多，说明企业有部分资金闲置，没有充分发挥其效益，会影响企业的盈利能力。因此，营运资金应保持适当的数额。计算公式如下：

$$营运资金 = 流动资产 - 流动负债 \qquad (4-8)$$

（2）流动比率。流动比率也称作营运资金比率，是指企业流动资产与流动负债的比率。流动比率是衡量企业短期偿债能力的最基本、最通用的指标。它表明企业每一元流动负债有多少流动资产作为偿还的保证，反映企业可在短期内变现的流动资产偿还流动负债的能力。毫无疑问，流动比率越高，说明企业资产的变现能力越强，短期偿债能力亦越强；反之，则越弱。不同行业的流动比率差别很大，营业周期越短的行业，合理的流动比率越低。一般认为，工业生产性企业合理的流动比率最低应该是 2。计算公式如下：

$$流动比率 = \frac{流动资产}{流动负债} \qquad (4-9)$$

（3）速动比率。速动比率是指速动资产与流动负债之比，是衡量企业流动资产中可以立即变现用于偿还流动负债的能力。所谓速动资产，是指流动资产减去变现能力较差而且不稳定的存货、待摊费用、一年内到期的非流动资产和其他流动资产后的余额。该指标越高，说明企业的短期偿债能力越强。一般认为，在企业的流动资产中，存货占 50% 左右，速动比率应保持在 1 以上。计算公式如下：

$$速动比率 = \frac{速动资产}{流动负债} \tag{4-10}$$

（4）现金比率。现金比率是指企业的现金及现金等价物与流动负债的比率，反映企业直接偿付流动负债的能力。现金等价物是指企业持有的期限短、流动性强、易于变现的有价证券。现金比率可以反映企业的即刻变现能力，即企业立即偿还到期债务的能力。一般认为，企业的现金比率应在 20% 左右。计算公式如下：

$$现金比率 = \frac{现金 + 有价证券}{流动负债} \tag{4-11}$$

 **应用举例**

短期偿债能力分析

北海商贸有限公司 2020 年 12 月 31 日的资产负债表和 2020 年度的利润表如表 4–2、表 4–3 所示。

该公司营运资金、流动比率和速动比率等财务指标的计算过程如下：

营运资金 = 47 381 108 – 25 346 772 = 22 034 336（元）

流动比率 = 47 381 108/25 346 772 = 1.87

速动比率 =（47 381 108 – 8 201 960）/25 346 772 = 1.55

二、长期偿债能力分析

长期偿债能力是指企业偿还长期负债的能力。长期负债是指偿还期在 1 年或超过 1 年的一个营业周期以上的负债，包括长期借款、应付债券、长期应付款等。与流动负债相比，长期负债具有数额较大、期限较长等特点，对企业的影响也比较深远。

（1）资产负债率。资产负债率也称作债务比率，是企业负债总额除以资产总额的百分比。资产负债率是衡量企业负债水平和风险程度的重要指标，它反映了债权人所提供的债务资金占企业全部资产的比重，揭示了企业对债权人债务的保障程度。资产负债率越高，说明企业的债务负担就越重，不能偿还负债的可能性就越大，债权人的风险也就越高。计算公式如下：

$$资产负债率 = \frac{负债总额}{资产总额} \times 100\% \tag{4-12}$$

（2）产权比率。产权比率是指负债总额与所有者权益总额之间的比率，也称为债务股权比率。它也是衡量企业长期偿债能力的指标之一。产权比率是资产负债率的另一种表现形式，用来表明由债权人提供的和由投资者提供的资金的相对关系，反映企业基本财务结构是否稳定。产权比率越高，说明企业偿还长期债务的能力越弱；产权比率越低，说明企业偿还长期债务的能力越强。计算公式如下：

$$产权比率 = \frac{负债总额}{所有者权益总额} \quad\quad (4\text{-}13)$$

（3）利息保障倍数。利息保障倍数也称作已获利息倍数，是指企业息税前利润与利息费用的比率。它是衡量企业支付负债利息能力的指标，反映盈利能力对债务偿付的保障程度。要维持正常的偿债能力，利息保障倍数至少应大于1，且比值越高，企业长期偿债能力越强。如果利息保障倍数过低，企业将面临亏损、偿债的安全性与稳定性下降的风险。计算公式如下：

$$利息保障倍数 = \frac{息税前利润}{利息费用} \quad\quad (4\text{-}14)$$

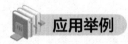 **应用举例**

长期偿债能力分析

北海商贸有限公司2020年12月31日的资产负债表和2020年度的利润表如表4-2、表4-3所示（单位：元）。

根据上述资料，该公司资产负债率、产权比率和利息保障倍数等财务指标的计算过程如下：

资产负债率=（38 132 571/65 228 666）×100%=58.46%

产权比率=38 132 571/27 096 095=1.41

利息保障倍数=（3 361 525.6+148 662）/148 662=23.61

子任务三　营运能力分析

营运能力也称作资产营运能力，是指企业营运资产的效率与效益。营运资产的效率通常是指企业资产的周转率或周转速度。资产周转率越高，说明资产运用效率越好，资产营运能力越强。营运资产的效益是指企业营运资产的利用效果，也就是营运资产给企业带来的经济效益。

企业的经营活动离不开各项资产的运用，对企业营运能力的分析，实质上就是对各项资产的周转使用情况进行分析。一般而言，资金周转速度越快，说明企业的资金管理水平越高，资金利用效率越高。企业营运能力分析主要包括以下三个方面的内容。

一、总资产营运能力分析

我们通常通过对总资产周转率的分析，来评价企业总资产的营运能力。总资产周转率，是指企业在一定时期内营业收入与总资产平均余额的比率，说明企业的总资产在一定时期内（通常为一年）周转的次数，该指标又被称为总资产周转次数。周转率越大，说明总资产周转越快，反映出销售能力越强。总资产周转速度也可以用总资产周转天数来表示，它等于计算期天数除以总资产周转率（一般以一年，即360天作为一个计算期），该指标反映的是总资产周转一次需要的时间（天数）。总资产周转天数越少，表明总资产利用效果越好，相关公式如下：

$$总资产周转率（次数）=\frac{营业收入}{总资产平均余额} \qquad (4-15)$$

$$总资产周转（天数）=\frac{计算期天数}{总资产周转率（次数）} \qquad (4-16)$$

二、流动资产营运能力分析

评价企业流动资产的营运能力，通常可通过对流动资产周转率、应收账款周转率和存货周转率的分析。企业资金周转的速度越快，说明企业资金利用的效果越好，效率越高，企业运用流动资金的能力越强。

（1）流动资产周转率。流动资产周转率是指企业一定时期（通常为一年）内营业收入同流动资产平均余额的比率，是评价企业流动资产周转速度及利用效率的综合性指标。该指标又被称为流动资产周转次数。流动资产周转速度越快，说明流动资产的利用效果越好。流动资产周转速度也可以用流动资产周转天数来表示，周转天数越短，流动资产的利用效果越好。相关公式如下：

$$流动资产周转率（次数）=\frac{营业收入}{流动资产平均余额} \qquad (4-17)$$

$$流动资产周转（天数）=\frac{计算期天数}{流动资产周转率（次数）} \qquad (4-18)$$

（2）应收账款周转率。应收账款周转率是指企业一定时期内（通常是一年）应收账款周转额与应收账款平均余额的比率。其中，应收账款周转额是指企业从事销售活动实现的赊销额，一般用营业收入替代。应收账款周转率反映了应收账款周转速度，是衡量应收账款流动程度和管理效率的重要指标。该指标又被称为应收账款周转次数。应收账款周转速度也可用应收账款周转天数来表示，周转天数越短，说明企业应收账款的管理效率也越高。相关公式如下：

$$应收账款周转率（次数）=\frac{营业收入}{应收账款平均余额} \qquad (4-19)$$

$$应收账款周转速度（天数）=\frac{计算期天数}{应收账款周转率（次数）} \qquad (4-20)$$

（3）存货周转率。存货周转率是指企业一定时期（通常是一年）内的存货周转额与存货平均余额的比率。其中，存货周转额一般用营业成本来替代。存货周转率表示企业的存货资产在一定时期内周转的次数，是衡量和评价企业购入存货、投入生产、销售收回等各环节管理状况的综合性指标。存货周转速度也可用存货周转天数来表示。周转天数越短，存货转化为现金或应收账款的速度就越快。相关公式如下：

$$存货周转率（次数）=\frac{营业成本}{存货平均余额} \qquad (4-21)$$

$$存货周转（天数）= \frac{计算期天数}{存货周转率（次数）} \qquad (4-22)$$

三、固定资产营运能力分析

固定资产营运能力是指企业组织、管理和营运固定资产的能力和效率，反映固定资产营运能力的指标是固定资产周转率。

固定资产周转率也称作固定资产收入率，是企业营业收入与固定资产平均余额之比，既表示企业每百元固定资产实现的收入额，又表示企业固定资产在一定时期内（通常是一年）周转的次数。固定资产周转率是反映企业固定资产周转速度、变现能力和利用程度的指标。一般情况下，固定资产周转率越高，说明固定资产使用效率越高，企业固定资产的运营能力越强。固定资产周转速度也可以用周转天数来表示，周转天数越少，表明固定资产转化为现金或应收账款的速度越快。相关公式如下：

$$固定资产周转率（次数）= \frac{营业收入}{固定资产平均余额} \qquad (4-23)$$

$$固定资产周转（天数）= \frac{计算期天数}{固定资产周转率（次数）} \qquad (4-24)$$

营运能力分析

北海商贸有限公司 2020 年 12 月 31 日的资产负债表和 2020 年度的利润表如表 4-2、表 4-3 所示（单位：元）。

根据上述资料，该公司总资产周转率、流动资产周转率、固定资产周转率、应收账款周转率和存货周转率等财务指标的计算过程如下：

总资产周转率=43 332 700/[（68 130 075+65 228 666）/2]=0.65

流动资产周转率=43 332 700/[（45 295 701+47 381 108）/2]=0.94

固定资产周转率=43 332 700/[（6 592 900+2 682 500）/2]=9.34

应收账款周转率=43 332 700/[（6 132 040+7 853 510）/2]=6.20

存货周转率=34 583 400/[（8 087 760+8 201 960）/2]=4.25

如何撰写财务
分析报告

财务报表分析的
七大注意事项

综合训练 资金成本管理、利润分配、财务分析

训练 1：资金成本管理

【训练素材】中恒公司于 2020 年 1 月 1 日成立，注册资本 500 万元，其中吸收直接投资 300 万元，出资人共同约定不管盈利如何，每年分配固定红利 50 万元。该公司通过银行借款取得 5 年期长期借款 200 万元，年利率为 8%，每年付息一次，到期一次还本，借款费用率为 0.2%。该公司是中小企业，适用的企业所得税税率为 25%。

【训练要求】

（1）计算中恒公司取得银行借款的资金成本。

（2）计算中恒公司吸收直接投资的资金成本。

训练 2：利润分配

【训练素材】

前海有限公司由王梅、李宁共同投资设立，分别出资 1 200 万元、800 万元，公司章程约定投资者按照出资比例分配收益。2019 年度的税后利润为 1 200 万元，经股东会研究决定提取法定盈余公积 10%、任意盈余公积 20%，剩余利润全部分配给投资者。

【训练要求】

根据上述资料，该公司利润分配的程序如下：

（1）该公司应提取多少法定盈余公积金？

（2）该公司应提取多少任意盈余公积金？

（3）可用于向投资者分红的利润有多少？

（4）王梅可以取得多少分红？

（5）李宁可以取得多少分红？

训练 3：财务分析

【训练素材】

大地公司 2020 年度资产负债表、利润表如表 4-4、表 4-5 所示。

表 4-4 大地公司 2020 年资产负债表

编制单位：大地公司　　　　　　　　2020 年 12 月 31 日　　　　　　　　单位：千元

资　产	年初数	年末数	负债及所有者权益	年初数	年末数
流动资产：			流动负债：		
货币资金	2 850	5 020	短期借款	650	485
交易性金融资产	425	175	应付账款	1 945	1 295
应收账款	3 500	3 885	应付职工薪酬	585	975
预付账款	650	810	未付利润	1 620	2 590
存货	2 610	2 820	一年内到期的长期负债	385	485

续表

资 产	年初数	年末数	负债及所有者权益	年初数	年末数
其他流动资产	75	80			
流动资产合计	10 110	12 790	流动负债合计	5 185	5 830
持有至到期投资：			长期负债：		
持有至到期投资	975	1 650	长期借款	650	975
固定资产：			应付债券	400	640
固定资产原价	8 100	9 075	长期负债合计	1 050	1 615
减：累计折旧	2 450	2 795	所有者权益：		
固定资产净额	5 650	6 280	实收资本	4 860	5 850
无形及递延资产：			资本公积	1 560	2 370
无形资产	90	75	盈余公积	2 595	3 240
递延资产	75	55	未分配利润	1 650	1 945
其他长期资产			所有者权益合计	10 665	13 405
资产总计	16 900	20 850	负债及所有者权益总计	16 900	20 850

表 4-5 大地公司 2020 年利润表

编制单位：大地公司　　　　　　　　2020 年 12 月 31 日　　　　　　　　单位：千元

项　　目	上年实际	本年累计
一、营业收入	37 500	49 000
减：营业成本	22 500	27 500
营业税金及附加	1 875	2 450
销售费用	1 575	1 750
管理费用	2 450	2 750
财务费用	165	195
加：投资收益	325	450
二、营业利润	9 260	14 805
加：营业外收入	195	165
减：营业外支出	165	95
三、利润总额	9 290	14 875
减：所得税费用	3 065	4 910
四、净利润	6 225	9 965

【训练要求】

根据财务报表资料计算以下财务指标：

（1）流动比率；（2）速动比率；（3）资产负债率；（4）应收账款周转率；

（5）存货周转率；（6）流动资产周转率；（7）总资产周转率；（8）产权比率；

（9）利息保障倍数；（10）销售净利率；（11）销售毛利率；（12）总资产报酬率；

（13）净资产收益率。

 同步测试

一、单项选择题

1. 我国目前各类企业最为重要的资金来源是（　　　）。

A. 银行信贷资金   B. 企业自留资金

C. 其他企业资金   D. 国家财政资金

2. 企业向银行借款 100 万元，年利率为 10%，手续费为 2%，所得税税率为 25%，则银行借款资本成本为（   ）。

A. 6%   B. 6.5%   C. 7.25%   D. 7.65%

3. 在企业应收账款管理中，明确规定了信用期限、折扣期限和现金折扣率等内容的是（   ）。

A. 客户资信程度   B. 收账政策   C. 信用等级   D. 信用条件

4. 流动资产周转率为 4 次，固定资产周转率为 2.5 次，该企业除固定资产外不存在其他非流动资产，假设一年有 360 天，则总资产周转率为（   ）次。

A. 7   B. 1.54   C. 1   D. 6.67

5. 处于初创阶段的公司，一般适合采用的股利分配政策是（   ）。

A. 固定股利政策   B. 剩余股利政策

C. 固定股利支付率政策   D. 稳定增长股利政策

二、多项选择题

1. 下列（   ）可以为企业筹集长期资金。

A. 融资租赁   B. 发行优先股   C. 发行普通股   D. 利用商业信用

2. 下列属于负债资金筹集方式的有（   ）。

A. 发行债券   B. 商业票据   C. 吸收直接投资   D. 利用商业信用

3. 下列属于应收账款成本的有（   ）。

A. 机会成本   B. 管理成本   C. 收账费用   D. 坏账成本

4. 某公司的资产负债率较高，则下列说法正确的有（   ）。

A. 说明此公司的财务风险大   B. 不能充分发挥财务杠杆作用

C. 说明此公司的财务风险小   D. 说明此公司盈利能力较强

5. 下列各项中，属于剩余股利政策优点有（   ）。

A. 保持目标资本结构   B. 降低再投资资本成本

C. 使股利与企业盈余紧密结合   D. 实现企业价值的长期最大化

三、简答题

1. 简述银行借款的流程。

2. 简述吸收直接投资的优缺点。

3. 简述资金预算的编制程序。

4. 简述公司印章的保管要求。

5. 简述短期偿债能力分析的内容。

项目四同步测试参考答案

项目五

中小企业人力资源管理

美国钢铁大王卡耐基曾说："假如我的企业被烧掉了，但把人留住，20 年后我还是钢铁大王。"这就说明人力资源是企业最宝贵的资源，企业间的竞争归根到底表现为人才的竞争，作为市场主体的企业必须高度重视人力资源的管理。

学习目标

（1）掌握人力资源管理的基本知识，了解中小企业人力资源管理的特点及人力资源规划存在的问题，明确中小企业人力资源管理方式及人力资源规划的具体要求。

（2）掌握企业用工及人才选拔的形式和内容，明确中小企业在用工方式、人才选拔、人岗适配及劳动合同与社会保险等方面的基本要求。

（3）掌握员工培训与激励、员工薪酬管理的基本要求；了解家族企业人力资源管理的问题；明确中小企业留住员工的措施和途径。

项目介绍

2020 年 12 月 13—15 日，APEC（亚太经济合作组织）中小企业工商论坛在深圳举办。会议指出，中小企业是经济创新、经济增长的重要动力。据 APEC 中小企业工作组统计数据，亚太地区多达 97% 的企业为中小企业，其雇员占劳动力总数的一半以上。从国内形势看，中小企业大多分布在传统产业和价值链中的低端，普遍存在专业化能力和水平不高、创新能力不强、规模小、资金少、人数少、管理不规范等一系列困难，集中体现在难以吸引、留住和合理运用优秀的员工。因此，作为创业者或中小企业的管理者，必须认识到制约中小企业发展的真正瓶颈是行之有效的人力资源管理，如果忽视被称为"世纪第一大资源"的人力资源的管理，中小企业的兴盛繁荣将难以实现。

通过本项目的学习，我们将完成以下任务：

任务一　中小企业人力资源规划；

任务二　中小企业用人之道；

任务三　中小企业留人之法。

任务一　中小企业人力资源规划

任务描述

假如你是一个创业初期的中小企业，公司规模不大，员工数量不多，面临着资金、技术、市场等方方面面的困难，优秀人才更是难以寻觅。同时，你也清晰地认识到，作为企业最重要的资源——人才，已成为公司生存和发展的关键。作为一个中小企业的管理者，你将如何进行有效的人力资源规划？

任务分析

人力资源规划是进行人力资源有效管理的开端。中小企业因为其规模及治理水平等原因，往往忽略了对人力资源的规划工作，因此出现了人员流失严重，人才断档，人才引不进来、留不住等现象，限制了中小企业的发展速度，同时中小企业丧失了很多发展机会。客观分析中小企业人力资源管理特点及人力资源规划存在的问题，将有助于中小企业进行人力资源管理方式的选择和人力资源的规划。

本任务将帮助你解决如下问题：

● 选择人力资源管理方式；

● 进行人力资源规划。

子任务一　选择人力资源管理方式

人力资源是指在一定范围内的人所具有的劳动能力的总和，或者是指能够推动整个经济和社会发展的、具有智力劳动和体力劳动的总和。

人力资源管理是指根据企业发展战略的要求，通过招聘、甄选、培训、报酬等管理形式，有计划地对人力资源进行合理配置，以满足企业当前及未来发展需要，保证企业目标实现与成员发展最大化的一系列活动的总称。

人力资源管理的六项基本职能包括：人力资源规划、招聘与配置、培训与开发、绩效管理、薪酬福利管理、劳动关系管理。

一、中小企业人力资源管理的特点

（1）人力资源管理行为表现出明显的业务导向。中小企业大多处于生存期，其战略核心就是业务，一切行为均体现出明显的业务导向。由于规模和实力的限制，生存是中小企业最紧要的问题，活下去是硬道理，企业必须死死抓住销售、生产等命脉领域的工作，紧紧围绕市场、研发等业务功能来配置资源。因此，中小企业的人力资源管理的关键任务是将业务骨干向管理者转化。

（2）人力资源管理工作中缺乏企业文化理念。中小企业的领导核心往往是创业者，创业者的理念通常就是企业的文化理念。创业者的动机与素质基本上决定了企业的方向、目标和实施能力，创业者的领导风格往往决定了管理者的管理风格和员工的行为风格。因此，中小企业的人力资源管理必须重视企业文化理念的建设，这是企业做大做强的根本。中小企业要以理念吸引优秀人才，凝聚核心团队，支持企业长远发展。

（3）人力资源管理工作中表现出更多的情感性。中小企业人员少，管理架构扁平，人与人之间一般可以便捷地面对面进行沟通。由于沟通的直接性，加之创业者以及骨干员工多半有血缘、乡缘、学缘等关系，企业往往有浓厚的"家族"色彩，情感性因素较多，人情味较重，组织更多的是靠"人"来维系，而理性的味道淡一些。因此，中小企业的人力资源管理要充分利用"家族"的人情味，加速目标、理念传递与人际沟通，强化团队建设，营造出积极向上、开放融洽的组织氛围，形成各种形式的灵活应变、坚强有力的工作团队，以此获得与大公司竞争的比较优势，促进企业由小变大。

（4）人力资源管理的最大优势是灵活、速度与应变能力。中小企业规模不大，组织结构相对简单，各种制度和流程不像大企业那样齐备、规范，而且结构、制度、流程等处于动态、快速的变动之中。面对强大的竞争对手，中小企业最大的优势在于灵活、速度以及应变能力。因此，中小企业的人力资源管理不应过于追求系统化、规范化、程序化和科学化，必须保持较强的灵活性，这是中小企业优势的根源所在。当然，中小企业很有必要搭建一个战略性的、弹性的人力资源管理框架，作为企业人力资源管理工作的目标和指导原则。

（5）人力资源管理更加重视"人"的因素。中小企业盘子小，任何一个看似小的人和事都可能导致企业的兴衰成败。尤其是"人"的因素，中小企业做大的过程，实质上就是人才汇聚的过程；中小企业做大的结果，常常是因为加入的新人带来了企业突破的机会。所以，中小企业更加重视"人"的工作。因此，中小企业面对人力资源市场的竞争弱势，必须分析、定位自身特有优势，制定相应的人才策略。大企业通常靠名声、待遇、培训机会等吸引人，而中小企业也可以通过挖掘自身的卖点，如发展空间、工作挑战性、成就感、实践学习机会或其他更具本企业特色的东西，以小博大。

二、中小企业人力资源管理方式的选择

中小企业是否要设立独立的人力资源管理部门，这是许多创业期的小老板都会纠结的一个问题。有人喜欢一开始就学大公司，有人喜欢更实际点。中小企业可选择的做法有以下四种。

（1）把人力资源管理职能分化到各个部门。中小企业创立初期，由于人员少、组织简单，资金和实力都是属于种子期，各种规划都是按水滴计算的，所以很少设立单独的人力资源管理部门，而是把人力资源职能分化到各个部门甚至由老板负责。例如：中小企业的部门经理

乃至以下人员的任命与考核都是由老板亲自进行，而且这也是老板的必要工作之一。

（2）由办公室负责人力资源管理具体事务。现实中，许多中小企业都是由办公室或综合管理部门承担人力资源管理具体事务，办公室根据需要设立人事专员或行政内勤岗位。

（3）老板应成为真正意义上的人力资源总监。中小企业的人力资源管理最好不要过早地职能化。从团队组建、组织结构设立与调整、建立与传递公司理念，到关键人才的招聘包括面试等，老板都应该亲自"下厨"，亲自抓，老板应成为真正意义上的人力资源总监。

（4）将非核心业务进行外包管理。中小企业也可将人力资源事务中的非核心业务进行外包管理。中小企业采取人力资源外包管理，可摆脱烦琐的事务性工作，将注意力集中在客户开发、市场拓展等核心业务，同时省下聘用专职人力资源经理的劳动成本，达到企业需求的人力资源效果。企业只需设置一名人事专员或行政内勤作为对接人执行即可。

 **阅读延伸**

企业人力资源管理人数应占多大比例

一个企业，人力资源管理人员的数量比例会随着企业规模的变化而变化。在最初创业时期，没有专职（老板亲自兼任）或者只有一两人。在发展期，会经历一个人力资源人数比例上升的阶段，以满足企业不断增长的人员需求。但随着企业发展，管理趋向规范化，人力资源效率得以提高，对人力资源人员所占比例也会出现一定程度的下降。

总之，企业人力资源管理人数应占多大比例，要在每个企业了解了自身内外环境、行业特点、组织规模、发展状况等情况以后，自行研究确定。当然，也可以参考同行企业情况。一般情况下，大型制造企业比例是1:100，小型物流企业是1:50，某贸易型企业是1:35。

资料来源：https://www.docin.com/p-781227997.html.

三、中小企业人力资源外包管理

人力资源外包是指企业为了降低人力成本，实现效率最大化，将人力资源事务中非核心部分的工作全部或部分委托人才服务专业机构管理或办理。人力资源外包可以渗透到企业内部的所有人事业务，包括人力资源规划、制度设计与创新、流程整合、员工满意度调查、薪资调查及方案设计、培训工作、劳动仲裁、员工关系、企业文化设计等方方面面。人力资源外包机构一般是从事委托招聘、猎头服务、人才派遣、人事代理、培训等为企业提供人力资源服务的公司。中小企业人力资源外包管理应该注意以下三个方面。

（1）确定外包功能模块。人力资源外包管理适合于人力资源事务中非核心部分的工作，即基础性事务功能模块。例如：目前很多企业都把人才招聘外包出去，档案管理、考勤记录、工资发放、薪酬福利的外包也呈现高速增长的趋势，而涉及企业文化、绩效考核等企业核心竞争力的事务，则不能轻易外包。

（2）选择合适的外包机构。确定外包功能模块后，就是要进行外包机构的选择。外包机构对中小企业来说极有可能是生死攸关，所以必须重视其服务质量和服务信誉，尤其是可持续的服务能力。当然，选择外包机构，首先要考虑服务的价格，然后是服务机构的信誉和质量，它将对外包工作的完成乃至整个企业的正常发展起到决定性作用。

（3）重视外包过程管理。企业人力资源外包绝对不是将所有的人力资源事务全都外包出去。企业一把手应亲自参与外包功能模块的确定，了解和选择外包机构。尤其是外包过程中，一把手必须介入，且要保持及时的沟通，并对外包公司的服务质量进行随时监测和评估。

 **案例展示**

A 公司的人力资源外包管理

在分工日益细化的今天，企业为了维持组织核心竞争力，将组织的非核心业务委托外部专业公司运营，以降低成本，提高效率，外包业也顺势成为一个独立的行业。A 公司的总部在加拿大，是世界上较大的 ERP 软件制造商。经过长期积累形成具有强大生命力的管理规范，形成了全球统一的财务、业务和人力资源等各模块的管理平台，高度整合全球性资源，以在高速增长的地区中赢得竞争优势。A 公司基于对中国巨大的 ERP 软件市场的预期，2007 年开始筹划在青岛投资。

A 公司决定投资后，立刻着手进行人员招聘，他们委托某外包公司进行高端岗位猎头招聘，低端职位由 A 公司自行招聘。A 公司通过在报纸做广告，收集了不少简历，但是有效简历很少，一直没有合适的人选，而且浪费了很多时间用于简历筛选。最后 A 公司接受了某外包公司"全程招聘解决方案"（岗位分析—代理招聘广告—简历筛选—初试—协助复试—背景调查等），节约了招聘成本（广告成本、人力沉没成本），通过利用专业跨国远程面试系统和人才测评服务，高质量地完成了筹建期的人力资源招聘。在此期间，A 公司委托外包公司根据青岛本地软件人才的薪酬状况，在成本一定的情况下为其量身定做薪酬方案，并且协助其与上岗人员做薪酬福利谈判。各方面准备就绪后，2008 年，A 公司正式入驻中国青岛高新园区，并与某外包公司签订了人事代理协议。

在是否设置人力资源部门或人员的问题上，A 公司初期有一些举棋不定。但是考虑在创建期为了更好地集中精力发展公司的核心业务，减少与各政府部门烦琐的沟通，同时降低非业务人力成本，最终，决定把人事部门整体外包。外包公司主要为以下项目提供服务。

（1）招聘解决方案：在最短时间内，迅速准确地向 A 公司推荐合适的专业人才。

（2）办理录用、离职、退工手续：为 A 公司员工办理录用、离职、退工手续，省去不必要的劳动争议和员工纠纷事务的处理。

（3）员工档案管理：为员工提供统一的存档服务。

（4）集体户口存放代理：为符合条件的员工办理居住证/户口。

（5）薪酬体系设计：根据青岛本地软件开发人才公司水平及欧美系企业基本情况设计薪酬体系。

（6）代发工资、代扣个人所得税：每月按时、准确地给员工发放工资，代扣代缴个人所得税。

（7）代收代缴保险和住房公积金：全程办理员工社会保险、公积金转入转出、代收代缴。

（8）员工劳动争议：协助调解劳动纠纷、代理应诉劳动争议和劳动法律诉讼。

对 A 公司来说，在中国建立分支机构，面临的人力资源各种事务相当复杂。A 公司采用人力资源外包服务后，主要为企业带来以下好处。

（1）迅速招到企业所需的合适人才，并提供人才"蓄水池"服务。针对 A 公司提出的招聘需求进行岗位分析和评估，提出最契合的信息发布渠道、人才搜寻与人才甄选等方案。同时，采用人力资源外包服务能够满足变化的需求，不仅储备人才，而且保护正规员工的就业安全，从而保留住企业的主要人才不流失。

（2）简化人事管理，降低人事费用。对于处于筹建期 A 公司，无须设置专门的 HR 部门，使 A 公司专注于核心业务发展，还可以享受到更加专业化、高质量的人力资源服务。

（3）降低薪酬成本，规避福利负担。由于 A 公司注册地点的不同，根据国家现行社会保险政策，社保基数及具体方案是由青岛市政府规定的。A 公司青岛本地员工社保基数本身就与公司总部有很大差异，加上各类保险的缴存比例的不同，仅社保这项就为 A 公司减轻了很多福利负担。

资料来源：

http//zhidao.baidu.com/link？url=YV27uaaNYRbdbSTIxDcP33majmKfc4FyhE1BreDI7eiOR
jAejby4ZATusWs_RjneJRwl2Z1oadq6qrsidQwRP1CfUvRk9X6QukEm44c6hQ.

子任务二　进行人力资源规划

人力资源规划也叫人力资源计划。

广义的人力资源规划，是企业所有各类各种人力资源计划的总称，是战略规划与战术计划（即具体的实施计划）的统一，包含了企业各类人力资源规划，如战略规划、组织规划、招聘规划、培训开发规划、绩效规划、薪酬福利规划、员工关系规划、员工职业生涯规划等。

狭义的人力资源规划，是指为实施企业的发展战略，完成企业的生产经营目标，根据企业内外环境和条件的变化，运用科学的方法对企业人力资源的需求和供给进行预测，制定相应的政策和措施，从而使企业人力资源供给和需求达到平衡，实现人力资源合理配置和有效激励员工的过程。

从规划的时限上看，人力资源规划可区分为长期规划（五年以上的计划）和短期计划（一年以内的计划），介于两者之间的为中期规划。

一、人力资源规划的主要内容

（1）战略规划。战略规划是根据企业总体发展战略的目标，对企业人力资源开发和利用的方针、政策和策略的规定，是各种人力资源具体计划的核心，是事关全局的关键性计划。

（2）组织规划。组织规划是对企业整体框架的设计，包括组织信息的采集、处理和应用，组织结构图的绘制，组织调查、诊断和评价，组织设计与调整，以及组织机构的设置等。

（3）制度规划。制度规划是人力资源总规划目标实现的重要保证，包括人力资源管理制度体系建设的程序、制度化管理等。

（4）人员规划。人员规划是对企业人员总量、构成、流动的整体规划，包括人力资源现状分析、企业定员、人员需求和供给预测、人员供需平衡等。

（5）费用规划。费用规划是对企业人工成本及人力资源管理费用的整体规划，包括人力资源费用的预算、核算、结算，以及人力资源费用的控制。

二、人力资源规划的步骤

（1）调研诊断。要做好人力资源规划，必须认真调查企业现状。在制定人力资源规划前，要了解企业战略目标是什么；为了实现企业的战略目标，应设置什么样的组织结构及岗位，需要人员的数量是多少，人员是否得到了有效利用，需要什么样的人才；企业目前人数是多少，离职率是多少，员工是否能够胜任，需要提高哪方面的技能；企业目前需要的人才市场供给情况如何等。

（2）确定组织结构及岗位设置。根据企业战略目标，设置相应的组织结构及岗位，要明确各岗位的职责，并形成岗位说明书。岗位出现变动或增加新的岗位，岗位说明书应及时更新。

（3）预测人员需求。根据岗位设置、人员离职率、岗位变动情况等因素合理预测各部门人才需求状况。人力资源部门应和各部门做好沟通工作，应将需要的岗位名称、数量、到岗时间、任职资格等要素列明。

（4）确定人员供给计划。人员需求可通过内部竞聘或外部招聘进行，内部竞聘和外部招聘各有所长、各有所短，企业应根据实际状况自行选择。

（5）确定培训计划。通过必要的培训可以提高员工素质。培训计划应包括培训需求、内容、形式、效果评估方式等，每一项都要详细具体，具有可操作性。

三、中小企业人力资源规划存在的问题

（1）对人力资源规划的重要性认识不足。人力资源规划是企业战略管理的重要组成部分。企业的整体发展战略决定了人力资源规划的内容，而这些内容又为建立人力资源管理体系、制订具体的人力资源计划提供了方向。中小企业往往难以从战略的高度来认识人力资源管理工作，甚至有的老板简单地认为，人力资源管理无非是"缺人时招人、上岗前培训、发工资前考核"三部曲，不能按照"企业战略规划—人力资源规划—人力资源管理"的逻辑进行人力资源规划与管理。

（2）企业战略不清晰、目标不明确。许多中小企业没有清晰的企业发展战略和明确的战略目标，使人力资源规划没有方向感，不知道企业未来究竟需要什么样的核心能力和核心人才。尤其是新兴产业，企业在研发、生产、营销、管理、服务等各个环节都没有成熟的经验可以借鉴，一些新开拓的项目，定岗、定编工作也不像传统业务那么成熟，在人力资源管理方面大多是走一步、看一步。由于企业战略不清晰、目标不明确，导致人力资源规划缺乏方向性和目的性。

（3）缺乏人力资源管理的专门人才。现实中，许多中小企业没有设立人力资源部，大多由办公室履行人力资源管理的职能。即使设了人力资源部的企业，在行使人力资源管理职能时，也普遍存在一些问题。主要表现在：第一，人力资源管理人员在人力资源管理专业方面的知识储备不足，专业技能不够；第二，缺乏系统的人力资源职业培训。多数中小企业没有安排系统的人力资源管理培训学习，因此很难做出像样的、专业的人力资源战略规划来。

四、中小企业如何进行人力资源规划

在企业人力资源管理中，人力资源规划不仅具有先导性，而且具有战略性，对企业总体发展战略和目标的实现具有举足轻重的作用。究竟中小企业有没有必要进行人力资源规划？怎样才能制定出科学的人力资源规划？

（1）搭建战略性的人力资源管理框架。中小企业很有必要搭建一个战略性的人力资源管理框架，作为企业人力资源管理工作的目标和指导原则。伴随企业发展过程，不断地明晰、调整、充实框架的内容，包括策略、制度、程序，以及薪资、绩效、培训、招聘等。

（2）制定弹性的人力资源规划。能根据市场的不断变化，及时重新评估并调整企业的人力资源规划。其目标是在企业面临生产或服务能力扩张性机遇时，尽可能快地配备企业所需的核心人员，以提高组织的快速反应能力。

（3）确定企业核心人力资源。要在明确企业发展战略和核心竞争能力的基础上，确定企业核心人力资源。核心人力资源是决定企业生存发展的关键因素，要通过激励机制、教育培训、职业生涯计划等一系列措施，进行量的扩充和质的提高，并能长期驻留于企业。

（4）加强人力资源管理队伍建设。把既有人力资源管理经验，又有人力资源系统理论知识的人才配备到人力资源管理岗位上来，重视对人力资源管理人员的培训，以适应中小企业不断发展的需要。

（5）企业一把手要亲自抓。人力资源规划关系到企业的人才战略，绝不仅仅是人力资源部门的事，企业一把手要亲自抓。只有领导重视了，这项工作才能落到实处。再则，企业一把手对企业的发展战略最清楚，对企业的竞争能力最了解，对企业需要什么样的人才感触最深，对留住核心人才最关注。

总之，中小企业不但要重视整体战略规划，而且要制定与整体战略相适应的人力资源规划，制定适宜的选人、用人、育人、激人、留人的人才政策，保证企业核心竞争能力。

 **阅读延伸**

中小企业 HR 如何逆袭 PK 大公司 HR

我们先看一看中小企业的 HR（human resources，人力资源）现状，中小企业的 HR 都在做什么呢？我所了解的中小企业的 HR，每天在做的工作就是：招聘，新员工培训，人事事务（劳动关系、员工关系相关），薪酬福利的计算发放。

这些工作都是基本的事务型的工作，想要跳槽，离大企业的要求还有十万八千里。有大企业背景的 HR，相比中小企业 HR 的优势在于：大企业有机会接触更多的培训，他们知道好的东西长什么样；他们每年可能会参与到各种咨询项目中，有更多项目历练的机会；大企业的 HRD（HR director，人力资源总监）专业能力相对更强。总之，在大企业与中小企业这两种不同的"外部环境"下，导致 HR 职业能力差别的根本原因，是见识和练习机会的多少。

所以，中小企业的 HR 要想逆袭，在未来可以 PK 大企业的 HR，必须要做到以下几点。

1. 勤于思考，将基础工作做到极致

作为中小企业的 HR，如果你目前的经验只是做招聘、做员工关系和算工资，你希望提升自己 HR 的专业能力，首先不是急于学习自己不懂或没接触过的 HR 的理论知识，而是先把本职的工作梳理一下，看看自己对于基础业务是否有足够的理解，能不能做到更好。

比如，从做招聘来讲，你可以利用做招聘的机会和用人部门去聊，熟悉各部门业务，熟悉整个行业，而不是简单地、机械地发招聘简章、打招聘电话。求职者会问你很多关于业务的信息、产品的信息，一开始回答不上来不要紧，要把每个问题都记下来，然后去找答案；慢慢去了解公司的业务流程，画业务流程图；可以问业务部门或产品、技术等部门，把我们的产品搞清楚，与别人的产品有哪些不同，有什么优势，基于这些了解你也可以慢慢回答求职者提出的各种问题。

切记的是，要参与到面试中去。招聘中你不能把人找来让用人部门自己面试，你就不管了，你一定要一起听，为什么呢？一是要通过参与面试，了解用人部门要人的倾向，便于更好地把握需求；二是通过倾听更好地了解业务；三是可以发现用人部门面试中的问题，从而帮助用人部门更准确地判断。

熟悉业务之后，可以帮助一起分析绩效的问题，面试中通过和用人部门交流用人点，互相补位，相互促进，其实这就是开始向 HRBP（HR business partner，人力资源业务合作伙伴）转型。

2. 增长见识，知道"好"的标准是什么

大企业与中小企业的 HR 职业能力差别的根本原因在于见识和练习的机会。

在中小企业可能很多 HR 的项目你听也没听过，见也没见过，你连见识都没有，所以我们要不断地增长见识，看看好的 HR 是怎么做的，做到什么程度。如果你觉得外部的培训特别贵，你可以选择看书、听微课、HR 的各种免费分享、各个 HR 的微信号学习等方式，这些方式都可以帮助你增长见识，学习知识点，而且又特别经济，成本很低。

一开始不建议看管理思想类的书，也不要看公司传记这类的书。这是因为你的知识结构底层基础并不夯实，并不能提升职业能力，只是开阔眼界。要看提供方法论的书籍，或者下载一些咨询案例看。看咨询案例是比较好的学习方法，看别人如何做组织诊断的，解决方案的思路是如何形成的，用了怎样的方法论等。

当然，免费的东西总会良莠不齐，有条件向专业的老师和机构学习，会少走一些弯路。不过看得多了，也就会有一定的甄别能力。

3. 主动实操，实践才能将理论变成方法

"见识"积累到足够多时，你会觉得身体内有一股"洪荒之力"蠢蠢欲动，这个时候你应该基本掌握了相应的工具和方法，所以就可尝试做一个绩效方案，做一套薪酬方案，去体会理论中的内容哪些适合在实践中用，哪些需要一定的条件才能用，哪些不能用及为什么不能用。在这样的思考和改进中，你的专业能力会不断提升，这个阶段你开始不再仅仅关注那些工具，而是如何有效地解决问题。

你会体会和关注哪些是解决问题的关键。不是非要大张旗鼓地做人力资源项目。你可以从一个小项目开始，或者拿一个部门做个试点，中小企业也有中小企业的好处，没有那么多的关卡，有时候尝试反而比大企业容易。

总之，要形成自己的方法论。这个一定要做，而且最好形成书面的记录。这在提升阶段是非常有意义的：你看一份书面材料时，往往还能站在"第三方"的角度上，再碰撞出许多有趣的东西来。

梳理一下你的知识点。一个模块一个模块地梳理，在梳理某个模块时你会发现可以延伸到其他模块。例如：你做招聘计划之前应该考虑公司的人力资源规划，并且会发现招聘只是解决人才数量的一种手段，你还可以通过培训、晋升、轮岗、继任等方式解决这样的问题，这样这两个模块就联系起来，你从原来仅仅考虑招聘的问题，自然转移到考虑通过人力整体规划来解决人才需求的问题，你就从单模块思维跨越到系统性思维。

通过不断的学习、总结和实践，当你可以随意地把人力资源模块中的要素进行拆分和整合，不用纠结在模块的划分上，不看重具体用什么工具上，而是聚焦于在实践中的应用上时，你就已经开始形成自己的方法论了，职业能力自然上升一个台阶。

这个时候可以找一些理论书来看，不仅学习工具和方法，还要思考书中观点背后的依据是什么，结合自己的实践经验，分析书中哪些说的是对的，哪些是不对的；如果是对的，实施的条件是什么。而且你也可以思考和鉴别，书里哪些内容说了，哪些没有说；是说不清楚，还是不愿意说。

4. 向你的老板学习——最好的老师不是优秀的 HR，而是你的老板

最优秀的 HR 和老板的差距也是巨大的，我不认为，"HRD 能做 CEO"。因为 HRD 直接到 CEO 的这种过渡，缺乏重要的工作历练，哪怕是最优秀的 HRD，在视野、魄力、胸怀和老板相比还有很大的差距。

如果你所在的公司经营多年，业绩稳定，老板不一定是管理专家，但起码有不少实践心得。这些心得不是书上的理论，而是实实在在的实践方法；不一定都对，但在某些场合的确很有效。做个有心人，认真观察老板管理的方法、思维的方式，试着学习和理解，等到自己有一定的沉淀后，再去思考这些做事的方法，哪些值得借鉴，哪些有待改善，也算是"站在巨人的肩膀上"。

做一个有心人，通过发现问题—思考问题—寻找答案—工作中实践—反思改进这样的学习，我想你会具备和大公司 HR 们 PK 的实力！

苏澳玻璃公司的　　　　成功企业人力资源
人力资源规划　　　　　管理理念荟萃

任务二　中小企业用人之道

任务描述

企业的规模小、外表形象不能吸引人、资金不雄厚、不能提供诱人的报酬，这成为每一个中小企业招聘人才的瓶颈；同时，很多中小企业在选人、用人时，又存在贪大求全、追求

虚荣的误区，总是把学历、经历、年龄、性别甚至容貌等列为首选或者必选。等企业把符合条件的"人才"招聘到之后才发现，高学历不见得高水平，长得好也不一定有能力。作为一个中小企业的管理者，你将如何选人、用人？如何进行人岗适配？

任务分析

一个企业的老板可以不懂生产、不懂技术、不懂销售，但绝不能不懂用人之道。尤其是对于小型企业来说，选好人、用对人是快速发展的关键。

本任务将帮助你解决如下问题：

- 选择合适的用工形式；
- 多种渠道选拔人才；
- 将员工适配到合适的岗位；
- 劳动合同与社会保险。

子任务一　选择合适的用工形式

对很多企业来说，如何在法律框架内选择最符合自己行业性质、特点、规模的用工方式，以节约成本和最大效率的产出，是管理者经常思考的问题。这里，我们结合现行法律的规定，对几种通行的用工方式做出简单比较，以便于企业能够有针对性地进行选择。

一、企业用工的基本形式

根据《中华人民共和国劳动合同法》（以下简称《劳动合同法》）的规定，企业用工形式可以分为全日制用工、非全日制用工和劳务派遣用工三种。中小企业用工也不外乎这三种基本形式。

（1）全日制用工形式。全日制用工形式是指规定了劳动时间（每天工作时间）、劳动期限（劳动合同期限）的工作方式。这种形式招聘的全职雇员，对企业来讲，具有稳定性和持久性，有利于企业培养人才、长远发展、调动员工积极性和形成企业凝聚力；对员工而言具有保障性和稳定性，有利于发挥个人专长、提升个人能力。全日制用工是一种最常见的用工形式，也就是企业按照《劳动合同法》规定，与劳动者直接订立劳动合同，形成正常的劳动关系。采用此种形式的企业应重点注意劳动合同的签订、购买社会保险和解除劳动合同约定这三大方面。

（2）非全日制用工形式。非全日制用工形式是指以小时计酬为主，劳动者在同一用人单位一般平均每日工作时间不超过 4 小时，每周工作时间累计不超过 24 小时的用工形式。这种形式主要是指钟点工以及一些兼职工作，如节假日的临时促销员，又如一些中小企业聘用的兼职会计，只在月底报税时到用人单位做账等。非全日制用工形式也是很普遍的，采用这种用工形式，用人单位要承担劳动者流动性较大的风险。

（3）劳务派遣用工形式。劳务派遣用工形式是指根据用人单位的岗位需要，由劳务派遣公司派遣符合条件的员工到用人单位工作的全新的用工形式。劳务派遣的主要特点是：劳务派遣公司与劳动者签订劳动合同，建立双方劳动关系；用人单位与派遣公司签订"劳务合作协议书"，与劳动者没有"劳动关系"；实现员工的服务单位和管理单位分离，形成"用人不管人、管人不用人"的新型用工机制。

另外，还有业务外包、退休返聘、实习生等用工形式。

二、企业用工形式的选择

中小企业或初创企业在需要技术支持时，如要做一个网站，往往会很犹豫：招聘全职雇员？使用临时工和兼职人员？外包？企业面临着两难。每种用工形式都有它的优缺点，企业主在决定采用哪种用工形式时必须要了解其利与弊。

（1）招聘全职雇员。如果企业主想要统一管理雇员的工作时间、工作流程和劳动场所，他就应该招聘全职雇员。一般而言，全职雇员拥有更高的企业忠诚度和奉献精神。当一个人的大部分时间都在围绕公司转的时候，他的工作会更出色。上班时间不会让人产生突破性的创意，但是在晚上、在周末、在思绪飞翔的时候却能产生。因此，中小企业更倾向于为那些业绩突出、甘于奉献的人保留工作岗位。但是，企业雇用全职雇员，就需要为他们办社保，这会增加用人成本，而且在解除劳动关系时还要进行补偿。

（2）使用临时工和兼职人员。短期任务、快速周转性和技术性较强的工作，可以雇用临时员工，有头有尾的工作就可以雇用一名兼职。对于工作周期较短、长期形势不明朗的工作，这种用工方式是最合适的。使用临时工和兼职人员的一个不利之处是，与全职雇员相比，外部人员往往以自我利益为中心，当需要做出牺牲时，外部人员更有可能将个人利益而不是公司利益放在首位。另一个潜在的劣势在于，外部人员独立工作，一般很难了解他们的背景和底细。

（3）外包。现在有一句很流行的话：做自己擅长的，把其他的外包出去。也就是说，将公司的重心集中在具有核心竞争力的方面，让别人来做剩下的部分。如针对法律服务、印刷服务、运输等事务，很多企业选择外包。有些中小企业还把官方网站建设、logo（商标）设计、IT服务（开发App、维护服务器和网站）、财务记账和报税等也都外包出去。

外包的一个优点是，具有很大的灵活性，因为取消一个合作伙伴比开除一个员工更方便。外包的另一个优点是，你不必成为一个特定领域的专家，你可以依靠外包公司成为专家。外包的弊端是你正在将公司的一部分交到别人手里，你不得不问一下你自己，你是否信得过他们。另外，外包可能需要支出额外的费用，也需要耗费资源去运作。

子任务二　多种渠道选拔人才

一、人才选拔的渠道

招聘对于每个企业来说都是家常便饭，也是企业老板们最为关心的一件事。在茫茫人海中大浪淘沙，招聘到精明强干且又适合企业发展的人才，已经成为企业发展计划中的关键一步。管理学家费罗迪曾说："通用电气有一两个高管职位选错人照样不影响企业生存，而在一家规模很小的新创企业，只要有一个关键岗位选错人就可能导致整个企业完蛋，而且这个关键岗位不必是 CEO。"由此可见，中小企业的人才选拔尤为重要，关键岗位的人选直接关系到企业的生死存亡。人才选拔可通过内部提升、外部招聘、员工推荐等途径来实现，三者各有利弊，应结合使用。

（1）内部提升。通过内部提升的员工，对企业熟悉，能迅速适应职位，上手快；同时企业对员工也了解信任，相对外部招聘成本低；企业还可通过内部提升激励员工奋发向上，防止员工士气下滑、干劲不足。内部提升的缺点是容易造成人才"品种单一化"。

（2）外部招聘。外部招聘能使企业文化多元化，思维多元发散，有利于企业的创新。

外部招聘通常有校园招聘、网络招聘、现场招聘、猎头招聘等。前三种招聘方式求职者众多，适用于一些基础性职位的招聘。但是对于一些关键职位、核心职位，如副总经理、技术总监、工程师等，一般应通过猎头公司来招聘。猎头公司能根据企业的要求推荐合适的人才，并帮助进行初步的资质审查和技术技能评测，具有高效、迅速等优点，但费用相当高，中介费一般为所招员工年薪的 1/4～1/3。

（3）员工推荐。员工推荐也是目前中小企业选拔人才的流行做法。通过发动员工调用自己的人脉资源，帮助公司推荐优秀候选人的内部推荐，正成为企业越来越重视的招聘渠道。目前，在科技、咨询和互联网行业，员工推荐已经被证明是最有效的招聘渠道，这些行业的标杆公司里有 50%甚至更高比例的新员工来自内部推荐。内部推荐具有成本低、效率高、针对性强等优点。

员工推荐之所以有效，原因在于：首先，员工更了解公司情况和工作环境，有利于快速找到符合条件的人，节省了大量预筛选的时间；其次，员工介绍比猎头公司或者企业招聘者更有说服力；此外，员工推荐工作做得好，也体现了公司文化的凝聚力和对人才的吸引力。

二、中小企业如何参与人才竞争

对于中小企业而言，规模小并不是缺点，而是一种差异化。利用这些差异化，结合适当创新举措，你会发现，有很多合格的求职者，正迫不及待地想为公司做贡献。与大企业相比，小公司在企业实力、薪资待遇等方面处于竞争劣势，但可以在学习及发展机会等方面给求职者以信心和福利。随着业务的快速发展、对员工数量的要求不断增加，中小企业的招聘困难会变得越来越突出，处理不当可能会形成恶性循环。如果中小企业能做到以下几点，也许顶尖人才也乐意接受你的 offer。

（1）提供成长的机会。相对于安逸或高薪的工作，现在的求职者更看重是否能获得成长，尤其是对于那些刚刚起步的年轻人，他们期望这份工作能对其未来的职业发展有所帮助。所以，只要求职者对你提供的工作机会感兴趣，你就要尽可能地向他们展示自己的优势。比如有机会和高管密切合作、创新的想法有可能实现、工作职责更大且更全面、内部提拔的机会更多，甚至还可能在公司重大的议题上发表看法。

（2）突出工作的价值。在中小企业里，员工个人的价值更容易凸显出来。有调查显示，当员工知道其工作将如何影响周围人的生活、影响到公司或社会时，他们的工作能力、工作热情及工作满意度会得到明显提升。所以必须学会突出工作的价值与意义，并通过公司的官网、社交媒体渠道、招聘渠道或者其他方式，告知社会。

（3）提供诱人的福利。和大企业相比，中小企业的薪酬可能不具备吸引力，但必须在行业内具备一定的竞争力，为有潜力的员工创造一个值得为之效劳的工作环境。除了健康的薪酬体系外，激励必不可少，它意味着对员工的认可。在特殊的福利或津贴方面，中小企业能拥有更多灵活性，比如根据员工需求灵活安排工作时间、允许员工自带办公设备、发放儿童津贴、促进家庭和睦等。

（4）创造良好的第一印象。大企业因规范而冰冷，中小企业则可营造出温暖而热情的氛围。例如：在与求职者的沟通中迅速且清晰；在面试过程中，尽可能好客；在他们到来之前，为他们的路线、停车或交通、日程安排及着装等提供有用的信息；面试之后和候选人及时沟通，以示尊重等。找工作时，求职者都非常清楚要给雇主留下良好的第一印象；同样，雇主也需要给求职者留下好印象。对顶尖人才而言，通常是他选择你，而不是你选择他。

（5）采取创新的招聘战术。也许你的企业默默无闻，也许你的招聘时间和招聘预算也相当有限，但也无须担心，恰恰是如此，它给了你招聘创新的理由。例如：内部员工推荐项目，可利用优秀的在职员工，帮助企业寻找到期望的人才；实习生项目，如果想吸引市场上的新鲜人才，与高校合作无疑是明智之举；利用微雇主平台进行人才招聘，可谓零成本、大收获。这些创新的举措，都有助于企业收获更高的投资回报率。

（6）让独特的企业文化成为卖点。企业文化能激励、吸引和关爱那些志同道合的人，永远不要低估企业文化对吸引和保留优秀人才的力量。企业可以在其主要传播渠道上定期发布有趣的公司活动、社区服务项目图片；发布员工的短视频，分享他们的工作与生活；还可以用创新的方法，传播企业的使命、愿景及价值观，激发与潜在员工的共鸣。这不仅仅是传播企业文化，也是在做筛选。求职者可以想象在你公司工作的情境：那些不适合的求职者，会自动远离。

（7）让优秀人才脱颖而出。开发一个新客户的成本是服务老客户成本的 5 倍，同样的公式也可以运用在人才选拔上面。中小企业在人才选拔上要建立内部思维，首先考虑培养和选拔内部员工。通过内部培训提高现有员工素质，通过有效的绩效体系鼓励优秀的人才脱颖而出。

子任务三　将员工适配到合适的岗位

一、人岗适配

人岗适配，就是按照"人适其岗""岗得其人"的原则，把合适的员工放在合适的岗位上。企业与个人是一个利益共同体，企业是个人职业生涯的舞台。人岗匹配一方面有利于个人的职业发展，另一方面可以实现企业人才作用的最大化，实现个人和企业的真正双赢。人岗适配对企业和个人来说都十分重要。人岗适配包含两方面的内容，一是"因岗选人"，二是"量才用人"。"因岗选人"是指企业在进行员工招聘和选拔时，一定要根据岗位的要求进行选择，也就是说我们需要什么样的人才就选择什么样的人才。"量才用人"是指企业要根据人才的实际情况、特点及能力水平，将其放在合适的岗位上。

因选人和用人工作带有较强的主观性，稍有不慎就会产生用人的偏差，出现人岗不适配，也就是把员工放在了不合适的岗位上。具体有几种表现：首先是所选之人的能力与素质高于岗位要求，这会造成员工工作的不安心及人力资源的浪费；其次是所选之人的能力与素质低于岗位要求，这会造成工作无法开展或工作难度加大、人力成本提高等现象；最后就是把适合"此"的人才放在了"彼"岗位上，这种现象同样可能造成工作无法开展或工作难度加大、人力资源浪费、人力成本提高的情况。例如：一名研发人员因创新能力强、成绩突出而被提拔为部门领导，但因不善管理而焦头烂额、身心疲惫，部门工作一团糟，既没当好领导又荒废了专业。可见，人岗不适配，对企业和个人都是损失。

二、人岗适配三部曲

（一）知岗

知岗，即进行工作分析。人岗适配的起点是知岗，只有明确了岗位要求才能去选择适合岗位的人，实现人岗适配。知岗最基础也是最重要的工具就是工作分析。工作分析的内容主要包括：岗位名称，岗位工作任务分析，岗位职责分析，岗位关系分析，工作环境分析，岗位对员工的知识、技能、经验、体力等必备条件的分析。

经过工作分析后编制的岗位说明书，在人岗适配中至少有以下四个作用：明确岗位所需人员的条件，确定岗位招聘人员所需的资历，根据其岗位职责确定其岗位薪资，根据岗位所需技能制订该岗位现有人员的培训发展计划。

（二）知人

知人，即进行胜任能力分析。企业可以利用胜任能力分析来甄选人才，帮助企业实现最佳的人岗适配。胜任能力就是将圆满完成工作所需要具备的知识、技能、态度和个人特质等用行为方式描述出来。人力资源管理中的胜任能力更多指知识和技能，比如"积极进取"按照我们过去的理解可能认为不应该属于能力之列，但按照胜任能力的定义，它却是核心要素之一。

胜任能力与岗位职责具有密切关系，岗位职责告诉我们"做什么"，胜任能力则告诉我们"怎么做"。岗位职责的不同决定了应具备的胜任能力的不同，这种不同可能是能力结构的不同，也可能是同一能力所要求程度的不同。企业可以根据岗位要求定义胜任能力标准。

（三）匹配

匹配，即如何做到知人善任。知人善任是实现人岗适配的最后一步，也是发现并利用员工的特长和优点，把合适的人放在合适的位置，尽量避免人才浪费的最关键的一步。每个人的一生中都会有辉煌时期，这一辉煌时期是用人者和人才共同造就的。因此，管理者一定要擦亮自己的眼睛，把最合适的人才、还没有露出光芒却极有潜质的人才挑选出来，安排在能够激励他成长的重要岗位上。

作为一名管理者，首先要对员工的才能、兴趣等了然于胸，因为有了透彻的了解，才能让合适的人做合适的事，才能"岗得其人""人适其岗"，达到人岗适配的效果。当然，知人善任不是管理者的随心所欲，而是要按规律办事，一定要避免盲目的凭感觉用人。把合适的人用在合适的岗位上，既避免了大材小用和小材大用，又能减少用人成本，更能调动员工的积极性，提高企业活力。

三、什么样的员工才是合适的员工

就某一岗位或某一企业来说，什么样的员工才是合适的员工？企业管理者要有清醒的认识。

（一）做什么就要会什么

这是针对员工的专业技能而言的。任何一个企业在进行人才招聘和人员配置的时候，首先考虑的因素就是员工的专业技能问题，大家都希望招聘、录用那些在相同工作岗位上有一定工作经验的人。因为这样企业不仅能够省掉很大一笔培训费用，而且新招人员可以迅速进入角色，以提高企业运作效率。

员工的专业技能包括两个方面：一是具备相关的知识；二是具备相关的技术及实际操作

能力。前者强调的是理论，后者强调的是动手能力。如我们经常可以看到这样的招聘启事：××公司招聘××岗位人员，要求××学历以上，××年工作经验……其实这就是对应聘人员专业技能的一种要求。

随着市场竞争的日趋激烈，对员工的基本素质与技能要求也越来越高。例如：一个优秀的销售人员不但要具备产品、企业及行业的相关知识，还要能够切实把握客户的兴趣、爱好，并能迎合客户的这种兴趣、爱好，以赢得客户的信任与好感。

（二）做什么就要像什么

这是针对员工的职业形象而言的。我们经常能对一些陌生人的职业或身份做出准确的判断，如这是个业务员、那是个教师等，因为在他们的言行举止、穿着打扮、神态气质等方面处处体现着他们的职业特点或身份特征，这就是我们所说的做什么就要像什么，换句话说就是一个人的职业形象。如果一个外科医生处处表现出毛手毛脚的性格特征，患者敢让他做手术吗？一个说话结巴的人能当律师吗？可见，职业形象对于一个职场中人来说是十分重要的。

塑造职业形象，要从衣着、谈吐、举止、工作方法及效率、沟通协调能力、行业礼仪、职业装备等方面训练规范自己，使自己具备所从事行业的职业特征，即做什么就要像什么。

（三）做什么就要谋什么

这是针对员工的工作态度而言的。用心于本职工作不仅会使你的工作成绩得到认可，也可以大大激发你的创造力，同时使你的实际工作技能不断提高。随着自身技能及水平的提高，获得更高、更好的职位才能成为可能。现代社会充满了竞争，竞争在给每一个人带来机遇的同时也带来了危机，用心工作是抓住机遇、避免危机的最好办法。三心二意、见异思迁的工作态度永远都不可能让你在本职工作中有所成就。

（四）做什么都要有"德"

这是针对员工的职业道德而言的。古往今来，各行各业都有本行业应该遵守的道德标准，这种道德标准就是"职业道德"。例如："救死扶伤"的医德、"教书育人"的师德、"诚信为本"的商德、"为人民服务"的官德等。职业道德是衡量一个人是否适合一项工作的重要尺度。

以上从四个方面分析了什么样的员工才是最合适的员工。管理者只有真正理解了这几个方面的内容，并以此作为评价、分析的依据，人岗适配才不会成为一句空话。

子任务四　劳动合同与社会保险

一、与员工签订劳动合同

劳动合同是劳动者与用工单位之间确立劳动关系、明确双方权利和义务的书面协议。与劳动者签订劳动合同是用人单位的法律义务。所以，企业不管大小，必须与劳动者签订劳动合同。劳动合同的基本类型有：固定期限劳动合同、无固定期限劳动合同和以完成一定工作任务为期限的劳动合同。劳动合同的重要性体现在以下几方面。

（1）它是维护双方合法权益的重要保障。劳动合同以法律形式确定了用人单位和劳动者的劳动关系，规定了双方在劳动合同关系中的权利和义务，是维护双方合法权益的重要法律保障。

（2）它是用人单位合理配置人力资源的重要手段。通过劳动合同期限的约束，用人单位可以按照生产、工作的实际需要合理配置人力资源，合理使用劳动力，巩固劳动纪律，提高劳动生产率。

（3）它是减少和防止发生劳动争议的重要措施。建立劳动关系应当订立劳动合同不仅是劳动法所规定的，也是劳动关系稳定存续、用人单位强化劳动管理、处理双方争议必需的重要依据。

二、劳动合同的基本条款

劳动合同应当具备以下条款：

① 用人单位的名称、住所和法定代表人或者主要负责人；

② 劳动者的姓名、住址和居民身份证或者其他有效身份证件号码；

③ 劳动合同期限；

④ 工作内容和工作地点；

⑤ 工作时间和休息休假；

⑥ 劳动报酬；

⑦ 社会保险；

⑧ 劳动保护、劳动条件和职业危害防护；

⑨ 法律、法规规定应当纳入劳动合同的其他事项。

劳动合同除上述规定的必备条款外，用人单位与劳动者可以约定试用期、服务期、保守秘密和竞业限制、补充保险和福利待遇等其他事项。

三、订立劳动合同应当注意的事项

（1）订立劳动合同，应当遵循合法、公平、平等自愿、协商一致、诚实信用的原则。用人单位招用劳动者，不得扣押劳动者的居民身份证和其他证件，不得要求劳动者提供担保或者以其他名义向劳动者收取财物。

（2）建立劳动关系即应订立劳动合同。用人单位自用工之日起即与劳动者建立劳动关系。《劳动合同法》规定，建立劳动关系，应当订立书面劳动合同。已建立劳动关系，未同时订立书面劳动合同的，应当自用工之日起一个月内订立书面劳动合同。用人单位在一个月内没有与劳动者签订书面劳动合同的，需要从第二个月开始支付双倍工资。

（3）关于试用期的规定。劳动合同期限三个月以上不满一年的，试用期不得超过一个月；劳动合同期限一年以上不满三年的，试用期不得超过二个月；三年以上固定期限和无固定期限的劳动合同，试用期不得超过六个月。劳动者在试用期的工资不得低于本单位相同岗位最低档工资或者劳动合同约定工资的 80%，并不得低于用人单位所在地的最低工资标准。

（4）劳动合同的生效与无效。劳动合同由用人单位与劳动者协商一致，并经用人单位与劳动者在劳动合同文本上签字或者盖章生效。下列劳动合同无效或者部分无效：以欺诈、胁迫的手段或者乘人之危，使对方在违背真实意思的情况下订立或者变更劳动合同的；用人单位免除自己的法定责任、排除劳动者权利的；违反法律、行政法规强制性规定的。对于部分无效的劳动合同，只要不影响其他部分效力的，其他部分仍然有效。劳动合同被确认无效，劳动者已付出劳动的，用人单位应当向劳动者支付劳动报酬。劳动报酬的数额，参照本单位相同或者相近岗位劳动者的劳动报酬确定。

（5）用人单位不得解除劳动合同的规定。劳动者有下列情形之一的，用人单位不得解除劳动合同：从事接触职业病危害作业的劳动者未进行离岗前职业健康检查，或者疑似职业病病人在诊断或者医学观察期间的；在本单位患职业病或者因工负伤并被确认丧失或者部分丧失劳动能力的；患病或者非因工负伤，在规定的医疗期内的；女职工在孕期、产期、哺乳期的；在本单位连续工作满十五年，且距法定退休年龄不足五年的；法律、行政法规规定的其他情形。

用人单位违反《劳动合同法》规定解除或者终止劳动合同，劳动者要求继续履行劳动合同的，用人单位应当继续履行；劳动者不要求继续履行劳动合同或者劳动合同已经不能继续履行的，用人单位应当依法向劳动者支付赔偿金。赔偿金标准为经济补偿标准的二倍。

（6）有关工伤保险的规定。在本单位患有职业病或者因工负伤并被确认丧失或者部分丧失劳动能力的劳动者的劳动合同的终止，按照国家有关工伤保险的规定执行。

《中华人民共和国工伤保险条例》规定：劳动者因工致残被鉴定为一级至四级伤残的，即丧失劳动能力的，保留劳动关系，退出工作岗位，用人单位不得终止劳动合同；劳动者因工致残被鉴定为五级、六级伤残的，即大部分丧失劳动能力的，经工伤职工本人提出，该职工可以与用人单位解除或者终止劳动关系，否则，用人单位不得终止劳动合同；职工因工致残被鉴定为七级至十级伤残的，即部分丧失劳动能力的，劳动合同期满终止。

四、为员工办理社会保险

（1）社会保险是国家实施的公益性的社会保障。社会保险，是指国家通过立法强制实行的，由劳动者、企业或社区及国家三方共同筹资，建立保险基金，对劳动者因年老、工伤、疾病、生育、残废、失业、死亡等原因丧失劳动能力或暂时失去工作时，给予劳动者本人或供养直系亲属物质帮助的一种社会保障制度，具有保障性、普遍性、互助性、强制性、福利性等特征。社会保险是社会保障制度的一个最重要的组成部分。

（2）用人单位和劳动者必须依法参加社会保险，缴纳社会保险费。各类企业、企业化管理的事业单位，均应按属地管理的原则，到纳税地所管辖社会保险经办机构办理社会养老保险登记手续。

（3）社会保险的主要项目包括五种，即养老保险、医疗保险、失业保险、工伤保险、生育保险，这就是所谓的"五险"。其中：养老保险、医疗保险和失业保险三种险是由企业和个人共同缴纳的保费；工伤保险和生育保险完全是由企业承担的，个人不需要缴纳。

王某的入职

胡雪岩的用人之道

任务三 中小企业留人之法

任务描述

　　某公司刚成立四个多月，从成立到现在销售业绩还算可以，除了人员工资还能余有利润。可最近人员方面非常不稳定，不到一个月竟然走了四个人，甚至他们平时有什么要求和想法也没说，说走就走，导致公司的工作受到了严重的影响。问题出在哪里？要怎么做才能留住人才？

任务分析

　　对中小型企业来说，留住人才比招聘人才更重要和关键。如果我们能把合适人才放到适合的位置，让他（她）在岗位上得到充分的历练和发展，他（她）自然就会更加用心工作，和公司共同发展。员工培训、员工激励、薪酬优化、员工晋升等都是留住员工的重要途径。

　　本任务将帮助你解决如下问题：

- 员工培训；
- 员工激励；
- 薪酬优化；
- 员工晋升与职业生涯管理；
- 家族企业的人力资源管理问题。

子任务一 员工培训

　　员工培训是指一定组织为开展业务及培育人才的需要，采用各种方式对员工进行有目的、有计划的培养和训练的管理活动。

一、员工培训是人力资源管理的重要组成部分

　　高素质员工队伍的建立，需要企业不断提高其培训能力。许多有远见的企业家已经认识到员工培训是现代企业必不可少的投资活动，不仅有利于企业的经营管理和持续发展，也有利于员工职业生涯和潜能的开发。员工培训，是组织人力资源管理与开发的重要组成部分和关键职能，是组织人力资源资产增值的重要途径，也是企业组织效益提高的重要途径。

　　（1）员工培训是培育和形成共同的价值观、增强凝聚力的关键性工作。一个企业的人才队伍建设一般有两种方法：一种是靠引进，另一种就是靠自己培养。所以，企业应不断地进行职工培训，向职工灌输企业的价值观，培训良好的行为规范，使职工能够自觉地按惯例工作，从而形成良好、融洽的工作氛围。通过培训，可以增强员工对组织的认同感，增强员工与员工、员工与管理人员之间的凝聚力及团队精神。

（2）员工培训是提升员工技术、能力水准，达到人与"事"相匹配的有效途径。员工培训的一个主要方面就是岗位培训，其中岗位规范、专业知识和专业能力的要求被视为岗位培训的重要目标。岗位人员上岗后也需要不断进步、提高，参加更高层次的技术升级和职务晋升等方面的培训，使各自的专业知识、技术能力达到岗位规范的高一层标准，以适应未来岗位的需要。员工培训工作很重要，实践证明它也是达到预期目标的一条有效途径。

（3）员工培训是激励员工工作积极性的重要措施。员工培训是一项重要的人力资源投资，同时也是一种有效的激励方式。例如：组织业绩突出的职工去外地参观先进企业，鼓励职工利用业余时间进修并予以报销费用等。据有关调查，进修培训是许多职工看重的一个条件，因为金钱对于有技术、知识型员工的激励是暂时的，一段时间可以，长时间不行，他们更看重的是通过工作得到更好的发展和提高。

（4）员工培训是建立学习型组织的最佳手段。学习型组织是现代企业管理理论与实践的创新，是企业员工培训开发理论与实践的创新。企业要想尽快建立学习型组织，除了有效开展各类培训外，更主要的是贯穿"以人为本"、提高员工素质的培训思路，建立一个能够充分激发员工活力的人才培训机制。成功的企业将员工培训作为企业不断获得效益的源泉。学习型企业与一般的企业最大的区别就是，永不满足地提高产品和服务的质量，通过不断学习和创新来提高效率。

二、有效的员工培训让企业和员工都获益

（一）培训对企业的好处

有效的员工培训，是提升企业综合竞争力的过程。

（1）培训能增强员工对企业的归属感和主人翁责任感。就企业而言，对员工培训得越充分，对员工越具有吸引力，越能发挥人力资源的高增值性，从而为企业创造更多的效益。

（2）培训能促进企业与员工、管理层与员工层的双向沟通，增强企业的向心力和凝聚力，塑造优秀的企业文化。

（3）培训能提高员工综合素质，提高生产效率和服务水平，树立企业良好形象，增强企业盈利能力。

（4）适应市场变化、增强竞争优势，培养企业的后备力量，保持企业永继经营的生命力。明智的企业家越来越清醒地认识到培训是企业发展不可忽视的"人本投资"，是提高企业"造血功能"的根本途径。

（5）提高工作绩效。有效的培训和发展能够使员工增进工作中所需要的知识，包括对企业和部门的组织结构、经营目标、策略、制度、程序、工作技术和标准、沟通技巧，以及人际关系等知识。

（二）培训对员工个人的好处

（1）有利于增强就业能力。现代社会人才的流动性是很大的，从一而终的就业观已经不适应社会发展和市场经济的要求。市场要求人力资源像其他资源一样按市场供求流动，而换岗、换工主要依赖于自身技能的高低，培训是企业员工增长自身知识、技能的一条重要途径。因此，很多员工要求企业能够提供足够的培训机会，这也成为一些人择业时考虑的一个方面。

（2）有利于获得较高收入的机会。员工的收入和其在工作中表现出来的劳动效率和工作

质量直接相关。为了追求更高收入，员工就要提高自己的工作技能，技能越高报酬越高，这实际上符合社会主义"按劳分配"的原则。劳动技能越高，创造的成果也就越大，多劳多得也刺激员工努力提高自己的劳动技能。同样对于企业的管理者，管理能力的高低也与其收入有直接关系。

（3）有利于增强职业的稳定性。从企业来看，企业为了培训员工特别是培训特殊技能的员工提供了优越的条件，所以他不会随便解雇这些员工；相反，为防止因为他们离去给企业带来的损失，企业总会千方百计留住他们。从员工来看，他们把参加培训、外出学习、脱产深造、出国进修等当作是企业对自己的一种奖励。员工经过培训，素质、能力得到提高后，在工作中表现得更为突出，就更有可能受到企业的重用或晋升，员工因此也更愿意在原企业服务。

（4）有利于获得收入以外的报酬。培训不但可以提高员工的工作技能，还能够满足其对知识渴求的欲望，并利用业余时间用培训学来的技能去赚外快。虽然这不能给企业带来直接的效益，但是可以增加员工对企业的忠诚度。

三、员工培训的形式和内容

员工培训按形式可分为企业内部培训和外派培训。内部培训由各部门根据实际工作需要，对员工进行小规模的、灵活实用的培训。外派培训包括参加各类培训班、外出考察等。员工培训按内容可分为知识培训、技能培训和态度培训。

（一）新员工入职培训

新员工入职培训也称为职前教育，是员工进入企业后的第一个环节。公司新入职人员均应进行职前教育，使新员工了解公司的企业文化、经营理念、公司发展历程、管理规范、经营业务等方面的内容。成功的新员工培训可以起到传递企业价值观和核心理念、塑造员工行为的作用，它在新员工和企业之间架起了沟通和理解的桥梁，为新员工迅速适应企业环境打下了坚实的基础。新员工培训的内容包括以下几方面。

（1）企业概况。公司历史、现状及在行业中的地位与经营理念、公司企业文化、未来前景、组织机构、各部门的功能和业务范围、人员结构、薪酬福利政策、培训制度、历年重大人事变动或奖惩情况介绍，以及新员工关心的各类问题解答等。

（2）员工手册。公司规章制度、奖惩条例、行为规范等。

（3）入职须知。入职程序及相关手续办理流程。

（4）财务制度。费用报销程序及相关手续办理流程，以及办公设备的申领使用。

（5）安全知识。消防安全知识、设备安全知识及紧急事件处理等。

（6）实地参观。参观公司各部门。

（7）介绍交流。介绍公司高层领导、各部门负责人及公司骨干与新员工认识并交流恳谈。

（8）在岗培训。服务意识、岗位职责、业务知识与技能、业务流程、周边关系等。

（二）在职职工培训

在职职工培训的类型有以下五种。

（1）岗位培训。岗位培训是对在职人员进行岗位知识、专业技能、规章制度、操作流程的培训，目的是丰富和更新专业知识，提高操作水平。每次培训可集中解决一至两个问题，边学习边操作边提高，让员工了解每个岗位必须掌握的理论知识和技能要求。

（2）转岗培训。转岗培训是对一般干部、员工进行内部调动时所进行的培训，为其适应新岗位的要求补充必要的理论、知识、技能。

（3）待岗、下岗培训。待岗、下岗培训是对考核不合格人员，或不能胜任本职工作的人员进行的培训。

（4）升职培训。升职培训是员工职务晋升后的培训，针对新岗位的要求补充必要的理论、知识、技能，以尽快胜任新工作。

（5）专题培训。专题培训是对从业人员就某一专题进行的培训，目的是提高从业人员的综合素质及能力，内容为行业新动态、新知识、新技能。专题培训可采取灵活多样的形式，如外出参观学习，聘请专业人员进公司指导培训或举办讲座等。

（三）管理人员培训

管理人员培训包括高层管理人员培训和中、基层管理人员培训两个层次。

（1）高层管理人员培训。组织管理的主体最终来说是组织的高层管理人员。组织众多的员工如果没有成熟干练的高层管理人员的引导，势必群龙无首，成为一盘散沙，组织的目标也就无法达到。高层管理人员的培训目的在于开发经营能力。具体来说有以下四点：第一，对未来的洞察力；第二，以此为前提的经营战略思想、决策能力；第三，经营指挥能力；第四，培养后继者的能力的形成、提高。高层管理人员的培训内容主要是政策法规、管理知识的培训等；培训形式以组织专家、教授举办专业知识讲座为主。

（2）中、基层管理人员培训。主要是学习公司管理手册，熟练掌握岗位知识、管理制度及操作流程。管理者是以组织的经营战略方针、计划为基础实现其目的的。所以对组织来说，管理人员的培训更为重要。管理人员的培训主要有三个目标：第一个目标是掌握新的管理知识；第二个目标是训练担任领导职务所需要的一般技能，如做出决定、解决问题、分派任务等，以及其他一些管理能力；第三个目标是训练处理人与人之间关系的能力，使管理者与员工的关系融洽。培训方法有管理手段学习培训、研讨会培训、参加短期学习班等。

（四）专业技术人员培训

专业技术人员的培训主要针对工程技术人员、财务人员等，目的是了解政府有关政策，掌握本专业的理论基础和业务操作方法，提高专业技能。

国内外经验证明，现代化建设的关键是科学技术的现代化，没有充分的科技力量和大量的有文化、有技术的专门人才，实现经济增长是根本不可能的。科学技术进步又是突飞猛进的，知识爆炸，新技术、新发明、新开发层出不穷，科技人员要赶上并超越科技进步的潮流，没有经常性的培训学习是不行的。因此，专业技术人员的培训，属于继续教育，一般是进行知识更新和补缺的教育。

专业技术人员的培训要有计划性，每隔几年都应该有进修机会，可以采取进入高等院校进修，参加各种对口的短期业务学习班，组织专题讲座或者报告，参加对外学术交流活动或者实地考察等，这些都是提高技术人员业务水平的有效途径。

四、中小企业怎样进行员工培训

大部分中小企业由于财力不足，人力不够，难以像大企业那样对员工进行正规培训，这就需要采取灵活多样的方法，以求花费少、收效大。中小企业员工培训主要针对两种人：一种是新录用的员工；另一种是中小企业现有的员工。

（一）中小企业员工培训的主要内容

（1）员工知识的培训。通过培训，使员工具备完成本职工作所必需的基本知识，了解企业经营的基本情况（如企业的发展战略、目标、经营方针、经营状况、规章制度等），便于员工参与企业活动，增强员工主人翁精神。

（2）员工技术技能培训。通过培训，使员工掌握完成本职工作所必备的技能（如谈判、业务操作、处理人际关系的技能等），以此培养、开发员工的技能。

（3）员工态度的培训。通过培训，建立起企业与员工之间的相互信任，培养员工对企业的忠诚度。

（二）中小企业员工培训的原则

① 经常鼓励员工积极参加学习和培训。

② 预先制定培训目标。

③ 积极指导员工的培训和学习。

④ 培训方式要多样化。

⑤ 培训方法要根据员工的不同情况而有所不同。

（三）中小企业员工培训的主要途径

（1）严格的职前训练。许多中小企业把新员工送进学校学习，接受正规训练，这是职前培训的一条重要途径。有的中小企业采取以老带新的方式进行职前训练，即让新员工跟随技术优秀的老员工边干边学，直至完全掌握生产技术，再独立工作。培训时间的长短，依据不同的工种要求而定。在新员工独立工作前，要进行严格的技术考试，考试通过后，才能独立操作。这种方法简便易行，能使新员工很快熟悉环境，掌握生产技术，尽早为企业工作。

（2）不间断的在职训练。在职训练的一种形式是中小企业为适应新技术开发而组织的短期训练，如要求员工掌握企业新技术装备的操作技能、新产品生产工艺等。通常有如下做法：一是早做准备，如在引进新设备之前，就派员工去学习培训，培养技术骨干；二是短期突击训练，充分发挥技术骨干作用，对需要掌握新设备、新技术的员工进行突击训练，使新设备一进入企业马上就能发挥作用；三是个别指导，提高员工技术水平。短期训练往往不能解决全部问题，还需要在日常工作中坚持加强指导。

（3）鼓励员工自学成才。员工自学成才是企业员工培训最经济的方法，所以企业应该用各种方法鼓励员工自学成才。许多中小企业为员工业余自学创造了有利条件，如建立图书室、实行购书补贴制度、建立奖学金制度等。还有的中小企业大力支持职工搞技术革新，对为企业做出贡献的员工给予奖励；对通过自学达到一定专业水平的员工量才使用，使其更好地发挥作用；同时，这对其他的员工也是一种激励。

子任务二　员工激励

企业蒸蒸日上，公司业绩翻倍上涨，公司在艰苦创业中站稳了脚跟。但是为什么有的员工跳槽去竞争对手企业，有的带走了一部分高级人才离开公司后自己创业，跟公司进行业务竞争呢？为什么创业成功后员工们工作都没以前那么积极了呢？为什么企业人才流失严重，

"另立山头"现象屡次发生？为什么员工一下班就走人了呢？究其原因，有可能就是缺乏有效的员工激励。

员工激励是指通过各种有效的手段，对员工的各种需要予以不同程度的满足或者限制，以激发员工的需要、动机、欲望，从而使员工形成某一特定目标，并在追求这一目标的过程中保持高昂的情绪和持续的积极状态，充分挖掘潜力，全力达到预期目标的过程。激励因素包括工作成就、个人发展的可能性、职务上的责任感等，这些因素的改善可以使员工获得满足感，调动并激发工作积极性，产生强大而持久的激励作用。

一、多种形式的员工激励

（1）榜样激励，为员工树立行为标杆。在任何一个组织里，管理者都是下属的镜子。可以说，只要看一看这个组织的管理者是如何对待工作的，就可以了解整个组织成员的工作态度。要让员工充满激情地工作，管理者就先要做出一个表率来。

（2）目标激励，激发员工不断前进的欲望。人的行为都是由动机引起的，并且都是指向一定的目标的。这种动机是行为的一种诱因，是行动的内驱力，对人的活动起着强烈的激励作用。管理者通过设置适当的目标，可以有效诱发、导向和激励员工的行为，调动员工的积极性。

（3）授权激励，重任在肩的人更有积极性。有效授权是一项重要的管理技巧。不管多能干的领导，也不可能把工作全部承揽过来，这样做只能使管理效率降低，下属成长过慢。通过授权，管理者可以提升自己及下属的工作能力，更可以极大地激发下属的积极性和主人翁精神。

（4）尊重激励，给人尊严远胜过给人金钱。尊重是一种最人性化、最有效的激励手段之一。以尊重、重视自己员工的方式来激励他们，其效果远比物质上的激励要来得更持久、更有效。可以说，尊重是激励员工的法宝，其成本之低、成效之卓，是其他激励手段都难以企及的。

（5）沟通激励，下属的干劲是"谈"出来的。管理者与下属保持良好的关系，对于调动下属的热情，激励他们为企业积极工作有着特别的作用。而建立这种良好的上下级关系的前提，也是最重要的一点，就是有效的沟通。可以说，沟通之于管理者，就像水之于游鱼，大气之于飞鸟。

（6）信任激励，诱导他人意志行为的良方。领导与员工之间应该肝胆相照。你在哪个方面信任他，实际上也就是在哪个方面为他勾画了其意志行为的方向和轨迹。因而，信任也就成了激励诱导他人意志行为的一种重要途径。

（7）宽容激励，胸怀宽广会让人甘心效力。宽容是一种管理艺术，也是激励员工的一种有效方式。管理者的宽容品质不仅能使员工感到亲切、温暖和友好，获得安全感，更能化为启动员工积极性的钥匙，激励员工自省、自律、自强，让他们在感动之中心甘情愿地为企业效力。

（8）赞美激励，效果奇特的零成本激励法。人都有做个"重要"人物的欲望，都渴望得到别人的赞美和肯定。赞美是一种非常有效而且不可思议的推动力量，它能赋予人一种积极向上的力量，能够极大地激发人对事物的热情。用赞美的方式激励员工，管理者所能得到的将会远远大于付出。

（9）情感激励，让下属在感动中奋力打拼。一个领导能否成功，不在于有没有人为你打拼，而在于有没有人心甘情愿地为你打拼。须知，让人生死相许的不是金钱和地位，而是一个情字。一个关切的举动、几句动情的话语、几滴伤心的眼泪，比高官厚禄的作用还要大上千百倍。

（10）竞争激励，增强组织活力的无形按钮。人都有争强好胜的心理。在企业内部建立良性的竞争机制，是一种积极的、健康的、向上的引导和激励。管理者摆一个擂台，让下属分别上台较量，能充分调动员工的积极性、主动性、创造性和争先创优意识，全面提高组织活力。

（11）文化激励，用企业文化熏陶出好员工。企业文化是推动企业发展的原动力。它对企业发展的目标、行为有导向功能，能有效地提高企业生产效率，对企业的个体也有强大的凝聚功能。优秀的企业文化可以改善员工的精神状态，熏陶出更多的具有自豪感和荣誉感的优秀员工。

（12）惩戒激励，不得不为的反面激励方式。惩戒的作用不仅在于教育其本人，更重要的是让其他人引以为戒，通过适度的外在压力使他们产生趋避意识。惩戒虽然是一种反面的激励，但却不得不为之。因为，"怀柔"并不能解决所有的问题。

二、中小企业核心员工的激励措施

核心员工是指那些在企业发展中掌握核心技术、从事核心业务、处于核心岗位，能提高企业技术和管理水平，能为企业创造价值，对企业的经营与发展有着重大影响，能理解企业核心价值观的员工。核心员工是中小企业的关键资源，是企业价值的主要创造者，对企业的发展有着不可估量的作用。因此，中小企业应该高度重视核心员工的激励，采取有效的激励措施，留住核心员工，最终实现企业的经营目标。中小企业在核心员工激励方面可以采取以下措施。

（1）建立有效的员工职业生涯发展体系。职业生涯发展体系是帮助员工在职业生涯中达到自我实现目标的重要手段，建立有效的职业生涯发展体系不仅能帮助企业吸引和留住人才，同时还能够使员工得到成长和发展。核心员工都具有较高的成就需要，在获得劳动报酬的同时，寻求自我价值的实现。因此，中小企业应当根据自身发展的需要及核心员工个人发展的需要和职业发展的意愿，向其提供可能的帮助与支持，策划其实现职业目标的途径，制订职业生涯发展计划。

（2）通过工作本身激励员工，做到事业留人。工作本身是具有激励作用的。与普通员工相比，核心员工更高层次的需求会使其产生强大的内驱力。核心员工会把攻克挑战性的工作视为一种乐趣，一种实现自我价值的方式。因此，中小企业可以为核心员工设计有适当难度的工作，采用工作轮换、工作丰富化、工作弹性化、工作授权、委以重任等方式激励核心员工。

（3）建立完善的员工培训体系。对于资金和能力有限的小型企业而言，企业应以培训为手段，根据核心员工的特点，满足核心员工的需求，激发核心员工的工作动机，让培训激励在选人、用人、留人方面发挥重要的作用。培训的设计应与核心员工发展的不同阶段相对应，建立个性化、差别化的培训计划。培训的内容可以从工作技能、创新能力、团队精神、时间管理、个人效率、形象与心理等方面进行设计。培训合同要明确企业为核心员工提供的培训机会及受训者为企业服务的年限。

（4）培育优良的企业文化。企业文化是一个企业在长期生产经营过程中形成、积累、经过筛选提炼并倡导的一套优良作风、行为方式及价值观念。当企业文化所推崇的理念与核心员工的信仰越相近时，核心员工产生的认同感、归属感就会越强，激励效果就越明显。因此，小型企业在经营过程中要不断加强企业文化建设，努力构建"以人为本"的企业文化，信任、尊重、关心员工，创造轻松和谐的工作氛围，建立弹性工作制，在内部建立透明的竞争机制和畅通的沟通机制等。

子任务三　薪酬优化

目前，越来越多的企业意识到了薪酬的设计在对企业人才的保留和吸引上的重要作用，但是却很少有中小企业将薪酬体系构建与企业发展的战略相结合。薪酬体系是企业人力资源系统的一个子系统，如果薪酬体系与组织的战略相脱节，就不能使员工把他们的努力和行为集中到帮助企业在市场中竞争和生存的方向上去，不能使员工和企业建立共同的价值观，就会产生就薪论薪，把薪酬本身当成一种目的，那么当其他企业出高薪时，人才流失就不可避免。

一、薪酬及表现形式

薪酬是员工因向所在的组织提供劳务而获得的各种形式的酬劳。薪酬的表现形式是多种多样的，主要包括工资、奖金、福利、津贴与补贴、股权与期权等具体形式。薪酬的支付方式除了货币形式和可转化为货币的其他形式之外，还包括终身雇佣的承诺、舒适的办公条件、免费的午餐、学习成长的机会和条件、充分展示个人才华的合作平台等。

（一）货币性薪酬

货币性薪酬包括直接货币薪酬、间接货币薪酬和其他货币薪酬。其中：直接货币薪酬包括工资、福利、奖金、奖品、津贴等；间接货币薪酬包括养老保险、医疗保险、失业保险、工伤及遗属保险、住房公积金、餐饮等；其他货币薪酬包括有薪假期、休假日、病事假等。

（1）基本工资。基本工资是企业雇员劳动收入的主体部分，也是确定其劳动报酬和福利待遇的基础。其具有常规性、固定性、基准性、综合性等特点。基本工资又分为基础工资、工龄工资、职位工资、技能工资等。按《劳动法》的规定，基本工资在每个地区都会有它的最低标准。

（2）加班费。加班费是指员工超出正常工作时间之外所付出劳动的报酬。《劳动法》明文规定，用人单位安排劳动者加班或者延长工作时间，应当支付劳动者加班或者延长工作时间的工资报酬。

（3）奖金。奖金是企业和雇主对雇员超额劳动部分或劳动绩效突出部分所支付的奖励性薪酬，是企业为了鼓励雇员提高工作效率和工作质量付给雇员的货币奖励。因此，与基本工资相比，奖金具有非常规性、浮动性和非普遍性等特点。常见奖金有全勤奖、超产奖、节约奖、年终奖、效益奖等。

（4）津贴补贴。津贴补贴是指企业为了补偿员工特殊或额外的劳动消耗和从事特种作业而付给员工的报酬，以及为了保证员工工资水平不受物价影响而支付给员工的物价补贴。常见的津贴补贴有：夜班津贴、车船补贴、降温费、特种作业补贴、出差补助、住房补贴、伙食补贴等。

（5）福利。福利是一种以非现金形式支付给员工的报酬。福利从构成上来说可分成两类：法定福利和公司福利。法定福利是国家或地方政府为保障员工利益而强制各类组织执行的报酬部分，如社会保险；公司福利是建立在企业自愿基础之上的。福利包括：补充养老保险、医疗保险、住房、寿险、意外险、财产险、带薪休假、免费午餐、班车、员工文娱活动、休闲旅游等。

（二）非货币性薪酬

非货币性薪酬包括工作方面、社会方面和其他方面。工作方面包括工作成就、工作有挑战感、责任感等的优越感觉；社会方面包括社会地位、学习成长机会、个人价值实现等；其他方面包括友谊关怀、舒适的工作环境、弹性工作时间等。其中：办公环境是指为员工创造良好的工作氛围，这是企业重视人的情绪、人的需求、人员激励的体现；学习成长机会是指企业结合自身的企业目标，有计划、有目的地对员工进行专业知识、业务技能或管理技能的培训，创造环境让员工学习，提高专业知识技能或管理技能。

二、薪酬管理的目标

薪酬管理，是在组织发展战略的指导下，对员工薪酬支付原则、薪酬策略、薪酬水平、薪酬结构、薪酬构成进行确定、分配和调整的动态管理过程，简单讲就是对企业员工的薪水报酬的一种管理过程。薪酬管理要发挥应有的作用，应达到以下三个目标：效率、公平、合法。达到效率和公平目标，就能促使薪酬激励作用的实现，而合法是薪酬的基本要求，因为合法是公司存在和发展的基础。

（1）效率目标。效率目标包括两个层面：第一个层面站在产出角度来看，薪酬能给组织绩效带来最大价值；第二个层面是站在投入角度来看，即实现薪酬成本控制。薪酬效率目标的本质是用适当的薪酬成本给组织带来最大的价值。

（2）公平目标。公平目标包括三个层次：分配公平、过程公平、机会公平。分配公平是指组织在进行人事决策、决定各种奖励措施时，应符合公平的要求。如果员工认为受到不公平对待，就会产生不满。员工对于分配公平的认知，来自其对于工作的投入与所得进行主观比较，在这个过程中还会与过去的工作经验、同事、同行、朋友等进行对比。过程公平是指在决定任何奖惩决策时，组织所依据的决策标准或方法符合公正性原则，程序公平一致，标准明确，过程公开等。机会公平指组织赋予所有员工同样的发展机会，包括组织在决策前与员工互相沟通，组织决策考虑员工的意见，主管考虑员工的立场，建立员工申诉机制等。

（3）合法目标。合法目标是企业薪酬管理的最基本前提，要求企业实施的薪酬制度符合国家、省（区）的法律法规、政策条例要求，如不能违反最低工资制度、法定保险福利、薪酬指导线制度等的要求规定。

三、工资制度的形式与选择

根据薪酬支付依据的不同，企业薪酬有岗位工资、职务工资、技能工资、绩效工资、工龄工资、薪级工资等薪酬构成元素。通常企业选择一个或两个为主要形式，其他为辅助形式。

选择并确定工资制度形式是很关键的，这体现着公司的价值导向。

1. 岗位工资制

岗位工资制是依据任职者在组织中的岗位确定工资等级和工资标准的一种工资制度。岗位工资制的理念是：不同的岗位将创造不同的价值，因此不同的岗位将给予不同的工资报酬；企业应该将合适的人放在合适的岗位上，使人的能力素质与岗位要求相匹配；岗位工资制鼓励员工通过岗位晋升来获得更多的报酬。岗位工资制是市场导向的工资制度。

2. 职务工资制

职务工资制是简化了的岗位工资制。职务和岗位的区别在于：岗位不仅表达出层级，还表达出工作性质，如人力资源主管、财务部部长等就是岗位；而职务仅仅表达出层级，如主管、经理，以及科长、处长等。职务工资制在国有企业、事业单位及政府机构得到广泛的应用。职务工资制只区分等级，是典型的等级制工资制度。

3. 技能工资制

技能工资制是根据员工所具备的技能而向员工支付工资，技能等级不同，其薪酬支付标准不同。技能通常包括三类：深度技能、广度技能和垂直技能。深度技能指与从事岗位工作有关的知识和技能。深度技能表现在能力的纵向结构上，强调员工在某项能力上不断提高，鼓励员工成为专家。广度技能指与从事相关岗位工作有关的知识和技能。广度技能表现在能力的横向结构上，提倡员工掌握更多的技能，鼓励员工成为通才。垂直技能指的是员工进行自我管理，掌握与工作有关的计划、领导、团队合作等技能。垂直技能鼓励员工成为更高层次的管理者。技能工资制的理念是：你有多大能力，就有多大的舞台。技能工资制真正体现了"以人为本"的理念，能给予员工足够的发展空间和舞台。

4. 绩效工资制

绩效工资制是以个人业绩为付酬依据的薪酬制度，绩效工资制的核心在于建立公平合理的绩效评估系统。绩效工资制可以应用在任何领域，适用范围很广，在销售、生产等领域更是得到大家认可，计件工资制、提成工资制也都是绩效工资制。

5. 组合工资制

组合工资制是指在企业薪酬管理实践中，除了以岗位工资、技能工资、绩效工资中的一个为主要元素外，很多情况下以两个元素为主，以充分发挥各种工资制度的优点。常见的组合工资制有岗位技能工资制和岗位绩效工资制。

（1）岗位技能工资制。岗位技能工资制是以按劳分配为原则，以劳动技能、劳动责任、劳动强度和劳动条件等基本劳动要素为基础，以岗位工资和技能工资为主要内容的企业基本工资制度。我国大多数企业除设置技能和岗位两个主要单元外，一般还加入工龄工资、效益工资、各种津贴等。

（2）岗位绩效工资制。岗位绩效工资制是以岗位价值和绩效因素为主要分配依据的工资制度。岗位绩效工资制除了在企业中得到广泛应用之外，很多事业单位也采用。岗位绩效工资主要由三部分构成：固定工资、绩效工资和风险工资。其中：固定工资是岗位工资中的固定部分，一般按月发放；绩效工资是岗位工资的变动部分，由团队和个人阶段绩效考核结果确定，绩效考核一般采取月度或季度考核；风险工资是岗位工资的变动部分，其实质也是绩效工资。风险工资适用于与企业签订目标责任的管理者，对企业高层、中层管理者适用，也可对签订目标责任的团队骨干成员适用。风险工资根据目标责任的完成情况经考核后发放。

四、中小企业薪酬管理的常见问题

（一）对薪酬的定位存在错误认识

中小企业普遍存在把薪酬定位于企业运营成本的错误认识。在这种思想指导下，企业首先考虑的是如何降低成本，其结果是员工的薪酬被尽可能地压缩，甚至拖欠工资、雇用童工、不依法缴纳相应保险等情况也时有发生。事实上，薪酬对于企业来说不仅仅是成本，而且也是帮助企业实现目标的重要手段。企业可以以合理的薪酬作为激励手段，有效地提高员工绩效，实现企业目标。薪酬定位的错误必然影响员工的工作效率、工作态度和对企业的归属感，从而造成人才流失，制约企业战略目标的实现。

此外，还有一些中小企业认为采用高工资、厚福利等物质激励就可以引进和留住人才。事实上，采用提高工资、改善福利等手段进行物质奖励，只在短期内有一定效果。调查表明，人才最重视的是个人发展的机会，其次是成就感，最后才是高工资等物质因素。不少中小企业重视高薪投资引进人才，但是却忽略了为人才创造发挥才能的宽松环境，使得不少人才发出"英雄无用武之地"的感慨。

（二）薪酬战略与企业战略不匹配

对中小企业来说，制定一个合理的薪酬战略尤为重要，它对企业吸引人才、留住人才、实现企业总体战略目标都有着重大的意义。薪酬战略与企业总体战略不相匹配，主要体现在以下两个方面：第一，在薪酬战略规划上缺乏总体战略的考虑，没有从全局出发；第二，把薪酬单纯看成是对员工劳动付出的一种成本性支出、一种吸引员工的手段，忽视了薪酬对员工的激励作用及对企业战略的支持。

（三）薪酬结构缺乏合理性

许多中小企业没有形成科学合理的薪酬管理体系，薪酬结构也比较混乱。薪酬结构不合理主要体现在以下几个方面。

（1）忽视了内在薪酬的作用。现代薪酬管理理论认为，广义的薪酬包括外在薪酬和内在薪酬两部分。外在薪酬包括工资、奖金、福利、津贴、股票期权及各种以间接货币形式支付的福利等，侧重于物质奖励；内在薪酬指为员工提供的不能以量化的货币形式表现的各种奖励，如宽松的工作环境、具有挑战性的工作、晋升的机会、工作的满意度等，侧重于精神奖励。工资只是薪酬中的一部分。中小企业往往忽视内在薪酬的运用与作用，导致员工对企业的满意度低，劳资关系紧张。

（2）基本薪酬与绩效奖金比例失衡。许多中小企业存在基本薪酬与绩效奖金的比例失衡这一现象，严重影响着薪酬的激励效果。具体表现为：固定工资比例过低，绩效奖金过高。这是因为这些中小企业更看重短期利益，不愿意给过高的固定工资。

（3）福利占薪酬比例过低，且福利单一。许多中小企业对员工福利没有足够的重视，主要表现为福利项目的缺少、单一。例如：只提供法定福利，而不提供非法定福利；在法定福利项目中，只提供养老保险、医疗保险，而不提供失业保险、工伤保险、生育保险；在非法定福利项目中，仅限于提供交通、伙食补贴、病事假等必要项目，而在娱乐设施、心理咨询、进修机会等方面几乎没有。福利项目的缺少、单一，只会让员工满意度下降，丧失工作积极性。

（四）薪酬分配缺乏公平合理性

许多中小企业存在薪酬标准混乱、同工不同酬现象，且仅凭老板的主观臆断就决定了员工的薪酬分配与职位晋升，这种暗箱操作的做法，使员工难以相信薪酬的公平性，从而使薪酬制度达不到应有的激励效果。同时，老板拍板式的薪酬制度在操作中带有很大的主观性与随意性，缺乏科学性、合理性与合法性。

五、中小企业薪酬优化设计

中小企业应该在结合自身特点和需求的情况下，进行薪酬管理制度的优化设计，从而促进企业稳定健康的发展。

（一）薪酬管理应与企业文化和企业发展战略相结合

科学合理的薪酬体系应体现企业管理理念和文化倾向。优厚的薪酬可以吸引和留住优秀人才，而优秀的企业文化以及由此塑造出的优秀企业形象，则可以使人才迸发出高度热情和创造性，甚至可以用中等竞争力的薪酬把第一流人才吸引来、留住并使之积极工作。薪酬管理应与企业发展战略相匹配。与企业发展战略相匹配的薪酬制度才能适应企业发展的需要，推动企业健康发展。

（二）规范薪酬制度，保持薪酬制度的适度弹性

制定规范的薪酬制度是企业薪酬管理的基础。首先，企业经营管理者应加强现代薪酬管理理论知识的学习，自觉放弃随意确定员工薪酬的做法。其次，中小企业应进行科学的岗位分析，科学测评各岗位价值，为确定员工薪酬水平提供客观依据。最后，完善企业治理结构，实现产权结构多元化，设立内部监督机构，从而防止员工薪酬水平决定的随意性。此外，中小企业也可考虑让员工参与薪酬制度的设计与管理，从而有助于形成一个更能适合员工需求、更符合实际情况的薪酬制度。中小企业应保持薪酬系统的适度弹性。为了使员工之间的薪酬水平有合理的差距，企业首先要正确评估每个岗位的价值并对全体员工确定合理的层级。不同层级和不同岗位之间的薪酬差距需要在市场薪酬调查的基础上，结合自身的实际情况进行确定。员工个人的薪酬水平也应根据工作量多少、完成工作的质量情况以及企业的经营效益进行调整。

（三）重视薪酬制度的公平性和透明性

一个公平合理的薪酬制度应该是透明的。中小企业应当建立清晰明确的薪酬制度，确定各岗位的相对价值。企业还应慎重选择岗位的计酬因素，从而使各岗位的薪酬差异有章可循，这样才能使企业员工体会到公平。公平透明的薪酬制度的前提必须是企业高层能将薪酬分配信息准确地传达给员工，从而减少不必要的猜测，保证员工的工作热情。

（四）完善企业福利体系，加强福利的多元化设计

中小企业必须在福利方面进行创新，在员工"五险"的基础上，设计低成本、多元化的福利项目，使福利的效用最大化。例如：对于高级技术人员和高级管理人员，可以使他们无偿使用企业的车辆、报销带家属的旅游费、报销小孩学费、额外的商业人寿保险等；对于基层员工，可以定期组织他们集体出外旅游、每年定期体检、员工生日时送鲜花和蛋糕等。另外，休假制度不仅应包括国家法定节假日，还应根据企业实际情况和员工服务年限给予相应的休假待遇，这些都是能留住员工的福利性政策。

（五）重视某些重要的非经济性报酬的运用

马斯洛的需要层次理论表明，员工的需要是多层次的，员工除了希望获得物质薪酬外，还希望得到精神薪酬，也就是基于工作任务本身的薪酬，如工作的挑战性、责任感、成就感、个人发展的机会、关怀、赞赏、尊重等。尤其是对于技术人员和管理人员，精神薪酬和员工

的工作满意度有相当大的关系。中小企业如果能在精神薪酬方面给予他们更多的发展机会和挑战感、责任感，就会吸引这些人才为企业服务，促进企业的发展。企业经营者应了解不同性别、年龄、教育水平的员工，对于工作安全、家庭照顾、发展潜力、培训机会等不同的需求程度，并针对这些需求设计相应的制度，从而保障员工精神薪酬的实现。

子任务四　员工晋升与职业生涯管理

一、构建员工发展多通道模式

众所周知，企业中最重要的资源是人才，人才的流失会给企业造成巨大的损失，包括重新招聘、培训新员工接任工作等显性成本，以及给在职员工造成离职恐慌之类的心理影响等隐性成本。根据调查，在众多离职原因中，企业的晋升机制是否健全占了很大比重。从某种程度上说，企业的晋升机制决定了员工是走还是留。因此，建立良好的晋升机制对降低员工流失率具有重要的现实意义，这对中小企业留住人才尤其重要。

（1）双阶梯晋升机制。双阶梯晋升机制的具体形式就是在企业内设计两条平行的晋升路径：一条是管理阶梯，另一条是技术阶梯，通过两条路径晋升后享有平等的发展机会和报酬待遇。同时，双阶梯晋升机制允许两条路径之间互相转换，员工可自行选择其职业发展方向，并根据自身的特点修正自己的发展路线。双阶梯晋升机制为组织中的专业技术人员提供与管理人员平等的地位、报酬和职业发展机会，有效地解决了不同类型人员的职业生涯发展需求。对于没有管理愿望又专精于本专业发展的专家型人才，能保障其在技术阶梯上进行晋升，既满足了他们对职业发展的需求，又能使他们充分发挥自己的专业特长，发挥更大的价值。

（2）员工发展多通道模式（多阶梯晋升）。这种模式是双阶梯晋升机制的一种外延形式，其原理和双阶梯晋升机制是一样的。企业根据自身业务特点，设计多条平行的职业发展路径，满足不同类型岗位人员的晋升需求。

二、做好员工职业生涯管理

职业生涯管理是指企业帮助员工制订其生涯计划和帮助其生涯发展的一系列活动。员工选择一个企业，往往是以追求良好的职业发展为目的的。员工会因为企业为其提供专业的职业生涯规划而对企业产生认同感，从而在企业的帮助下实现自己的职业目标。因此，职业生涯规划对留住员工、防止员工跳槽可以起到积极的作用。员工职业生涯管理的主要内容包括以下五个方面。

（1）职业通道管理。根据公司业务、人员的实际情况，建立若干员工职业发展通道（即职系），可以包括管理、技术或营销等，使具有不同能力素质、不同职业兴趣的员工都可以找到适合自己的上升路径。公司应明确不同职系的晋升评估标准、管理办法以及职系中不同级别与收入的对应关系，给予员工不断上升的机会。

（2）职业生涯设计。职业生涯设计是针对每个员工而言的。一个人会经历从工作、职业到事业的发展，除了环境的因素以外，正确选择适合自己发展的职业道路，把个人条件和合适的事业结合起来才是成功的前提。公司可以设立职业发展辅导人制度，上层的直接主管或资深员工可以成为员工的职业辅导人。职业辅导人在新员工试用期结束后，应与该员工谈话，有条件的可以使用测评工具对员工进行个人特长、技能评估和职业倾向调查，帮助新员工明确职业发展意向，设立未来职业目标，制订发展计划表。

（3）能力开发。公司应结合员工职业发展目标为员工提供能力开发的条件。能力开发的措施包括培训、工作实践和业务指导制度等。公司可以根据实际情况，提供各种形式、有针对性的培训并鼓励员工自我培训。培训要以员工的职业发展为前提。企业的战略目标，以及员工的职位要求、知识层次、个性、能力、价值取向等都是员工培训要考虑的必要因素。

（4）工作实践。工作实践可以是扩大现有工作内容或工作轮换。扩大现有工作内容是指在员工的现有工作中增加更多的挑战性或更多的责任，如安排执行特别的项目、在一个团队内部变换角色、探索为顾客提供服务的新途径等。工作轮换是指在几种不同职能领域中为员工做出一系列的工作安排，或者在某个单一的职能领域或部门中为员工提供在各种不同工作岗位之间流动的机会。

（5）业务指导。让公司中富有经验、生产率较高的资深员工担任导师，为经验较少的员工提供业务指导。业务指导关系不仅对被指导者有利，同时可以提高指导者的能力，使他们共同进步。

 案例展示

小张的困惑

某省级电信企业分公司网络运维部小张工作积极肯干、勤于思考，深得省公司企业发展部赵总的赏识。一年前赵总将小张从其所在市公司借调到省公司工作，支撑省公司新职能战略管理的力度。小张工作十分努力和用心，仅在一年中，就深入参与省公司年度战略规划的制定工作，并向省公司提交了多篇电信企业竞争环境的分析报告，工作获得了不小的成绩。小张的直接主管刘经理是一位精通业务的技术骨干，但却十分挑剔，经常不分场合地批评员工，对于本是借调并且内向寡言的小张更是多番指责。刘经理苛刻的工作作风虽受到小张等多名下属的抱怨，但是大家对这位顶头上司也只能沉默屈从，小张本人更是兢兢业业、如履薄冰。

小张借调时值一年，省公司进行中层领导的竞聘上岗。在省公司职能部门任职多年的赵总要到分公司去竞聘老总，刘经理也要重新参加部门主管的公开竞聘。小张则处于职业发展何去何从的选择中：自己原定两年的借调期目前时已过半，虽然工作业绩与个人能力受到赵总的赏识，但是赵总如果到地（市）分公司竞聘成功，小张将直接面对苛刻严厉的直接领导——刘经理，小张很难预料自己留在省公司的发展前途。如果此时小张以两地分居为由，向赵总申请缩短借调期，回到原单位继续本职工作，工作轻车熟路，既受老领导器重，又可以与家人团圆。然而如此一来，小张在省公司企业发展部的工作成绩，掌握的关于企业发展战略方面的知识与技能便失去了意义。他觉得通过参与公司战略规划项目，能够站在企业最前沿关注公司环境的变化，了解最新的技术动向、市场动向，这些是自己在网络部技术岗位所接触不到的。小张现在很矛盾，究竟是回市公司网络部发展，还是坚持留在省公司呢？

小张面临的问题是电信企业中一个典型的年轻骨干员工不知如何确定自己职业发展方向的例子。因为对年轻的小张而言今天站在哪里并不重要，但是重要的是他下一步迈向哪里。小张当前面临的问题可以总结为以下几个方面。

（1）公司人力资源部没有提供对员工个人的职业生涯方面的咨询与辅导，小张缺乏如何

在个人发展与企业发展之间找到结合点的咨询建议。

（2）小张的领导赵总和刘经理缺乏关注下属职业发展的意识，仅考虑对员工工作上的要求，不考虑怎样帮助员工在完成工作的同时实现自身的价值。

（3）公司缺乏对借调员工生活上的关注。

（4）公司缺乏对企业发展过程中形成的空缺岗位人员的培训。

资料来源：http://www.yingsheng.com/kjxz/125/2485.html.

子任务五　家族企业的人力资源管理问题

家族企业是指资本或股份主要控制在一个家族手中，家族成员出任企业的主要领导职务的企业。在家族企业中，家就是企业，企业就是家，家族的文化就是企业的文化，企业具有非常鲜明的个人特色。目前，我国家族企业已经成为民营企业的主要模式。从国际上看，即使是市场经济发达的国家，家族企业也是最普遍的企业形式，很多闻名全球的大企业也仍然带有家族的色彩。

 **阅读延伸**

全球最大的 25 个家族企业

据中商情报网 2016 年 12 月报道，全球最大的 25 个家族企业如表 5-1 所示。

表 5-1　全球最大的 25 个家族企业

序号	企业名称	国家	家族名称	年营业收入/亿美元	员工人数/人
1	沃尔玛	美国	沃尔顿家族	4 763	2 200 000
2	大众	德国	保时捷家族	2 616	572 800
3	伯克希尔-哈撒韦公司	美国	巴菲特家族	1 822	330 745
4	EXOR 集团	意大利	阿涅利家族	1 511	301 441
5	福特	美国	福特家族	1 469	181 000
6	嘉吉	美国	卡吉尔/麦克米伦家族	1 367	143 000
7	科氏工业	美国	科赫家族	1 150	100 000
8	BMW	德国	科万特家族	1 010	110 351
9	施瓦茨集团	德国	施瓦茨家族	894	335 000
10	欧尚集团	法国	穆里耶兹家族	855	302 500
11	安赛乐米塔尔	卢森堡	米塔尔家族	794	232 000
12	路易达孚控股	荷兰	刘易斯-德雷弗斯家族	743	36 306
13	信实工业	印度	安巴尼家族	720	23 853
14	标致	法国	标致家族	718	207 287
15	康卡斯特	美国	罗伯茨家族	647	136 000

续表

序号	企业名称	国家	家族名称	年营业收入/亿美元	员工人数/人
16	佳喜乐集团	法国	纳乌里家族	646	329 355
17	美洲电信	墨西哥	卡洛斯.斯利姆及其家族	616	163 524
18	伊塔乌联合银行	巴西	莫雷拉.萨勒斯家族	570	95 696
19	Long &；Foster 公司	美国	Long &；Foster 家族	560	11 500
20	罗氏	瑞士	霍夫曼-罗氏家族	505	85 080
21	企业产品合伙公司	美国	邓肯家族	477	6 600
22	AP 穆勒/马士基集团	丹麦	穆勒家族	474	88 909
23	大陆集团	德国	舍弗勒家族	443	177 762
24	JBS	巴西	巴蒂斯塔家族	432	142 000
25	克里斯汀.迪奥	法国	阿诺特家族	420	117 806

资料来源：https://zhidao.baidu.com/question/267701129337534925.html.

一、家族企业的类型

（1）纯粹的家族企业。这种家族企业从老板到管理者再到员工，全都是一家人。这种企业是最纯粹的家族企业。这种家族企业一般规模非常小，通常称之为作坊。

（2）传统的家族企业。传统的家族企业是由家族长来控制大权，关键的岗位基本都是由家族成员来担当的，外来人员只能处于非重要的岗位。

（3）现代的家族企业。现代的家族企业是家族持有所有权，而将经营权交给有能力的家族或非家族成员。也就是说，家族持有所有权、股权，但是经营权不一定是家族成员拥有。如果家族成员有能力，就由家族成员来担当管理职责；如果家族成员没有这种能力，就把它交给有能力的非家族成员。这是现代家族企业的一种趋势，很多大型的国际级的家族企业，基本上都在走这样的道路。走这条路的关键，就是所有权和经营权必须剥离。

二、家族企业的内在缺陷

家族企业的特殊性导致了其具有诸多内在缺陷。

（1）人才瓶颈。企业发展都有一个从小到大的过程。家族企业创业初期，企业规模小，其核心成员基本上都是以血缘、亲缘为纽带的家族成员，依靠家长权威的家族式管理即可保证家族企业顺利运转，甚至可以"边吃饭边开董事会"。此种状况下家族企业内部矛盾冲突不会太尖锐，强调家长权威、亲情原则的家庭伦理能有效协调家族成员的利益矛盾。这一阶段企业相对稀缺的是货币资本而不是人力资本，对管理的要求也不高。而随着企业的发展，一方面，企业规模的快速扩张导致企业对人力资本数量需求的大幅提高，而家族成员群体供给速度远远低于企业对人力资本需求的速度；另一方面，由于企业规模的扩张，管理的复杂化，导致企业对高级人力资本需求的增多，家族成员群体也很难保证对人力资本的供给。从以上分析看出，家族企业的发展过程中必然会遭遇人才瓶颈。

（2）企业文化。企业文化是企业的基本价值观和行为规范，是企业倡导、信奉同时必须付诸实践的价值理念，也是企业永续经营、充满活力的内在源泉。其主要内容是企业的制度安排和战略选择，企业有什么样的制度安排，有什么样的战略选择，就有什么样的企业文化。而在家族企业中，权力往往集中在以创业者为核心的家族成员手中，这种集权的决策体系缺乏有效的监督、反馈和制约机制，不利于决策的科学化、民主化，容易造成决策失误，这是一种制度安排上的缺陷。同时，在另一重要环节——人才的选拔上，家族企业多采取以血缘为中心的用人制度，即坚持以血缘关系第一，其次才会考虑能力。这些行为背离了基本的公平原则，不仅严重挫伤了非家族成员的积极性，而且使家族成员丧失了提高素质的动力和压力，难以形成有效的激励约束机制。

三、家族企业的三大弊端

当市场变革速度越来越快、竞争越来越激烈时，完全由家族成员掌控的封闭式家族管理的弊端就显现出来了。

（1）组织机制障碍。随着家族企业的成长，其内部会形成各类利益集团，由于夹杂复杂的感情关系，领导者在处理利益关系时会处于更复杂甚至是两难的境地。企业领导人的亲属和家人违反制度时，管理者很难像处理普通员工那样一视同仁，这给企业内部管理留下了隐患。家族企业还有一个很普遍的特点就是，可以共苦但不可同甘：创业初期，所有矛盾都被创业的激情所掩盖；但创业后的三关——分金银、论荣辱、排座次，往往给组织的健康成长造成了阻碍。当对待荣誉、金钱和权利的看法出现分歧时，亲兄弟之间、父子之间都可能出现反目现象。

（2）人力资源的限制。家族企业似乎对外来的资源和活力产生一种排斥作用。尤其是由于在家族企业中，一般外来人员很难享受股权，其心态永远只是打工者，始终难以融入组织中。另外，由于难以吸收外部人才，企业更高层次的发展会受到限制。

（3）不科学的决策程序导致失误。决策的独断性是许多民营企业初期成功的重要保证，许多企业家在成长过程中靠的就是果敢、善断。但是随着企业的发展，外部环境的变迁，企业主的个人经验开始失效，生意越做越大，投资的风险也越来越大，不像创业初期那样，一两次失误的损失还可以弥补回来。这个时候，保证决策的民主性、科学性就显得越发重要。

四、如何做好家族企业管理

据美国一所家族企业学院的研究表明，约有 70%的家族企业未能传到下一代，88%未能传到第三代，只有 3%的家族企业在第四代及以后还在经营。在中国，家族企业更有"富不过三代"之说。因此，家族企业的科学管理是延长家族企业寿命的关键。

（1）家族成员尽量不要在家族企业工作。除非家族成员和任何一个非家族成员的员工一样能干，否则不能在公司内工作。有些家族企业的老板为了保持股东之间的平衡，只好接受一位懒惰而平庸的第二大股东的家族成员，如将其安排在公司内挂个营销部经理的头衔，但是另外高薪聘任一位十分能干的专业人士担任营销部副经理。

（2）保留一席高管位置给非家族成员。无论有多少家族成员占据了多少公司的管理职位，也不管他们多么能干，都需要保留一席高管位置给非家族成员。如李维公司的老板是家族成员，也是公司创始人的后代，但他们的总裁兼总经理却是一位非家族成员的顶尖专业人士。

（3）非家族成员的专业人士不断补充公司的重要位置。除了极小型的家族企业之外，家族企业需要非家族成员的专业人士不断补充公司的重要位置。企业聘用的非家族成员的专业人士都应该受到同等的对待，必须让他们在企业内享有完全的平等权，而不应该受到差别待遇，否则他们就不会留在公司。

（4）将继任权的决定权委托给一个既非家族成员又与公司毫无关联的人士。即使忠实地履行上述三条规则的家族企业，仍然会由于企业的继任者问题而引起矛盾，甚至面临企业解体的风险，这是因为企业的需求和家族的需要发生了冲突。

职场经验

日本百年家族企业如何培养接班人

在某访谈节目中，出场嘉宾是中国某知名企业家及其已被确定为公司接班人的 80 后女儿。节目中，企业家父亲提到其女儿最初想做时尚设计类工作，并不想接班，通过反复劝导及女儿自身努力，最终才确定接班。主持人称赞道"她含着金汤匙出生，却有着同龄人少见的成熟和沉稳"，节目结束语则是"我们有理由相信，在××领导下，××集团一定会有更美好的明天"。

笔者未曾见过那位"成熟和沉稳"的企业家女儿，故对其经营能力不置可否。但看完节目后，可谓百味杂陈。笔者但不禁要问的是，如此庞大的一家企业真的可以安心地交给一名80 后女孩来打理吗？而从更大范围来看，如何培养接班人、实现企业顺利传承，俨然已成为中国民企面临的共同难题。种种迹象也都表明，中国民企将在未来 5～10 年迎来接班高潮，而相当一部分民企恐怕将因接班处理不当而走向消亡。

为打开死结，我们需要将目光转向日本。日本是一个不折不扣的"家族企业大国"，据日本家族企业研究所统计，日本家族企业的数量占企业总数的约95%，雇用的员工数量占整体的六七成。而且，日本这些家族企业很好地实现了企业继承、接班，这让日本拥有了多到惊人的"百年企业"。普华永道的统计表明，创业史超 100 年的家族企业，欧洲共 6 000家，美国共 800 家，日本则有 30 000 多家。

那么，百年企业异常多的日本，是如何培养接班人的呢？

一、接班培养始于少年时代

"不怀生死观的企业家是无法创建百年企业的，因为对企业而言，没有比企业掌舵人猝死更大的风险了。不管自己是 40 岁还是 50 岁，将'人会死'甚至可能会'猝死'视为理所当然的事，是企业风险管理的前提。企业家需将自己之后的企业该怎么办始终放在心头，尽快着手处理。"日本家族企业继承研究专家藤间秋男如是认为。他本人为日本知名本土咨询公司TOMA 集团社长、企业第 5 代传人。正是抱有如此的觉悟，日本的家族企业往往从其接班人少年时代起便着手培养。藤间秋男本人便是鲜活的例子。他在幼儿园时代便被父母带到公司，中学时便开始接触公司事务性工作，年少时的这些体验培养了其对法务、会计等的兴趣，这些也正是 TOMA 公司的主业，而藤间秋男本人即拥有会计师等资质。

类似培养方式在日本的食品行业更为普遍。日本的食品企业往往会让接班人从幼儿时期便接受"食育"，以培养其一流的味觉，增强对食物的敏感度。创业于1865年的日本铃广集团，其现任社长铃木博晶回忆说，从幼儿时期便被父母每月两次带去品尝一流的寿司、刺身等美食，让其熟悉并分辨其中的微妙差异，如今他年幼的儿子也在重复同样的培养。

日本千疋屋公司社长大岛博也有过类似经历。千疋屋公司创业于1834年，专门从事水果及水果类制品的生产销售。大岛博在幼儿时期便被父母安排大量地品尝各种水果，通过这样的培养来掌握识别各种水果及水果制品的能力。目前他还在读小学的儿子也是如此。

二、接班前先进其他大公司体验

在企业预定的接班人成年尤其是大学毕业之后，往往不会直接进入接班公司，而是被安排去其他大公司磨炼数年，这被视为是接班前必要的"修行"。那么，选择什么样的大公司为好呢？藤间秋男给出了三个要点：一是要比接班企业更大且管理更严；二是要存在可以代替父母严加管教培养的企业高管；三是父辈的余威和影响力要在该企业内近乎为零。

实际上，藤间秋男给出的要点与其说是建议，不如说是总结。因为诸多企业的接班人其实就是按照这一思路来寻找"磨炼"企业的。而符合这些条件的往往是大型综合商社、广告巨头或银行金融巨头。

在三菱商事、伊藤忠商事、三井物产等大型综合商社内就潜伏着很多，这在日本社会是公开的秘密，综合商社也是日本就职竞争极为激烈的行业。比如，优衣库社长柳井正当年从早稻田大学毕业时，其父亲就想方设法试图让其进入大型商社锻炼，但最终未能实现，而不得不在东京无所事事地荒废了三个多月。

广告巨头电通也是有过之而无不及。正如植田正在《电通鬼十则》一书中所言，"在电通公司内如果扔一块石头，估计都会砸到很多位名人子弟。"进入电通等这样的广告巨头企业，不但可以学到市场推广宣传战略，而且结识的人脉都可让这些接班人受用终生。

在经历磨炼、积累了相对充足的经验之后，这些接班人会离职进入要继承的家族企业，正式进入接班程序。但一切往往还需从基层做起，要实现最终的接班大多需要在家族企业内部的若干部门历练。

三、接班人选不拘一格

当然，日本企业能相对顺利地实现代际继承的另一个重要原因，便是对接班人才的选择不拘一格。与中国相比，日本的家族企业继承更注重"家族"的延续而非狭隘的"血缘"继承。

日本的家族企业并不必然让儿子继承，尤其在从创始人传至第二代时往往更为注重"立贤"，而非"立亲"。为了解决"亲"的问题，日本的创业者会采取直接收养养子或纳为女婿后再让其改姓收为养子的方式处理。其中，最为人津津乐道的案例当属松下和丰田汽车。

松下创始人松下幸之助在1973年卸任时便将企业交给了"女婿+养子"松下正治（原名平田正治）继承；丰田汽车的创始人丰田佐吉也是将企业交给了"女婿+养子"丰田利三郎（原名小山利三郎）继承，而非自己的亲生儿子。

这种"女婿+养子"的模式无疑会强化信任基础，同时也能扩大接班人选择范围，避免拘泥于从亲生儿子中选择，有利于保证接班人的素质和能力。日本最大财团之一的三井集团就有好几位继承者是三井家族的"女婿+养子"。三井曾有掌门人甚至宣称，"我宁可要女儿而不要儿子，因为有了女儿我可以选择我的'儿子'！"这真可谓一语道破"女婿+养子"继承模式的精髓。

相比之下，中国家族企业若拘泥于"血缘"继承，则恐怕会面临陷入"布登勃洛克家族"的危险。诺贝尔文学奖得主托马斯·曼在其名著《布登勃洛克家族：一个家族的衰落》中描述了布登勃洛克家族衰落的故事。第一代家境贫寒、创业于维艰，并因此积累了大量财富；但"含着金汤匙出生"的第二代谋求的则是社会地位的改变，于是选择从政；第三代则肆无忌惮地躺在财富与权力之上尽情享受；最终结局便是家族的彻底衰败。

而正如藤间秋男所言，"企业持续经营之所以重要，在于若不能持续就将让很多人陷入困境，人数之多远比企业掌舵人预想得要多。大体而言，因为一家企业倒产而受困的人约为其企业员工数的 5 倍。"

世界各国的家族企业继承模式五花八门，但逐本溯源，无非都是基于如何实现"贤"与"亲"的统一结合。在此基础上，中国家族企业能否摸索出适合自身的接班模式，无疑颇值得关注。

资料来源：http://blog.sina.com.cn/s/blog_975ef0820101fpdu.html.

PBC 绩效沟通：
主谈绩效、因材施教

海底捞的员工
激励措施

 案例赏析 华恒智信人力资源管理诊断项目纪实

北京华恒智信人力资源顾问有限公司是一家专业从事人力资源管理研究与咨询的服务机构，公司秉承"专业服务，系统提高"的服务价值理念，通过提供具有务实特点的、以人力资源为核心的一体化解决方案，为帮助中国企业逐步实现真正的崛起和发展而努力奋斗。

华恒智信本着"以实践应用为基准"的专业服务标准，在咨询过程中实践"敬业、认真"的行为准则，多次获得"服务专业，学习表率"的赞誉。目前公司拥有三十余名专职咨询顾问，特邀兼职专家（行业专家）近五十名，这些顾问专家由原世界 500 强跨国企业高级职业经理人、原著名中外咨询公司高级合伙人/优秀咨询师以及国家级有突出贡献的中青年专家组成，具有极其丰富的实践经验和丰厚的理论功底。经统计，华恒智信已经累计完成了超过 200 家企业的各类人力资源服务项目，行业涉及电信、航空、国铁运输、生产制造、高新技术、房地产、证券投资等众多领域。

案例 1：人力资源规划

引言：随着市场环境的竞争日益激烈，企业管理者也在思考如何拓展原有业务，实现利润的逐步增长。但是，随着公司业务的扩张，企业内部人力资源规划建设的弊端日益明显，特别是人力资源规划系统的不完善，已经阻碍了企业的进一步发展，员工的流动也比较大，给企业的长远发展带来了压力。人力资源规划可以根据企业内外部环境的变化，预测企业未来发展对人力资源的需求，以及为满足这种需要提供人力资源，是企业人力资源管理的基础和前提。由此可见，人力资源规划是企业实现长足发展的必要环节。那么如何才能实现科学合理的人力资源规划呢？本文是人力资源专家——华恒智信为某电子商务行业企业进行人力资源规划的项目纪实。

【客户行业】电子商务

【问题类型】人力资源规划

【客户背景】易通（化名）电子商务有限公司是中国首批从事航空电子客票开发与销售的合资公司，由某大型航空股份有限公司与某投资有限公司在中国境内共同投资设立。公司的主营业务包括航空公司电子客票售后服务、系统开发、机票直销业务等。公司成立于2007年，随着网络时代的到来和信息技术的迅速发展，电子客票已经在消费者中推广开来，易通公司也得到了迅猛发展。目前，该公司已在多个城市设立了办事处，员工人数近400人。随着市场环境的竞争日益激烈，公司管理者也在思考如何拓展原有业务，实现利润的逐步增长。但是，随着公司业务的扩张，企业内部管理建设的弊端日益明显，特别是人力资源管理系统的不完善，已经阻碍了企业的进一步发展，员工的流动也比较大，给企业的长远发展带来了压力。企业管理者也不清楚问题的根本原因到底在哪里，也无法有效解决问题。基于此，易通电子商务有限公司的高层管理者邀请华恒智信进驻企业，帮助企业诊断人力资源管理系统的问题所在，并提出有效的解决方案，实现企业的进一步发展。

【现状问题及分析】 经过对该公司管理现状的深入分析，华恒智信顾问专家团队认为该公司的人力资源管理系统主要存在以下几个方面的问题。

（1）公司战略目标不明确。一方面，公司成立短短几年，处于业务探索、变革时期，再加上传统航空客票销售渠道的历史原因，以及市场环境的不断变化和电子客票销售业务的逐渐发展，公司的发展方向和战略目标并不清晰，基本上只是延续原有业务或是模仿其他竞争对手的策略，更不用提实现战略目标的途径和方法了。另一方面，两家合资公司派驻的管理团队的管理方式存在较大差异，仍在不断磨合，对公司的战略发展方向和核心竞争力建设尚未形成共识，因而也难以在公司范围内进行贯彻传递。

（2）人力资源管理系统性不强，缺乏长远的人力资源规划。与大部分中小型企业类似，该公司在成立之初把精力放到了业务开拓和业绩提升上面，欠缺人力资源管理的意识。该公司的人力资源管理仍停留在"人事管理"的阶段，HR从业者多忙于事务性工作，无暇顾及人力资源管理系统的搭建。另外，公司的战略发展目标不明确，公司管理机制的导向、资源的配置与控制、薪酬管理与绩效管理等方面都不同程度地反映出组织战略导向的不确定性，进而导致了公司的人力资源规划与公司发展阶段性要求脱节，无法保证公司发展过程中的人才供给和调控。举例来看，该公司的人员流动率比较高，公司采取的策略是"人走了就再招"，缺乏系统、长远的人力资源规划。

（3）人力资源管理基础工作薄弱，薪酬体系的激励作用不明显。由于缺乏整体的人力资源规划，很多组织管理的基础工作无章可循，对组织架构及职位规划、管控规范管理的力度不足，也直接影响了薪酬、绩效管理机制的有效性。另外，薪酬分配的水平和标准不规范，很多自发的方式、方法由下而上地产生，系统化程度低。由于公司缺乏明确的工作分析和岗位评价，公司上下所有职位全部采用"低工资、高奖金""低保障、高激励"的分配模式，且按销售任务的完成情况计提奖金的模式，实际执行的难度较大，不利于真正实现"低保障、高激励"，导致基层员工对薪酬的保障性要求得不到满足，中层管理人员对薪酬的公平性提出质疑，削弱了薪酬管理预期的激励作用。

【华恒智信解决方案】　通过对该公司管理现状的分析及市场环境的深入调研，针对该公司所存在的问题，华恒智信顾问专家团队提出以下解决方案。

（1）明确公司战略目标，规范公司组织结构。战略目标是企业宗旨的展开和具体化，是企业生存的关键所在。简单点说，战略目标告诉企业该往哪里走，让企业明确自己该做什么。明确的战略目标可以统一管理层共识，引导公司各部门朝着同一个方向努力，优化业务流程，规范经营管理。而组织架构是在企业管理要求、管控定位、管理模式及业务特征等多因素影响下，在企业内部组织资源、搭建流程、开展业务、落实管理的基本要素。一个企业的组织架构是否合理，很大程度上影响公司的发展。同时，华恒智信顾问专家团队指出，该公司因其合资性质，需要结合公司实际情况，有效组织原有管理团队及人才团队，实现人力资源的合理配置。

（2）搭建科学的人力资源管理系统，制定长远的人力资源规划。该公司应理清整体运营管理的思路，在管理层达成共识的基础上，全面完成人力资源管理体系的构建，制定相关的招聘、培训、薪酬管理、绩效考核、激励与约束体系，保证企业有明确的人力资源供给和调控计划。同时，结合明确的战略目标制定长远的人力资源规划。其中，华恒智信为该公司建立的人力资源规划主要包括以下几个方面的内容：① 人才储备规划。基于企业的战略发展目标及人才的供应情况等，有计划地实行人才储备和培养，以此为企业发展提供支持。② 晋升规划。对企业来说，有计划地提升有能力的人员，以满足职务对人的要求，是组织的一种重要职能。从员工个人角度上看，有计划的提升会满足员工自我实现的需求。同时，明确的晋升路径也有利于对优秀人才的保留。③ 培训开发规划。在缺乏有目的、有计划的培训开发规划情况下，员工自己也会培养自己，但是效果未必理想，也未必符合组织中职务的要求。建立合理的培训开发规划，提升培训的针对性，促进培训效果转化。

（3）规范薪酬管理、绩效管理体系。基于公司长远的人力资源规划，该公司需对各职位进行详细准确的工作分析和岗位评价，明确各岗位的工作内容和职责，并在此基础上，制定合理的薪酬管理、绩效管理体系，有针对性地解决薪酬的公平性、激励性问题。此次项目中，针对业务人员建立了基于目标管理的绩效管理体系，引进KPI绩效考核指标，并将绩效结果与薪酬挂钩，有效实现了对业务人员的激励。

【华恒智信总结】人力资源规划是指企业从战略规划和发展目标出发，根据其内外部环境的变化，预测企业未来发展对人力资源的需求，以及为满足这种需要所提供人力资源的活动过程，是企业人力资源管理的基础和前提。华恒智信提出，基于战略的人力资源规划拟定可为企业的中长期人力资源实践活动提供理性依据。

资料来源：http://edu.yjbys.com/renliziyuan/66776.html.

案例2：某中小企业人力资源管理问题诊断

许多中小企业发现，企业成立初期获得了快速的发展，但是却逐渐遇到一些发展瓶颈，企业在经营和管理方面都出现了一些问题，严重影响了企业的长远发展。对中小企业进行人力资源管理诊断就成为当务之急。那么，如何对中小企业进行专业、深入的人力资源管理诊断就成了中小企业管理人员关注的焦点。对中小企业进行一个专业、深入的人力资源管理诊断，可以使企业管理人员更加高效地管理企业，为企业实现进一步的发展奠定扎实的基础。本文是人力资源顾问专家——华恒智信对某著名连锁机构的人力资源管理诊断项目纪实。

【客户行业】美容行业

【问题类型】人力资源管理问题诊断

【客户背景】卡丽（化名）美容纤体顾问有限公司是一个专业女子美容纤体会所，位于深圳市南山区，定位是为深圳本地的白领阶层或消费水平较高的中年女士提供护理、减肥、养生、保养提供服务。该会所成立于1994年，除总部之外，还设有四家分店，在职职工300余人。会所拥有东南亚风格的SPA房，还有多间具有中式风格按摩床位和日式榻榻米的指压按摩房，在设计的理念上是以视觉、听觉、嗅觉为基础，使用水光反射的灯光照明，配以烛光淡影轻松音乐，深色木质结构的店堂。该会所始终致力于连锁直营发展，打造专业的美容连锁品牌。自成立以来，凭借放松的环境、贴心的服务，会所获得了迅速发展，在深圳本地已具有一定的声誉。

成立初期，该会所获得了迅速发展，但是，近几年却逐渐遇到一些发展瓶颈，企业在经营和管理方面都出现了一些问题。比如优秀人才流失率居高不下、利润逐年下降、总部管控力度不够等。面对这些问题，该会所的领导也无所适从，不清楚问题的根源在哪里，更不知道该如何解决这些问题。因此，会所领导力邀人力资源专家——华恒智信进驻企业，帮助企业进行管理问题诊断，并提出解决方案，以实现企业的进一步发展。

【现状问题】随着企业的不断发展和市场环境的变化，该会所逐渐遇到各种管理难题，有经营上的问题也有管理上的问题。其主要表现有以下几个方面。

（1）同行业的店面逐渐增多，市场竞争环境日益激烈，利润也逐渐摊薄，虽然规模逐渐扩大，但是整体利润反而有所下降。

（2）客户开发不足，新客户的有效转化率很低，为了增加利润，只能对老客户进行反复开发，这就导致老客户的不满，甚至出现老客户频繁流失的现象。有的客户反映："每次来都让买新的产品，但是试用了也没什么效果，时间长了，耳朵都起茧了。"

（3）优秀的美容师流失率居高不下。为了留住人才，会所对薪酬水平进行了调整，但是，高薪仍然留不住优秀的人才，该会所成了"训练基地"。

（4）人员不断流失，会所不得不反复招聘新员工，但是又难以招到合适的人员，即使招来了比较不错的人员，对新员工的训练又成为难题，不知道该训练哪些东西。目前，该会所的员工培训只有新员工培训和产品/设备培训。

（5）员工的工作积极性不强，服务意识欠缺。

（6）总部对各分店的管控力度不够，各分店的业绩差异较大，有的分店业绩一直不错，有的分店则反复出现亏损。在访谈中也发现，其中一个分店的顾客特别稀少，与卡丽在深圳的声誉形成了较大的反差，该分店的员工工作状态十分悠闲，其人员流失率在几个分店中居首位。

访谈过程中，该会所的领导及各层级管理者也提出了自己的管理困惑，反复提到"每天都很忙，但是都忙了一些杂事，不知道自己该做哪些工作，不清楚自己该抓哪些管理"。通过访谈和现场考察，华恒智信顾问专家团队也发现，该会所的领导实际开展的工作是中层干部的职责，而中层干部开展的则是员工的职责。

【问题诊断】项目开展过程中，华恒智信顾问专家团队走访了卡丽会所的总部、四个分店，与会所领导、各层级管理干部、员工代表及关键岗位的代表人员都进行了深度访谈。在深入考察、访谈及对外部类似单位经营管理情况进行深度分析的基础上，华恒智信顾问专家团队对该会所的管理问题进行了全面、深入的分析诊断，并指出该会所目前在经营和管理两方面都存在一定的问题。

1. 该会所经营方面的主要问题

（1）核心竞争优势不明显。面对日益激烈的竞争环境，大多美容会所的市场竞争逐渐沦为产品竞争、价格竞争、服务竞争等高消耗、低利润的竞争方式，该会所也并不例外。长此以往，公司的利润逐渐下降。由于缺乏核心竞争力，对新客户缺乏吸引力，客户有效转化率始终较低，也有部分老客户流失。

（2）战略定位不清晰，广告营销效果不佳。自成立以来，该会所的定位较为高端，但是始终缺乏明确的战略定位，没有明晰的目标群体，虽然会所在广告营销上投入了大量的资金，却并未收到应有的营销效果。

（3）欠缺主动营销及差异化的营销方式。目前，该会所对新客户的开发重视程度不够，多为被动营销，大部分情况是等着新客户主动来咨询，但是对上门咨询的客户也并未采取必要的营销措施，最多只是记录客户的姓名和电话等基本信息，没有后续的跟踪营销，自然，新客户的有效转化率也始终较低。此外，该会所的营销模式及话术等较为单一，对不同的目标群其营销话术也相差无几，欠缺营销的针对性，取不到应有的营销效果。

（4）营销措施与店面的实际情况脱离，总部起不到必要的指导、把控作用。总部对各分店的实际情况了解不到位，也没有开展必要的监督、指导等工作，任由各分店"自由发挥"，各分店的业绩水平很大程度上取决于各自管理者的管理水平和营销人员的能力大小，因此，其业绩差异较大。有的分店能一直保持较高的利润，而有的分店则顾客非常稀少，处于亏损状态，优秀人员也难以有效保留。

2. 该会所管理方面的问题

（1）整体管控模式不清晰，总部对分店的把控不到位。虽然该会所致力于连锁经营，但是，总部自身的管理水平相对较低，领导及管理者也不清楚自身的管理角色的职责，不知道哪些事该管、哪些事不该管，不明确总部对分店的关键控制点在哪里，更不用提对关键控制点的监督和控制了，自然对分店的管控有效性较差，各分店的人员是否履职等也欠缺约束，其经营业绩好坏主要靠自身的管理水平。

（2）中层管理干部职业化不够。该会所的中层管理干部大多是技术水平较高或是工作了较长时间的优秀员工，管理意识和管理技能都比较欠缺，不清楚在管理上应该担任什么角色、应该管哪些事，其实际开展的工作大多数是在下属工作出现问题时担任"救火"的角色，整天忙于"救火"，每天的工作时间也很长，但是，自身真正有价值的管理职责并未得到开展。

（3）欠缺完善的员工培训体系，培训针对性差。现阶段，该会所对员工的培训只包括新员工入职培训及后期的新产品、新设备培训，培训的内容和模式都比较单一，对有效识别顾客的挖掘潜力、分析顾客所存在的问题、特殊顾客的服务方式等都没有开展针对性的培训，培训效果差，员工的工作技能得不到提升，也无法有效提升会所经营业绩。

（4）工作流程没有固化，工作质量难以保证，且工作效率较低。该会所各项工作较为烦琐，环节较多，且多涉及客户服务，但其具体工作项的流程并不清晰，同一项工作由不同的人开展就会得到不同的结果，难以保证对客户的服务质量，员工整天处于忙乱的状态，工作效率相对较为低下。

（5）欠缺核心人才激励机制，优秀人才流失严重。目前，该会所的激励机制并不健全，哪些人做得好、哪些人做得不好，在晋升、薪酬等方面都没有明显差异。少数情况下，对优秀人员的激励也仅限于奖金发放，且发放标准全凭领导"拍脑瓜"，无法真正有效地激励核心人才，其优秀人才的流失率也始终居高不下。如何有效保留优秀人才也是该会所领导的头疼问题之一。

短短两天的时间内，华恒智信顾问专家团队在深入访谈、考察及分析的基础上，非常系统地梳理了该中小企业经营和管理上的问题，并针对具体问题提出了有效的解决思路和措施。例如：针对该中小企业竞争优势不明确的问题，华恒智信顾问专家团队提出该中小企业需要系统分析自身优势与能力，结合未来规划和目标群定位，明确战略定位、核心优势与经营模式，形成持久产生价值的核心能力。在此基础上，华恒智信顾问专家团队进一步梳理了具体问题的优先解决顺序，明确指出哪些问题最重要、最紧急，哪些问题次之，结合中小企业的实际情况，提出了有针对性的解决思路及一年内的整体改进计划和具体措施。人力资源管理诊断报告得到了客户方领导的高度认可，认为华恒智信的顾问老师有效诊断了会所人力资源管理方面的问题，提出的解决思路和措施也特别有针对性，对该中小企业经营业绩和管理水平的提升都大有帮助。项目汇报结束后，会所领导与华恒智信签署了年度顾问的合作协议，希望能借助华恒智信的专业力量帮助会所得到进一步的发展。

资料来源：http://bbs.pinggu.org/thread-2867760-1-1.html.

 同步测试

一、单项选择题

1. 下列各项中，不属于劳动合同订立原则的是（ ）。

A. 公平原则 B. 不平等原则 C. 协商一致原则 D. 诚实信用原则

2. 2020 年 5 月 5 日，甲公司与王小小签订劳动合同，约定合同期限 1 年，试用期 1 个月，每月 15 日发放工资。王小小 5 月 9 日上岗工作。甲公司与王小小建立劳动关系的起始时间是（ ）。

A. 5 月 5 日 B. 5 月 9 日 C. 5 月 15 日 D. 6 月 5 日

3. 下列各项中属于非货币型薪酬的是（ ）。

A. 加班费 B. 奖金 C. 津贴补贴 D. 个人成长

4. 下列保险中，个人不需要缴纳的是（ ）。

A. 养老保险 B. 工伤保险 C. 医疗保险 D. 失业保险

5. 以下属于劳动合同必备条款的是（ ）。

A. 试用期 B. 服务期

C. 保密协议 D. 劳动保护、劳动条件和职业危害防护

二、多项选择题

1. 下列各项中，中小企业可以采用的激励措施有（ ）。

A. 目标激励 B. 榜样激励 C. 情感激励 D. 赞美激励

E. 惩戒激励

2. 中小企业用工的基本形式有（ ）。

A. 全日制用工 B. 非全日制用工 C. 劳务派遣用工 D. 劳务用工

3. 中小企业员工培训按内容可分为（ ）。

A. 知识培训 B. 技能培训 C. 态度培训 D. 外出考察

4. 社会保险包括（ ）。

A. 养老保险   B. 工伤保险   C. 医疗保险   D. 失业保险

E. 生育保险

5. 下列各项中，属于福利的有（   ）。

A. 出差补助   B. 免费午餐   C. 医疗保险   D. 住房补贴

三、简答题

1. 简述人力资源规划的主要内容。

2. 劳动合同的基本条款有哪些？

3. 人岗适配三部曲是什么？

4. 简述中小企业员工职业生涯管理的主要内容。

5. 简述培训对企业的好处。

项目五同步测试参考答案

项目六

中小企业优惠政策获取

企业家名言

习近平感言："中小企业能办大事，在我们国内经济发展中，起着不可替代的重要作用。""创新创造创业离不开中小企业，我们要为民营企业、中小企业发展创造更好条件。"这是习近平 2018 年 10 月到广东视察时，深入多家企业调研后的有感而发。

学习 目标

（1）了解近年来我国促进中小企业发展的有关法规、政策和措施。

（2）了解中小企业优惠政策的形式和内容，明确税收优惠、政府采购和中小企业发展专项资金等优惠政策的获取途径。

项目 介绍

在改革开放的几十年里，中小企业迅速发展壮大，对我国经济发展贡献巨大，所发挥的作用也越来越重要。为了促进中小企业健康发展，发挥中小企业在国民经济中的巨大作用，国家不但进行了立法促进，而且不断出台优惠政策、措施，纳入国家发展规划，支持力度越来越大。在 2021 年的政府工作报告中，李克强总理多次提及中小微企业，具体内容涉及继续执行制度性减税政策、延续普惠小微企业贷款延期还本付息政策、大型商业银行普惠小微企业贷款增长 30% 以上等减税、降费、助融资政策。中小企业要充分利用国家的优惠政策，抓住机遇，借势发展。

通过本项目的学习，我们将完成以下任务：

任务一　促进中小企业发展的政策措施；

任务二　中小企业优惠政策的获取。

任务一 促进中小企业发展的政策措施

任务描述

目前，我国中小企业具有"五六七八九"的典型特征：贡献了 50%以上的税收，60%以上的 GDP，70%以上的技术创新，80%以上的城镇劳动就业，90%以上的企业数量，是国民经济和社会发展的生力军，是建设现代化经济体系、推动经济实现高质量发展的重要基础，是扩大就业、改善民生的重要支撑，是企业家精神的重要发源地。

为了促进中小企业健康发展，我国专门制定了《中华人民共和国中小企业促进法》和《促进中小企业发展规划（2016—2020 年）》，出台了一系列的优惠政策、措施和办法。中小企业充分了解和有效利用好这些政策至关重要。

任务分析

优惠政策不仅是促进中小企业发展的重要手段，还可以改善中小企业竞争地位，获得竞争优势。作为中小企业的管理者，必须时时关注最新政策和措施，并充分利用这些优惠政策，抓住机遇，因势而为，借势发展。

本任务将帮助你解决如下问题：

（1）促进中小企业发展的立法支持；

（2）促进中小企业发展中长期规划；

（3）促进中小企业发展政策措施。

一、促进中小企业发展的立法支持

（一）中华人民共和国中小企业促进法

《中华人民共和国中小企业促进法》是为了改善中小企业经营环境，扩大城乡就业，发挥中小企业在国民经济和社会发展中的重要作用而制定的法律。

2003 年 1 月 1 日起，我国正式实施《中华人民共和国中小企业促进法》，为中小企业发展保驾护航。该法于 2017 年进行了修订，修订后自 2018 年 1 月 1 日起施行。

修订该法的主要目的，是立足当前我国中小企业实际情况，在财税支持、融资促进、创业扶持、市场开拓、权益保护等方面增加相应的具体措施，将实践中行之有效的政策和做法上升为法律规定，着力解决中小企业面临的负担重、融资难等突出问题，进一步改善中小企业经营环境，促进中小企业持续健康发展。

《中华人民共和国中小企业促进法》的变动和亮点主要体现在以下五个方面：一是进一步明确了法律贯彻落实责任主体；二是进一步规范了财税支持的相关政策；三是进一步完善了

融资促进的相关举措；四是更加重视中小企业的权益保护；五是强化了中小企业管理部门监督检查职能。此外，新法对创业创新、市场开拓、服务措施等方面也做了重要的补充和修改。

（二）保障中小企业款项支付条例

为了促进机关、事业单位和大型企业及时支付中小企业款项，维护中小企业合法权益，优化营商环境，根据《中华人民共和国中小企业促进法》等法律，制定了《保障中小企业款项支付条例》。本条例于 2020 年 7 月 1 日国务院第 99 次常务会议通过，自 2020 年 9 月 1 日起施行。它的制定，是依法预防和化解拖欠中小企业款项问题的一项重要制度保证。对于惩治拖欠行为，本条例规定了三方面措施。

《中华人民共和国
中小企业促进法》
（修订本）

（1）建立支付信息披露制度。本条例将信息披露的范围限定为逾期尚未支付中小企业款项的合同数量和金额等信息。

（2）建立投诉处理和失信惩戒制度。省级以上人民政府负责中小企业管理的部门建立便利畅通的渠道，受理拒绝或者迟延支付中小企业款项的相关投诉，并及时作出相应的处理。对机关、事业单位和大型企业拖欠中小企业款项情节严重的，受理投诉的部门可以依法依规将失信信息纳入全国信用信息共享平台，依法实施失信惩戒。

《保障中小企业
款项支付条例》

（3）建立监督评价机制。支付条例明确有关部门的管理职责，通过行政手段督促机关、事业单位和大型企业及时付款。对迟延支付中小企业款项的机关、事业单位，要求有关部门在其公务消费、办公用房、经费安排等方面采取必要的限制措施；审计机关在实施审计监督时，依法对机关、事业单位和国有大型企业支付中小企业款项的情况进行审计。

二、促进中小企业发展中长期规划

将促进中小企业发展列入国家中长期规划。2016 年 6 月，工业和信息化部正式发布《促进中小企业发展规划（2016—2020 年）》（以下简称《规划》）。《规划》主要内容如下。

（1）指导思想和基本原则。《规划》明确了以提质增效为中心，以提升创业创新能力为主线，推动供给侧结构性改革，优化发展环境，促进中小企业发展的指导思想，从创业兴业、创新驱动、优化结构、推进改革等方面提出了基本原则。《规划》立意新，定位准，具有可持续、可操作、可落地等特点，对促进中小企业持续健康发展具有重要的指导意义。

（2）五个主要任务。《规划》从推进创业兴业、提升创新能力、转型升级、拓展内外市场、职能转变等五个方面提出了促进中小企业发展的主要任务。主要任务找准了促进中小企业发展的关键点和着力点。例如：把提高有效供给能力、"专精特新"发展、品牌建设、绿色发展、集群发展、协调发展作为"推动转型升级，改善供给"的关键点，把"专精特新"发展的着力点放在培育一大批"专精特新"中小企业、打造一批"单项冠军"等，结构紧凑，任务清晰。

《促进中小企业
发展规划
（2016 – 2020 年）》

（3）六大关键工程与专项行动。《规划》围绕提升中小企业创业创新能力提出了"互联网+"小微企业专项行动、"专精特新"中小企业培育工程、服务能力建设工程、产业集群发展能力提升工程、中小企业管理能力提升工程、中小企业国际化促进专项行动六大关键工程与专项行动。例如："互联网+"小微企业专项行动，把提升互联网和信息技术应用能力、推动发展新业态和新模式、加强互联网和信息技术服务支撑作为重点。

（4）五项保障措施。《规划》明确提出了加强组织领导、加大财税支持、加强融资保障、加强服务支撑、加强运行监测等五个方面的保障措施，突出从财税、融资、服务等方面为促进中小企业发展提供保障。例如：强调要发挥国家中小企业发展基金的作用，推进中小企业信用担保体系建设，贯彻落实《中华人民共和国中小企业促进法》，推动建立中小企业维权机制，推动建立和完善中小企业运行监测体系等。

 **政策动态**

加快编制"十四五"促进中小企业发展规划

2021年1月26日，记者从国新办举办的2020年工业和信息化发展情况发布会上获悉，下一步工信部将加快"十四五"促进中小企业发展规划编制；通过加强国家中小企业发展基金政策引导，做好上市培育等举措缓解融资难、融资贵的问题；通过三到五年的时间，带动孵化百万家创新型中小企业，支持中小企业成长为创新的重要发源地。

工信部党组成员、总工程师、新闻发言人田玉龙表示，下一步将围绕抓好政策体系、服务体系、发展环境三个重要方面，着力解决和缓解中小企业的融资难、融资贵问题，着力加强中小企业合法权益保护的两个重点工作，紧盯中小企业创新能力和专业化水平提升的目标，支持中小企业成长为创新的重要发源地。

具体而言，工信部将聚焦三个重要领域谋划：加快"十四五"促进中小企业发展规划编制以及中小企业划型标准规定修订；深入培育国家中小企业公共服务示范平台和小型微型企业创业创新示范基地；进一步健全中小企业志愿服务体系，实施中小企业数字化、工业设计赋能专项行动，深化中小企业发展环境第三方评估，优化发展环境。

在缓解融资难、融资贵的问题和加强合法权益保护上，工信部将联合财政部深化实施小微企业融资担保降费的奖补政策，推动金融机构发挥金融科技作用，加大对小微企业信贷投放，扩大信用贷、首贷和无还本续贷、中长期贷款的覆盖面，降低融资成本。加强国家中小企业发展基金政策引导，做好优质中小企业的上市培育工作。推动《保障中小企业款项支付条例》的落实落地，优化违约拖欠款登记（投诉）平台功能。

此外，将实施中小企业创新能力提升工程，通过三到五年的时间带动孵化百万家创新型中小企业，培育十万家省级"专精特新"企业，遴选出万家"小巨人"企业。研究实施支持"小巨人"企业发展政策，提升中小企业创新能力和专业化水平。

围绕完善预防和解决拖欠中小企业账款的长效机制，工业和信息化部运行监测协调局局长黄利斌表示，将加快落实《保障中小企业款项支付条例》，出台落实条例实施细则和配套办法，将保障中小企业款项支付工作情况纳入中小企业发展环境评估。同时加强防拖欠信用体系建设，推动市场化手段化解拖欠问题，支持中小企业通过供应链票据贴现、标准化票据等多渠道融资。

据介绍，历时两年多的清欠专项行动取得了阶段性的成效：到2020年12月底，已累计清偿政府部门和大型国有企业拖欠民营企业和中小企业逾期欠款8 500多亿元；2020年全年清偿拖欠民营和中小企业账款1 865亿元。

资料来源：https://finance.sina.com.cn/china/2021-01-27/doc-ikftpnny2153524.shtml.

三、促进中小企业发展政策措施

近三年来，关于促进中小企业发展的政策措施主要有以下几个。

（一）关于促进中小企业健康发展的指导意见

为促进中小企业健康发展，2019年4月7日，中共中央办公厅、国务院办公厅印发《关于促进中小企业健康发展的指导意见》，并发出通知，要求各地区各部门结合实际认真贯彻落实。《关于促进中小企业健康发展的指导意见》主要内容如下。

（1）营造良好发展环境。进一步放宽市场准入，主动服务中小企业，实行公平统一的市场监管制度。

（2）破解融资难、融资贵问题。完善中小企业融资政策，积极拓宽融资渠道，支持利用资本市场直接融资，减轻企业融资负担，建立分类监管考核机制。

（3）完善财税支持政策。改进财税对小微企业融资的支持，减轻中小企业税费负担，完善政府采购支持中小企业的政策，充分发挥各类基金的引导带动作用。

（4）提升创新发展能力。完善创新创业环境，切实保护知识产权，引导中小企业专精特新发展，为中小企业提供信息化服务。

（5）改进服务保障工作。完善公共服务体系，推动信用信息共享，重视培育企业家队伍，支持对外合作与交流。

《关于促进中小企业
健康发展的指导意见》

（6）强化组织领导和统筹协调。加强支持和统筹指导，加强工作督导评估，营造良好舆论氛围。

（二）关于新时期支持科技型中小企业加快创新发展的若干政策措施

为深入贯彻落实党中央、国务院支持民营企业发展的重大决策部署，加快推动民营企业特别是各类中小企业走创新驱动发展道路，强化对科技型中小企业的政策引导与精准支持，2019年8月5日，科技部印发《关于新时期支持科技型中小企业加快创新发展的若干政策措施》的通知。主要措施如下。

（1）培育壮大科技型中小企业主体规模。包括：完善创新创业孵化体系建设，鼓励科研人员创新创业，强化考核评估导向等。

（2）强化科技创新政策完善与落实。包括：加大政策激励力度，推动研究制定提高科技型中小企业研发费用加计扣除比例、科技型初创企业普惠性税收减免等新的政策措施；进一步落实高新技术企业所得税减免、技术开发及技术转让增值税和所得税减免、小型微利企业免增值税和所得税减免等支持政策，推动降低执行门槛等。

（3）加大对科技型中小企业研发活动的财政支持。包括：对中小企业研发活动给予直接支持；支持科技型中小企业广泛参与和承担国家科技计划项目等。

（4）引导创新资源向科技型中小企业集聚。包括：鼓励科技型中小企业制定企业科技创新战略，支持有条件的科技型中小企业参与建设国家技术创新中心、企业国家重点实验室等；鼓励开展产学研协同创新，引导科技型中小企业共享创新资源、开展协同创新；加大科技资源集聚共享等。

（5）扩大面向科技型中小企业的创新服务供给，加强金融资本市场对科技型中小企业的支持，鼓励科技型中小企业开展国际科技合作等。

《关于新时期支持科技型中小企业加快创新发展的若干政策措施》

（三）关于健全支持中小企业发展制度的若干意见

为落实党的十九届四中全会精神，经国务院同意，2020 年 7 月 27 日，工业和信息化部、国家发展和改革委员会、科学技术部、财政部等 17 个部门印发《关于健全支持中小企业发展制度的若干意见》（以下简称《意见》），提出完善支持中小企业发展的基础性制度、坚持和完善中小企业财税支持制度、坚持和完善中小企业融资促进制度等 7 方面 25 条具体措施。其主要内容如下。

（1）在完善支持中小企业发展的基础性制度方面。《意见》提出，鼓励地方依法制定本地促进中小企业发展的地方法规；探索建立中小企业法律法规评估制度和执行情况检查制度；坚持公平竞争制度，全面实施市场准入负面清单制度，公正公平对待中小企业，破除不合理门槛和限制；完善中小企业统计监测和发布制度，健全中小企业信用制度，完善公正监管制度等。

（2）针对降低中小企业成本。《意见》提出，坚持和完善中小企业财税支持制度，健全精准有效的财政支持制度，建立减轻小微企业税费负担长效机制，强化政府采购支持中小企业政策机制。

《关于健全支持中小企业发展制度的若干意见》

此外，《意见》还包括：坚持和完善中小企业融资促进制度，建立和健全中小企业创新发展制度，完善和优化中小企业服务体系，建立和健全中小企业合法权益保护制度，强化促进中小企业发展组织领导制度等方面。

（四）关于支持"专精特新"中小企业高质量发展的通知

2021 年 1 月 23 日，财政部、工业和信息化部印发《关于支持"专精特新"中小企业高质量发展的通知》（财建〔2021〕2 号，以下简称《通知》），旨在深入贯彻习近平关于"培育一批'专精特新'中小企业"的重要指示精神，落实党的十九届五中全会提出"支持创新型中小微企业成长为创新重要发源地"、政府工作报告和国务院促进中小企业发展工作领导小组工作部署，在"十四五"时期进一步提升中小企业创新能力和专业化水平。

根据《通知》，将通过中央财政资金引导，促进上下联动，将培优中小企业与做强产业相结合，加快培育一批专注于细分市场、聚焦主业、创新能力强、成长性好的专精特新"小巨人"企业，推动提升专精特新"小巨人"企业数量和质量，助力实体经济特别是制造业做实做强做优，提升产业链供应链稳定性和竞争力。

《关于支持"专精特新"中小企业高质量发展的通知》

中央财政中小企业发展专项资金将安排 100 亿元以上奖补资金，

分三批（每批不超过三年）支持 1 000 余家国家级专精特新"小巨人"企业加大创新投入，推进工业"四基"领域或制造强国战略明确的十大重点产业领域"补短板"，与产业链上下游协作配套，促进数字化、网络化、智能化改造，通过工业设计促进提品质和创品牌等。同时，支持国家（或省级）中小企业公共服务示范平台（每省每批次不超过三个），为国家级专精特新"小巨人"企业提供技术创新、上市辅导、创新成果转化与应用、数字化智能化改造、知识产权应用、上云用云及工业设计等服务，并对重点"小巨人"企业提供"点对点"服务。

任务二　中小企业优惠政策的获取

任务描述

中小企业的发展不仅是推动国民经济持续快速健康发展的重要力量，在增加社会就业、加快社会化大生产进程、带动中小城镇及农村经济建设等方面也发挥着特有的作用，中小企业对经济增长的贡献越来越大。为此，政府出台了一系列优惠政策，通过降税减税、直接补贴等多种方式支持中小企业的发展。中小企业要特别关注并充分利用这些财税政策利好。

任务分析

财税优惠政策作为国家宏观经济调控的主要方式之一，它拥有财政、税收和政府采购等多种调节手段。我国对中小企业的财税优惠政策主要包括税收优惠、中小企业发展专项资金和政府采购。

本任务将帮助你解决如下问题：

1. 充分利用优惠政策，合理进行税收筹划；
2. 积极参与政府采购，获得更多商业机会；
3. 主动争取专项资金，提升企业创新能力。

一、充分利用优惠政策，合理进行税收筹划

税收优惠是指为了满足国家经济社会发展的总体目标，国家利用税收制度，根据预定目标采取相应的照顾政策，以减轻部分纳税人的税收负担。税收优惠有利于中小企业资金的积累和成长，是最直接的资金援助方式。税收优惠措施主要有降低税率、税收减免、提高税收起征点和提高固定资产折旧率等。

（一）中小微企业的税收优惠政策

我国针对中小微企业的税收优惠政策主要有以下几个。

1. 关于实施小微企业普惠性税收减免政策

《财政部 税务总局关于实施小微企业普惠性税收减免政策的通知》（财税〔2019〕13号，以下简称《通知》），主要内容如下。

（1）对月销售额10万元以下（含本数）的增值税小规模纳税人，免征增值税。

（2）对小型微利企业年应纳税所得额不超过100万元的部分，减按25%计入应纳税所得额，按20%的税率缴纳企业所得税；对年应纳税所得额超过100万元但不超过300万元的部分，减按50%计入应纳税所得额，按20%的税率缴纳企业所得税。

（3）由省、自治区、直辖市人民政府根据本地区实际情况，以及宏观调控需要确定，对增值税小规模纳税人可以在50%的税额幅度内减征资源税、城市维护建设税、房产税、城镇土地使用税、印花税（不含证券交易印花税）、耕地占用税和教育费附加、地方教育附加。

（4）增值税小规模纳税人已依法享受资源税、城市维护建设税、房产税、城镇土地使用税、印花税、耕地占用税、教育费附加、地方教育附加其他优惠政策的，可叠加享受本通知第三条规定的优惠政策。

《财政部 税务总局关于实施小微企业普惠性税收减免政策的通知》

2. 关于实施小微企业和个体工商户所得税优惠政策

《财政部 税务总局关于实施小微企业和个体工商户所得税优惠政策的公告》（2021年第12号），有关内容如下。

（1）对小型微利企业年应纳税所得额不超过100万元的部分，在《财政部 税务总局关于实施小微企业普惠性税收减免政策的通知》第二条规定的优惠政策基础上，再减半征收企业所得税。

（2）对个体工商户年应纳税所得额不超过100万元的部分，在现行优惠政策基础上，减半征收个人所得税。

公告执行期限为2021年1月1日至2022年12月31日。

3. 关于落实支持小型微利企业和个体工商户发展所得税优惠政策

《国家税务总局关于落实支持小型微利企业和个体工商户发展所得税优惠政策有关事项的公告》（2021年第8号），具体内容如下。

1）关于小型微利企业所得税减半政策有关事项

（1）对小型微利企业年应纳税所得额不超过100万元的部分，减按12.5%计入应纳税所得额，按20%的税率缴纳企业所得税。

（2）小型微利企业享受上述政策时涉及的具体征管问题，按照《国家税务总局关于实施小型微利企业普惠性所得税减免政策有关问题的公告》（2019年第2号）相关规定执行。

2）关于个体工商户个人所得税减半政策有关事项

（1）对个体工商户经营所得年应纳税所得额不超过100万元的部分，在现行优惠政策基础上，再减半征收个人所得税。个体工商户不区分征收方式，均可享受。

（2）个体工商户在预缴税款时即可享受，其年应纳税所得额暂按截至本期申报所属期末的情况进行判断，并在年度汇算清缴时按年计算、多退少补。若个体工商户从两处以上取得经营所得，需在办理年度汇总纳税申报时，合并个体工商户经营所得年应纳税所得额，重新计算减免税额，多退少补。

（3）个体工商户按照以下方法计算减免税额：

减免税额=（个体工商户经营所得应纳税所得额不超过 100 万元部分的应纳税额－
　　　　　其他政策减免税额×个体工商户经营所得应纳税所得额不超过 100 万元部分/
　　　　　经营所得应纳税所得额）×（1–50%）

（4）个体工商户需将按上述方法计算得出的减免税额填入对应经营所得纳税申报表"减免税额"栏次，并附报个人所得税减免税事项报告表。对于通过电子税务局申报的个体工商户，税务机关将提供该优惠政策减免税额和报告表的预填服务。实行简易申报的定期定额个体工商户，税务机关按照减免后的税额进行税款划缴。

3）关于取消代开货物运输业发票预征个人所得税有关事项

对个体工商户、个人独资企业、合伙企业和个人，代开货物运输业增值税发票时，不再预征个人所得税。个体工商户业主、个人独资企业投资者、合伙企业个人合伙人和其他从事货物运输经营活动的个人，应依法自行申报缴纳经营所得个人所得税。

4）关于执行时间和其他事项

本公告第一条和第二条自 2021 年 1 月 1 日起施行，2022 年 12 月 31 日终止执行。2021 年 1 月 1 日至本公告发布前，个体工商户已经缴纳经营所得个人所得税的，可自动抵减以后月份的税款，当年抵减不完的可在汇算清缴时办理退税；也可直接申请退还应减免的税款。本公告第三条自 2021 年 4 月 1 日起施行。

《国家税务总局关于实施小型微利企业普惠性所得税减免政策有关问题的公告》（2019 年第 2 号）第一条与本公告不一致的，依照本公告执行。《国家税务总局关于代开货物运输业发票个人所得税预征率问题的公告》（2011 年第 44 号）同时废止。

（二）2021 年中小微企业可以享受的税收优惠政策

近年来，针对中小微企业，国家连续出台了一系列税收优惠政策，助力企业降低税务成本，减轻税收负担。2020 年疫情期间，国家更是出台了不少优惠政策；2021 年以来国家继续推行减税降费。

1. 增值税税收优惠政策

（1）小规模纳税人可以继续享受月销售额不超过 10 万元（或季销售额不超过 30 万）免征增值税的优惠政策。销售额超过这个额度，就要全额计征增值税。政策依据《财政部 税务总局关于实施小微企业普惠性税收减免政策的通知》（财税（2019）13 号）。

（2）小规模纳税人在疫情期间的增值税优惠政策将继续执行。延长小规模纳税人减免增值税政策至 2021 年 12 月 31 日。

（3）生活性服务业（自 2019 年 10 月 1 日至 2021 年 12 月 31 日）可继续享受进项税额加计抵减 15%。生活服务业需要满足以下条件：提供生活服务取得的销售额占全部销售额比重要超过 50%。政策依据《财政部 税务总局关于明确生活性服务业增值税加计抵减政策的公告》（财政部 税务总局公告 2019 年第 87 号）。

（4）对从事二手车经营的纳税人（自 2020 年 5 月 1 日至 2023 年 12 月 31 日）销售其收购的二手车，由原来按照简易计税办法 3%征收率减按 2%计征增值税，改为按照 3%征收率减按 0.5%征收增值税。政策依据《财政部 税务总局关于二手车经营有关增值税政策的公告》（财政部 税务总局公告 2020 年第 17 号）。

（5）金融机构向小微企业、个体工商户及农户提供普惠金融服务免征增值税政策：对金融机构向单户授信小于 100 万元（含本数）的农户、小型微利企业及个体工商户发放的小额贷款取得的利息收入免征增值税；对符合条件的金融机构向小型企业、微型企业及个体工商户单户授信小于 1 000 万元（含本数）取得的利息收入免征增值税；对经省级金融管理部门批准成立的小额贷款公司取得的农户小额贷款（单笔且该农户余额总额不超过 10 万元）利息收入免征增值税；纳税人为农户、小型企业、微型企业及个体工商户借款、发行债券提供融资担保取得的担保费收入免征增值税；以及为上述融资担保提供再担保取得的再担保费收入免征增值税。政策依据《财政部 税务总局关于延续实施普惠金融有关税收优惠政策的公告》（财政部 税务总局 2020 年第 22 号）。

（6）广播影视业免征优惠政策：2019 年 1 月 1 日至 2023 年 12 月 31 日，对电影主管部门（包括中央、省、地市及县级）按照各自职能权限批准从事电影制片、发行、放映的电影集团公司、电影制片厂及其他电影企业取得的电影拷贝收入、转让电影版权收入、电影发行收入，以及在农村取得的电影放映收入免征增值税。

（7）对赞助及参与赞助的下属机构根据赞助协议及补充赞助协议向北京东奥组委免费提供的与北京 2022 年冬奥会、冬残奥会、测试赛有关的服务，免征增值税。

2. 企业所得税税收优惠政策

（1）小型微利企业年应税销售额不超过 100 万元的减按 25%计入应纳税所得额；超过 100 万元不超过 300 万元的，减按 50%计入应纳税所得额。

（2）金融机构以及对经省级金融管理部门批准成立的小额贷款公司取得农户小额贷款利息收入按 90%计入收入总额；对经省级金融管理部门批准成立的小额贷款公司按照年末贷款余额的 1%计提的贷款损失准备金准予税前扣除。

（3）西部鼓励类产业企业所得税税率按照 15%征收，注意主营业务收入（鼓励类产业项目）要占企业总收入的 60%以上。

（4）2019 年 1 月 1 日至 2021 年 12 月 31 日，对符合条件的从事污染防治的第三方企业减按 15%的税率征收企业所得税。

（5）化妆品制造及销售、医药制造和饮料制造（不含酒类制造）企业发生的广告费和业务宣传费支出，不超过当年销售（营业）收入的 30%部分准予税前扣除；超过部分，准予结转以后年度扣除。政策依据《财政部 税务总局关于广告费和业务宣传费支出税前扣除有关事项的公告》（财政部 税务总局公告 2020 年第 43 号）。

3. 其他税费优惠

（1）车辆购置税方面，对购置的新能源汽车免征。这里的新能源汽车指纯电动汽车、插电式混合电动汽车、燃料电池汽车。政策依据《财政部 税务总局 工业和信息化部关于新能源汽车免征车辆购置税有关政策的公告》（财政部公告 2020 年第 21 号）

（2）残保金的优惠。企业安排的残疾人就业人数小于总就业人数 1%的，按照应交费额的 90%征收；安排的残疾人就业人数大于总就业人数 1%（含本数）的，按照应交费额的 50%征收；在职工工人数不超过 30 人的企业免征残保金。政策依据《财政部关于调整残疾人就业保障金征收政策的公告》（财政部公告 2019 年第 98 号）

（3）月销售额不超过10万元（及销售额不超过30万元）的纳税人，免征教育费附加和地方教育费附加、水利建设基金。

（4）对增值税小规模纳税人，省、自治区、直辖市人民政府可以根据本地实际情况，在50%的税额幅度内减征资源税、城市维护建设税、房产税、城镇土地使用税、印花税（不含证券交易印花税）、耕地占用税、教育费附加和地方教育费附加。

政策动态

减税、降费、助融资，今年政府工作报告里扶持中小微的政策有多少？①

在今年的政府工作报告中，李克强总理多次提及中小微企业，具体内容涉及继续执行制度性减税政策、延续普惠小微企业贷款延期还本付息政策、大型商业银行普惠小微企业贷款增长30%以上等减税、降费、助融资政策，引发代表委员热议。

从今年政府工作报告内容来看，2021年，政府对中小微企业的扶持依然强劲。

据中国政府网信息，具体扶持政策涉及范围很广。

（1）继续执行制度性减税政策，延长小规模纳税人增值税优惠等部分阶段性政策执行期限，实施新的结构性减税举措，对冲部分政策调整带来的影响。

（2）将小规模纳税人增值税起征点从月销售额10万元提高到15万元。对小微企业和个体工商户年应纳税所得额不到100万元的部分，在现行优惠政策基础上，再减半征收所得税。各地要把减税政策及时落实到位，确保市场主体应享尽享。

（3）进一步解决中小微企业融资难题。延续普惠小微企业贷款延期还本付息政策，加大再贷款再贴现支持普惠金融力度。延长小微企业融资担保降费奖补政策，完善贷款风险分担补偿机制。

（4）引导银行扩大信用贷款，持续增加首贷户，推广随借随还贷款，使资金更多流向科技创新、绿色发展，更多流向小微企业、个体工商户、新型农业经营主体，对受疫情持续影响行业企业给予定向支持。

（5）大型商业银行普惠小微企业贷款增长30%以上。适当降低小微企业支付手续费。

（6）务必做到小微企业融资更便利、综合融资成本稳中有降。

（7）继续推动降低一般工商业电价。中小企业宽带和专线平均资费再降10%。

（9）鼓励受疫情影响较大的地方对承租国有房屋的服务业小微企业和个体工商户减免租金。

在优化和落实减税政策方面，李克强总理特别强调："市场主体恢复元气、增强活力，需要再帮一把。"

资料来源：http://www.ceweekly.cn/2021/0317/334990.shtml.

（三）用足税收优惠政策，合理进行税收筹划

税收筹划是指在税法规定的范围内，预先规划和安排业务及投资。一个好的税收筹划方

---

① 全国两会报道，《中国经济周刊》记者　陈一良.

案可以有效降低纳税人的税务风险和税收成本，实现收益最大化。因此，用足、用好税收优惠政策，是中小企业税收筹划的重要内容。

2021 年 3 月 5 日，李克强总理在政府工作报告中明确提出：将小规模纳税人增值税起征点从月销售额 10 万元提高到 15 万元；小微企业和个体工商户年应纳税所得额不到 100 万元的部分，在现行优惠政策基础上，再减半征收所得税。

现行政策下，作为小规模纳税人，应该如何进行税收筹划操作，才能充分利用这些优惠政策？下面将结合两种情况举例说明。

1. 起征点提高后的增值税测算

原政策：根据《财政部 税务总局关于实施小微企业普惠性税收减免政策的通知》（财税〔2019〕13 号）规定，自 2019 年 1 月 1 日至 2021 年 12 月 31 日，小规模纳税人发生增值税应税销售行为，合计月销售额未超过 10 万元（以一个季度为一个纳税期的，季度销售额未超过 30 万元）的，免征增值税。

新政策：根据《国家税务总局关于小规模纳税人免征增值税征管问题的公告》（国家税务总局公告 2021 年第 5 号）把以上的销售收入 10 万元调整为 15 万元，也就是按月销售的销售额不超过 15 万元；按季申报的纳税人，季度不超过 45 万元，即可享受免征增值税和附加税。

即：按月纳税的小规模纳税人，只要月销售额不超过 15 万元，免交增值税；同时，三项附加税随主税减免；按季申报的纳税人，季度不超过 45 万元（15 万元×3）的，免交增值税，同时减免三项附加。

举例说明新政策下的增值税节税测算。

 应用举例

某小规模企业季度增值税应税收入 44 万元，之前的政策是全额缴纳，现行政策下可以享受免征增值税和附加税。编制收入分录，看看企业能节省多少税费。

借：银行存款   440 000
    贷：主营业务收入   427 184.47
        应交税费——应交增值税 [（4 400 000/1.03）×0.3]   12 815.53
借：应交税费——应交增值税   12 815.53
    贷：营业外收入   12 815.53
即：增值税节省 12 815.53 元，同时减免附加税 12 815.53×（7%+3%+2%）=1 537.86（元）
合计减免税费：12 815.53+1 537.86=14 353.39（元）

2. 不同纳税期限的免税效果

纳税人可以自行选择纳税期限。小规模纳税人纳税期限不同，其享受免税政策的效果可能存在差异。为确保小规模纳税人充分享受政策，延续《国家税务总局关于小规模纳税人免征增值税政策有关征管问题的公告》（2019 年第 4 号）相关规定，按照固定期限纳税的小规模纳税人可以根据自己的实际经营情况选择实行按月纳税或按季纳税。但是需要注意的是，纳税期限一经选择，一个会计年度内不得变更。

举例说明小规模纳税人选择按月或者按季纳税，在政策适用方面的不同。

应用举例

情况 1：某小规模纳税人 2021 年 4—6 月份的销售额分别是 10 万元、16 万元和 18 万元。如果纳税人按月纳税，则 5 月份和 6 月份的销售额均超过了月销售额 15 万元的免税标准，需要缴纳增值税，只有 4 月份的 10 万元能够享受免税；如果纳税人按季纳税，2021年第二季度销售额合计 44 万元，未超过季度销售额 45 万元的免税标准，因此，44 万元全部能够享受免税政策。

情况 2：某小规模纳税人 2021 年 4—6 月份的销售额分别是 12 万元、15 万元和 20 万元，如果纳税人按月纳税，4 月份和 5 月份的销售额均未超过月销售额 15 万元的免税标准，能够享受免税政策；如果纳税人按季纳税，2021 年第二季度销售额合计 47 万元，超过季度销售额 45 万元的免税标准，因此，47 万元均无法享受免税政策。

 **政策动态**

2021 年小微企业的认定标准

2021 年 3 月 5 日，政府工作报告明确了一系列税收优惠政策。结合相关文件，笔者总结了三个税（费）种（增值税、企业所得税、残疾人就业保障金）关于"小微企业"的不同认定条件。

一、增值税

按照最新政策，增值税范畴下，"小微企业"是指月度销售额不超过 15 万元或者季度销售额不超过 45 万元的小规模纳税人。若符合此条件，则可免征增值税。

二、企业所得税

企业所得税范畴下"小微企业"，全称应为"小型微利企业"，必须同时满足以下四个条件。

（1）从事国家非限制和禁止行业。

（2）从业人数不超过 300 人。

（3）资产总额不超过 5 000 万元。

（4）年度应纳税所得额，这要区分以下两段。

① 年应纳税所得额不到 100 万元部分。在现行优惠政策（即：减按 25% 计入应纳税所得额，按 20% 的税率缴纳企业所得税）基础上，再减半征收。也就是说，调整后政策应当为：减按 12.5% 计入应纳税所得额，按 20% 的税率缴纳企业所得税。

② 对年应纳税所得额超过 100 万元但不超过 300 万元的部分，减按 50% 计入应纳税所得额，按 20% 的税率缴纳企业所得税。

三、残疾人就业保障金

根据《财政部关于调整残疾人就业保障金征收政策的公告》第四条规定，自 2020 年 1 月 1 日起至 2022 年 12 月 31 日，在职职工人数在 30 人（含）以下的企业，暂免征收残疾人就业保障金。

也就是说，企业（无论一般纳税人还是小规模纳税人）只需要满足"在职职工人数在30人（含）以下"（不用考虑销售额、行业、资产总额、利润），即可享受"暂免征收残疾人就业保障金"优惠待遇。

另外，对于上述期间内，同时也实行分档比例减收残疾人就业保障金的政策。

① 残疾人职工就业比例达到1%（含）以上，但未达到所在地省、自治区、直辖市人民政府规定比例（一般为1.5%），减半征收。

② 残疾人职工所占职工比例若未达到1%，则减按规定应缴金额90%征收。

资料来源：https://zhuanlan.zhihu.com/p/355852151.

二、积极参与政府采购，获得更多商业机会

政府采购是指政府部门将其一定比例的采购合同给予中小企业，以维护市场的公平竞争，保护和促进中小企业的发展，保证中小企业能获得平等的官方订货机会。政府采购从需求的角度为中小企业提供支持，有利于中小企业更好地实现高质量发展。

（一）中小企业发展获政府采购政策强有力支持

中小企业是建设现代化经济体系、实现经济高质量发展的重要基础。财政部、工业和信息化部高度重视运用政府采购政策支持中小企业发展，2011年印发了《政府采购促进中小企业发展暂行办法》，通过预留份额、评审优惠等措施，扩大中小企业获得政府采购合同份额。办法实施以来，越来越多的中小企业积极参与政府采购活动。

2020年12月29日，财政部、工业和信息化部发布《政府采购促进中小企业发展管理办法》（以下简称《办法》），明确小额采购项目原则上全部预留给中小企业。《办法》主要内容如下。

（1）明确和细化了一系列支持中小企业的措施。首先，细化预留份额的规定。要求主管预算单位要组织评估本部门及所属单位政府采购项目，对适宜由中小企业提供的，预留采购份额专门面向中小企业采购。小额采购项目（200万元以下的货物、服务采购项目，400万元以下的工程采购项目）原则上全部预留给中小企业。对超过前述金额的采购项目，预留该部分采购项目预算总额的30%以上专门面向中小企业采购。

（2）完善政府采购项目价格评审优惠方法。要求采购人、采购代理机构对未预留份额的采购项目或者采购包评审时给予小微企业报价6%至10%（工程项目为3%至5%）的价格扣除。同时明确，政府采购工程项目采用综合评估法但未采用低价优先法计算价格分的，评标时应当在采用原报价进行评分的基础上增加其价格得分的3%至5%作为其价格分。

《政府采购促进中小企业发展管理办法》

（3）在资金支付、信用担保等方面也作出了规定。例如：鼓励采购人适当缩短对中小企业的支付期限，提高预付款比例；在政府采购活动中引导中小企业采用信用担保手段，为中小企业在投标保证、履约保证等方面提供专业化服务；鼓励中小企业依法合规通过政府采购合同融资。

（二）中小企业如何参与政府采购活动

很多中小企业参与招投标活动时，对于政府采购类的项目难免有畏难之心，不知道如何参与。政府采购其实是一个细分的巨大市场，有属于它的规章制度，中小企业要利用政府采购赋予投标方的知情权、参与权、获益权、监督权，积极参与其中，获得更多的商机。

（1）了解政府采购相关政策。首先要了解政府采购支持中小企业发展的法规体系和政策性文件，包括《中华人民共和国政府采购法》《中华人民共和国政府采购法实施条例》《中华人民共和国中小企业促进法》《政府采购促进中小企业发展暂行办法》《政府采购货物和服务招标投标管理办法》等。

（2）寻找招标信息，参与投标。明确了政府采购对中小企业的政策导向，就能寻找政府采购的相关招标信息，中小企业可以根据自身的实际情况来选择哪种政府采购公告参与投标。但在投标环节要注意一些细节，保证投标有效进行。

（3）投标环节注意事项。在投标环节中，规定供应商不能出现以下六种情形，否则其中任何一种情形都会被视为投标人串通投标，投标或中标无效，还会被处罚：

① 不同投标人的投标文件由同一单位或者个人编制；

② 不同投标人委托同一单位或者个人办理投标事宜；

③ 不同投标人的投标文件载明的项目管理成员或者联系人员为同一人；

④ 不同投标人的投标文件异常一致或者投标报价呈规律性差异；

⑤ 不同投标人的投标文件相互混装；

⑥ 不同投标人的投标保证金从同一单位或者个人的账户转出。

三、主动争取专项资金，提升企业创新能力

中小企业发展专项资金（以下简称专项资金），是指依照《中华人民共和国中小企业促进法》设立，由中央一般公共预算安排的用于支持中小企业发展的资金。

专项资金管理使用遵循公开公正、择优高效的原则，围绕党中央、国务院有关决策部署，重点引导地方等有关方面完善中小企业公共服务体系、融资服务体系，改善中小企业发展环境，突破制约中小企业发展的短板和瓶颈，支持中小企业高质量发展。

（一）中小企业发展获政府专项资金支持

为促进中小企业特别是小型微型企业健康发展，规范和加强中小企业发展专项资金的管理和使用，2015年7月17日，财政部印发《中小企业发展专项资金管理暂行办法》。

为加强中小企业发展专项资金管理，充分发挥该项资金在引导促进中小企业发展方面的绩效，根据国家有关法律法规及预算管理要求，2021年6月8日，财政部修订并印发《中小企业发展专项资金管理办法》。其主要内容如下。

（1）专项资金由财政部归口管理，有关中央主管部门、地方财政部门和同级有关主管部门按职责分工共同做好专项资金有关管理工作。

（2）专项资金的支持范围包括：

① 支持中小企业提升创新能力及专业化水平，优化创新创业环境；

② 支持完善中小企业公共服务体系，促进中小企业开展合作交流；

③ 支持中小企业融资服务体系建设，促进中小企业融资；

④ 其他促进中小企业发展的工作。

（3）财政部会同有关中央主管部门根据党中央、国务院有关决策部署，以及中小企业发展实际情况适时调整专项资金支持重点。

（4）专项资金支持对象包括符合条件的项目或企业，中小企业公共服务平台等机构或载体，开发区、城市等试点示范区域。

《中小企业发展专项资金管理办法》

（5）专项资金采取财政补助、以奖代补、政府购买服务等支持方式，主要用于引导地方政府、社会资本等支持中小企业高质量发展。

（6）专项资金依法设立，实施期限至2025年。期满后，财政部会同有关中央主管部门进行综合评估，按程序确定是否取消政策或延长实施期限。

（二）中小企业发展专项资金申请

（1）专项资金来源。专项资金主要来源于财政部、工业和信息化部、商务部、国家发展和改革委员会等国务院各部委。财政部负责资金预算、提供资金保障并牵头监督工作，其他各部委则参与制定和完善项目扶持方案。一般来说，当中央层面设置了国家级重大长期性专项资金，地方政府也会相应设置省级、市级和县级等各级地方财政专项资金和配套资金。

（2）专项资金信息。专项资金的有关信息，属于《中华人民共和国政府信息公开条例》第九条规定的政府信息公开范畴。从中央到各级政府相关部门的网站上都设有财政专项资金公示专栏。企业只要安排人员定期查看这些网站的"公告通知"，察看"专项资金项目管理与服务平台"或"资金申报"栏，就能获得项目申报的办事指南、申报须知、填报材料。

（3）专项资金项目申报。绝大多数专项资金项目的申报流程，都分为网上申报和书面申报两个步骤。先进行网上申报，再提交书面申报材料。每个管理办法和申报指南，都列有支持范围、支持对象、申报程序、申报时间及其他注意事项。如果企业符合条件，就要严格按照要求准备资料，并向相关政府部门报送。例如：有的项目要求专利技术证明文件（专利证书或专利申请受理书），有的项目要求项目实施的票据、银行流水，有的项目要求获奖证明或人员学历证明。因此，企业在日常经营中就要注意收集和整理这些文档资料。

（4）项目申报协调跟进。在申报的过程中，有时候要多次与政府相关部门协调跟进。企业的具体经办人员：一是要认真研究文件，搞清楚每个项目具体涉及哪些部门，每个部门的职责是什么，材料如何申报；二是要熟悉政府部门的办事机制和流程，如经信委、科技局，下面还分设其他科室，这些科室可能对应不同的项目，每个项目可能又对应财政局不同的科室；三是要主动跟踪进度，项目申报进行哪一个环节，还需要补充什么材料，都要做到心中有数。政府部门的有关领导和办事人员平时工作非常繁忙，企业要积极主动做好配合，以免材料遗漏造成申报时间延误或申报条件不符合规定。

 **政策运用**

2021年度自治区中小企业发展专项资金项目申报指南

一、项目支持范围

（1）中小企业公共服务体系项目：

① 中小企业银河培训项目；

② 自治区中小企业公共服务机构、示范平台、平台网络开展的服务项目；

③ 中小企业创业基地建设项目；

④ 中小企业创新创业大赛项目；

⑤ "中小企业创新服务券"项目；

⑥ 市场开拓项目；

⑦ 中小企业发展环境评估项目；

⑧ 中小企业运行监测项目；

⑨ 2021 年度中小企业发展专项资金使用效果评估项目；

（2）小微企业担保业务补助项目。

（3）专精特新"小巨人"培育项目。

二、项目支持重点和申报条件

（一）中小企业银河培训项目

支持范围：2021 年度面向中小企业经营管理人员开展培训的机构。对培训发生的场租费、授课费、教材和课件制作费、食宿费、授课教师交通费等按实际发生额予以一定的补助。

申报条件：

（1）受新冠肺炎疫情影响，2020 年未按期开展银河培训的地（州、市），按 2020 年计划完成培训任务，不再新安排培训项目资金；2020 年已开展银河培训的地（州、市），可继续安排培训项目资金，资金总额控制在 20 万元以内；2021 自治区本级银河培训项目不再安排培训资金，由各承办单位按照 2020 年计划完成培训任务。

（2）各地州市 2021 年新开展的银河培训项目，其承办单位通过公开招标或各地州市中小企业管理部门按相关要求确定。承办单位应有固定的服务场所、必要的服务设施和从事中小企业服务业务的人员，且大专以上学历及中级以上职称人员比例达到 70% 以上。

（3）根据培训人数、天数、收费情况、培训效果、学员满意度抽查情况确定是否支持。其中学员满意度根据电话抽查情况进行测算，学员满意度低于 70% 的，不予补助。

（4）中小企业银河培训项目培训内容中必须安排中小企业促进法宣贯、中小企业上市辅导、普惠金融政策宣贯等相关课程。

（5）自治区、各地（州、市）根据疫情防控要求适时开展。各地（州、市）严格按照绩效目标确定培训机构数量和培训人数，每期培训人数控制在 50 人之内。补助金额按培训人数每人每天最高不超过 250 元、每人最高不超过 1 000 元的标准进行计算。

（二）自治区中小企业公共服务机构、示范平台、平台网络开展的服务项目

支持范围：为中小企业特别是小微企业提供培训服务、创业服务、信息服务、政策宣传、管理咨询、融资服务等各类服务的自治区中小企业公共服务机构、示范平台、平台网络等，重点支持国家级、自治级中小企业公共服务示范平台、自治区中小企业公共服务平台网络枢纽平台。主要对公共服务机构开展服务活动发生的费用及为提升服务能力发生的费用（包括办公场地的装修、改造、租用，办公设备设施的购置、租用，服务软件的开发应用、购置等）进行补助。

申报条件：

（1）工业和信息化部认定的、在有效期内的国家中小企业公共服务示范平台。

（2）自治区工业和信息化厅认定的、在有效期内的自治区中小企业公共服务示范平台。

（3）自治区级中小企业公共服务示范平台之外的中小企业公共服务机构，需要满足以下条件。

① 具有独立法人资格及从事相关服务的资质或能力。

② 有固定经营服务场所和必要的服务设施、仪器设备等；有组织带动社会服务资源能力，集聚服务机构 2 家以上。

③ 有健全的管理制度、规范的服务流程、合理的收费标准和完善的服务质量保证措施；对小型微型企业的服务收费要有相应的优惠规定，提供的公益性服务或低收费服务要占到总服务量的 20% 以上；有明确的发展规划和年度服务目标。

④ 从事为中小企业服务的人员不少于 5 人，其中大专及以上学历和中级及以上技术职称专业人员的比例占 80% 以上（南疆四地州机构占 60% 以上）。

⑤ 年服务中小微企业 20 家以上（南疆四地州机构 10 家以上），用户满意度在 80% 以上。

对全额拨款事业单位运营的中小企业服务机构不予支持。

（三）中小企业创业基地建设项目

支持范围：中小企业创业基地建设项目支持范围包括已建成和在建两类，重点支持国家级、自治区级中小企业创业基地；南疆四地州前期以产业扶贫为主、后期接续推进乡村产业振兴的小企业创业基地。

对已建成的中小企业创业基地进行公用工程改扩建、公共服务设施设备购置或改造等用于提升服务能力的支出给予一定额度的补助。对中小企业创业基地为帮助小微企业创业所开展的各种孵化服务产生的服务成本支出（包括减免场地租金、提供信息咨询和技术服务、组织专家指导、吸引战略投资、开展企业培训、进行政务代理、帮助市场开拓、推进商务信息交流等）给予一定额度的补助。

对在建中小企业创业基地用于公用工程建设、公共服务设施设备购置或改造等方面的支出给予一定额度的支持。

对南疆四地州前期以产业扶贫为主、后期接续推进乡村产业振兴的中小企业创业基地的补助，主要以企业稳定带动脱贫人口和低收入人口就业效果为依据。

申报条件：

（1）已建成的中小企业创业基地。

① 运营主体具有独立法人资格，且注册地在地（州、市）辖区内，成立时间 2 年以上，经营和信用状况良好、管理规范，具有滚动孵化中小企业成长的功能。

② 基地建设立项手续完备，有规划布局和建设实施方案，符合国家和自治区产业政策和发展规划；有清晰的发展方向和产业定位；有完善的管理办法和规章制度；有明确的优惠措施。

③ 基地拥有完整的运营管理团队，管理人员具有大专学历或中级职称以上的人员占 70%（含）以上。

④ 基地能够为创业中小企业提供相关创业服务，服务有特色，业绩突出，为小微企业提供的公益性服务或低收费服务不少于总服务量的 20%，服务满意度不低于 80%。

⑤ 有固定的创业场所和配套的基础设施。其中，楼宇型基地的建筑总面积在 3 000 m² 以上；生产型基地的厂房总面积在 10 000 m² 以上；综合型基地建筑总面积在 10 000 m² 以上。

⑥ 基地内基础设施和相应的公共服务配套空间较为完善，且公共创业服务面积不低于 300 m²。

⑦ 楼宇型基地入驻（注册地及办公场所均在基地内）小微企业不少于20户，生产型基地入驻小微企业不少于15户，综合型基地入驻小微企业不少于20户，且入驻小微企业数量比重不低于80%。

（2）在建的中小企业创业基地。

① 在建创业基地期限在2020年1月—2021年12月之间的。

② 基地建设立项手续完备、有相关部门的文件批复等。

③ 基地有规划布局和建设实施方案（楼宇型基地的建筑总面积在3 000 m² 以上；生产型基地的厂房总面积在10 000 m² 以上；综合型基地建筑总面积在10 000 m² 以上；基地内基础设施和相应的公共服务配套空间较为完善，且公共创业服务面积不低于 300 m²），符合国家和自治区产业政策和发展规划；有清晰的发展方向和产业定位；已制定了完善的管理办法、规章制度和优惠政策。

④ 建设工程进度已完成50%以上。

⑤ 同一项目在建设期限内只允许申报一次。

（3）南疆四地州前期以产业扶贫为主、后期接续推进乡村振兴的已建和在建的中小企业创业基地。适当放宽申报条件，但各项条件不能低于一般基地申报条件的60%，已建成基地内入住的企业吸纳脱贫人口和低收入人口20人以上就业。

（四）中小企业创新创业大赛项目

支持范围：对自治区组织的第六届"创客中国"中小企业创新创业大赛新疆区域赛（半决赛、总决赛）及各地（州、市）组织的第六届"创客中国"中小企业创新创业大赛新疆区域赛地州选拔赛给予一定的补助（每个地（州、市）选拔赛补助资金最高不超过5万元）。

申报条件：自治区、各地（州、市）中小企业管理部门确定的具有独立法人资格及从事相关服务业务资质的中小企业服务机构。

（五）"中小企业创新服务券"项目

对自治区制造业中小企业购买中小企业公共服务机构提供的相关服务以创新服务券的方式给予补助。

（六）市场开拓项目

对参加第十七届中国国际中小企业博览会、第十一届APEC技术展览会的企业及服务机构展位费给予全额资金补助，对展品运费给予适度补助。

（七）中小企业发展环境评估项目

委托第三方开展自治区中小企业发展环境评估。

（八）中小企业运行监测项目

委托第三方对制造业中小企业开展运行监测，并定期形成中小企业运行监测报告。

（九）2021年度中小企业发展专项资金使用效果评估项目

委托第三方对2021年度自治区中小企业发展专项资金使用效果情况进行评估。

（十）小微企业担保业务补助项目

支持范围：开展小微企业融资担保业务的融资性担保机构（小微企业是指符合工业和信息化部、国家统计局等部门联合制发的《中小企业划型标准规定》的小型企业、微型企业。不包括房地产行业、金融服务行业和投资（资产）管理类、地方政府投融资平台类、地方国有企业资本运营平台类企业）。对担保机构开展的小微企业融资担保业务根据担保额度和担保费率进行奖补。补助范围为 2020 年新发生额，单笔贷款额 1 000 万元（含）以下，担保费率不高于 2%（含 2%），为小微企业提供贷款担保的业务。

申报条件：

（1）依据国家有关法律、法规设立和经营，具有独立企业法人资格，取得融资性担保机构经营许可证。

（2）经营融资担保业务 1 年及以上，无不良信用记录。

（3）按时在工信部"中小企业信用担保业务信息报送系统"上报送信息，纳入自治区中小企业融资担保体系建设范围。

（4）担保业务符合国家有关法律、法规、业务管理规定及产业政策，当年新增小微企业担保业务额占新增担保业务总额的 70% 以上。

（5）对单个企业提供的担保责任余额不超过担保机构净资产的 10%。

（6）担保机构当年新增担保业务额达平均净资产〔即：新增担保业务额/〔（年初净资产+年末净资产）/2〕，下同〕的 0.5 倍以上，且代偿率低于 10%。

（7）平均年担保费率不高于 2%。

（十一）专精特新"小巨人"培育项目

在已认定的自治区"专精特新"中小企业中，经地（州、市）工信部门推荐，从专注于细分市场、创新能力强、市场占有率高、掌握关键核心技术、质量效益优等方面，组织专家评审，优选符合条件的企业，认定为自治区专精特新"小巨人"企业，给予资金奖励。

三、项目支持方式

2021 年度自治区中小企业发展专项资金项目采取资助、奖励、购买服务等方式支行。同一企业本年度只能选择一类项目进行申报，不得重复申报，公开招标项目不受限制。

四、项目申报程序

自治区中小企业公共服务平台网络枢纽平台运营项目、自治区"创客中国"中小企业创新创业大赛新疆区域赛（半决赛、总决赛）、"中小企业创新服务券"项目、中小企业发展环境评估项目、中小企业运行监测项目、2021 年度中小企业发展专项资金使用效果评估项目、专精特新"小巨人"培育项目由自治区工信厅负责实施，有关项目文件另行通知。其他项目申报由各地（州、市）按以下要求具体实施。

（一）各地（州、市）工信部门会同同级财政部门根据《2021 年度自治区中小企业发展专项资金项目申报指南》明确的项目支持范围、支持重点和申报条件，在本地区范围内公开组织项目的申报，并对申报单位的资格及相关材料进行审核。

（二）各申报单位按照属地原则提交项目申报材料（详见附件 1），并对申报材料的真实性负责。

（三）各地（州、市）工信部门会同同级财政部门按照《新疆维吾尔自治区中小企业发展专项资金管理办法》规定，组织相关技术、财务等方面的专家对申报项目进行评审，研究确定符合条件的项目。

（四）各地（州、市）工信部门会同同级财政部门根据 2021 年度自治区中小企业发展专项资金分配额度，研究制定资金分配方案，下达项目计划，报自治区工信厅和财政厅备案。

（五）各地（州、市）财政部门根据项目计划，按照国库管理制度的有关规定办理资金拨付手续。

（六）各地（州、市）工信部门会同同级财政部门加强对项目的监督管理，做好绩效监控和评价工作。不定期对项目实施情况、资金到位情况进行检查。根据《自治区本级预算绩效监控管理暂行办法》（新财预〔2018〕191号）规定，做好项目资金监控工作，依据监控结果填报《自治区专项转移支付绩效监控情况表》（见附件2），并于5月底和8月底前将绩效监控结果上报自治区工信厅和财政厅。2021年10月31日前完成绩效自评工作并将绩效自评报告报送自治区工信厅和财政厅，同时配合第三方评价机构做好绩效评价工作，绩效评价结果将作为下一年度中小企业发展专项资金分配额度的重要依据。

附：1. 项目申报材料要件；

2. 自治区专项转移支付绩效监控情况表。

资料来源：http://www.xjtc.gov.cn/info/3149/178876.htm。